CHE를 통한 총체적 변화
전인적 지역사회 개발선교

Multiplying Light and Truth
Through
Community Health Evangelism
by Stan Rowland

Copyright©2001 StanRowland

The contents of this book may not be
reproduced in any form whatsoever
expect for brief quotations in book reviews.

Published by
GLS Publishing
250-D, Udyog Bhavan, Worli
Mumbai 400 025, India

2009 / Korean by Ebenezer Publishing House, Seoul, Korea.
Translated and published by permission.
Printed in Korea.

CHE를 통한 총체적 변화
전인적 지역사회 개발선교

스탠 롤랜드 지음 / 정길용 옮김

추천사 1

김준곤 목사
(한국대학생선교회 총재)

그 동안 한국 교회는 엑스폴로 74대회를 기점으로 매년 110만 명이 새롭게 교회에 출석하는 사도행전적 폭발적 부흥을 통하여 450%의 경이적인 교회성장의 축복을 받았습니다. 일찍이 세계선교에도 적극 동참하여 꾸준히 해외에 선교사를 파송해 오고 있으며, 현재에는 세계에서 두 번째로 많은 선교사를 파송하는 국가가 되었습니다. 이제는 양적 팽창과 더불어 선교사의 질적 향상을 도모해야 할 시점이라고 생각합니다.

국제대학생선교회(C.C.C.)는 지난 50여 년 동안 복음을 확산시키기 위해 많은 노력을 하였고, 이를 위해 사영리를 비롯하여 쉽게 복음을 전하는 방법과 훈련방법을 개발하였습니다. 또한 승법번식이라는 제자가 제자를 낳는 성경적인 원리를 적용하여 전도와 양육, 제자훈련의 훈련과정을 개발하여 많은 영혼들이 예수님께 돌아오는 것을 학원가에 경험하고, 이를 민족복음화와 세계복음화에 확산시키고자 하였습니다.

한국에서는 엑스폴로 74대회와 80 민족복음화대성회를 통하여 많은 교회들이 전도훈련을 받았으며 이로써 한국 교회의 부흥으로 이어졌던 것입니다. 이를 국제본부에서 받아들여 지역사회복음화의 새로운 전략을 수립하게 되었는데 이것이 바로 아가페운동이었고, 이 책의 저자인 스탠 롤랜드에 의해 우간다에서 1979년 처음 실시하게 되었습니다. 이

후 탄자니아, 필리핀 등지에서 이 전략을 통하여 지역사회가 변화되는 것이 확증되었고 지역사회 보건선교전략(Community health Evangelism)으로 정립되게 되었습니다. 승법번식이 캠퍼스뿐만 아니라 지역사회에서도 일어나는 구체적이고 실제적인 전략으로 확인된 것입니다. 국제 의료 대사 선교회에서도 이 개념을 받아들이고 스탠 롤랜드와 함께 전 세계적인 사역으로 확장하게 된 것을 기쁘게 생각합니다.

지역사회 보건선교 전략은 분명히 선교사의 사역을 질적으로 한 단계 향상시키는 데 큰 기여를 할 것이라고 생각합니다. 실제로 많은 선교지에서 이 전략을 적용하고자 애쓰고 있으며 서서히 그 열매들이 나타나고 있습니다. 이 전략은 영적인 사역과 개발사역의 통합을 통하여 사람들의 삶을 변화시켜 나가며, 현지의 지도자들을 훈련시켜 다른 사람들을 가르칠 수 있도록 세워 주고 있습니다. 또한 승법번식을 이루어 가며, 외부로부터의 지원을 최소화하고, 지역사회가 책임감을 갖고 자신들의 방법과 자원으로 지역사회 중심으로 사업을 추진하고 있습니다. 이 선교 전략이 열매를 맺고 있는 가장 중요한 이유는 자신들이 잘 알고 있고, 신뢰하고 있는 지역사회 보건요원들을 통하여 지역사회의 구성원들이 복음을 소개받게 된다는 것입니다.

본서는 위에서 말한 내용을 상세하고 구체적으로 담고 있으며, 사역자들이 사역 현장에서 유용하게 적용할 수 있는 내용들로 구성되어 있습니다. 아무쪼록 이 책을 통하여 모든 사역자들이 많은 도움을 받을 수 있기를 소망하고 반드시 그렇게 되리라 확신합니다. 앞으로 이와 같은 전인적 지역사회 개발선교 전략이 더욱 더 많이 개발되어 주님 오실 날까지 세계를 복음화하는 데 획기적인 기여를 할 수 있기를 바라는 바입니다.

추천사 2

서승동 목사
(부천 섬김의교회 담임)

"교회는 지역사회를 하나님의 눈으로 바라보라" 목회자로서 해온 얼마나 많은 고민과 갈등의 주제인가? 나는 목회자로서 이 사실에 동감하고 있었기에 그 구체적인 실천 방법을 모색하며 왔다. 그러던 중, 하나님의 은혜로 국제 의료 대사 선교회를 알게 되었고, 몇 년 전 CHE비전 세미나에 참여해서 놀라운 감격을 경험하게 되었다. 선교에 관한 새로운 접근방법, 구체적인 방법들. 진리를 가르치는 새로운 교수법 그리고 영과 육의 온전한 회복을 위한 실제적인 방법 등이 나의 마음을 사로잡았다. 하나님 아버지께서 영과 육의 전인적인 회복을 얼마나 간절하게 원하시는지를 절감하게 되었다. 가난과 질병과 정서적인 상처의 문제와 병행해서 영적인 문제를 아주 구체적이고, 체계적으로 접근해서 벌써 10여 년 동안 135,000명이 예수 그리스도를 영접하였을 뿐 아니라 지역사회가 새롭게 개발되고 변화된 것을 구체적을 접할 수 있게 되었다.

교회가 지역사회에 대하여 사역하는 일이나 선교에 대하여 새로운 생각을 하게 되었다. 스스로 자책하는 것이지만 늘 생각하기를 돈, 재정이 있어야 사역하는 것으로 생각하곤 했다. 그것은 누가 결정한 것은 아니지만 사실이다. 그리고 지금도 만나는 많은 사역이 재정에 의해서 결정되는 것을 본다. 그러나 CHE비전 세미나를 통해서 사역은 재정이 아니라 섬김의 지도력이라는 사실을 발견하게 되었다. 그것은 사고방식의 변화였다. 그 후, 이 전략과 방법들이 지역교회에도 적용될 수 있기를 간절히 소망하게 되었다.

이번에 〈CHE를 통한 총체적 변화 전인적 지역사회 개발선교〉란 책이 정길용 선교사님을 통해서 다시 보완 교정해서 우리말로 번역된 것이 얼마나 기쁜 일인지 모른다. 더욱 감사한 것은 이 책의 진리를 그대로 삶에 실천하고 있는 사람의 번역이라는 데 있다. 이 책은 진리를 어떻게 통합적으로 전할 수 있는가에 대한 구체적인 삶의 내용이 담겨 있다. 누구든지 읽어 보면 쉽게 이해할 수 있게 되어 있다. 어떻게 지역사회에서 그리스도인들이 리더십을 발휘할 수 있는지, 구체적인 대안들이 검증을 통해서 제시되고 있다.

이 책을 통해서 선교사역 뿐만 아니라 지역 교회가 어떻게 리더십을 가지고 지역사회를 하나님의 눈으로 바라보며 섬길 것인가에 대해서 구체적으로 배워갈 것을 기대한다. 이 책의 내용이 모든 그리스도인들과 모든 교회의 것이 되기를 바라며, 한국 교회에도 널리 알려져서 새로운 목회 비전과 목회 전략을 세우고 창의적인 선교전략들이 개발되기를 기도한다.

이 책을 새롭게 출판하게 하신 주님께 찬양드린다. 할렐루야!

서문 1

데니스 버키트
(우간다 보건사회부 자문 외과 의사, 영국 의학연구위원회 위원 역임)

    이 책은 제3세계의 건강 문제에 대하여 가장 도전적이고 창조적이며, 광범위하게 접근하고 있는 책 가운데 하나이다. 수 시간에 걸쳐 이 책을 독파하는 동안 나는 거의 숨이 멎을 지경이었다. 이 책은 풍부한 개인적 경험에서 우러나온 교훈들과 기타 관련 서적으로부터 수집한 방대한 지식들을 모두 담고 있다. 영적, 정신적, 육체적인 면을 모두 포함하는 전인적(全人的)인 필요를 충족시켜 주어야 한다고 강조한 것은 가히 혁명적이라고 하겠다. 여기서 다루고 있는 전체적인 개념은 용감하고 도전적인 믿음으로부터 나온 것이며, 무한한 자원의 주인이신 전능하신 하나님에 대해 철저하게 깨달은 사람들만이 가질 수 있는 것이라고 생각한다. 치료 지향적인 의학보다 예방 의학적인 측면을 서슴없이 강조한 것에 전적으로 동의하는 바이다.

    나는 동아프리카에서 20여 년 동안 외과 전문의로 사역했고, 최근에는 정치적 불안으로 인해 황폐화된 우간다에 기본적인 의술을 제공하는 일에 관여하고 있는 한 사람으로서, 일의 우선순위에 관한 생각이 시간이 지나면서 많이 달라졌다. 간단한 방법으로 질병을 예방하고, 단위 마을 차원에서 실시하는 일차 보건사업이 천문학적 재정을 소비하며 시행되고 있는 첨단 기술의 의료보다 훨씬 더 많은 사람들의 고통을 덜어주고 죽음을 막을 수 있다는 확신을 갖게 되었다.

통계에 의하면 제3세계의 질병 중 80%는 청결 유지, 깨끗한 식수의 제공, 위생 상태 개선 그리고 저렴한 예방 접종을 통해 사전에 예방할 수 있는 것들이다. 경제적이면서도 성공률이 높은 이런 방법은 간단하면서도 효과적인 치료와 반드시 병행되어야 한다. 이는 지역사회의 신뢰와 도움을 얻는 데 필수적이다.

일차 의료에 대해 강조한다고 해서 후송 병원이 중요하지 않다는 것은 아니다. 그러나 의료 장비는 지역사회 전체에 대한 치료가 광범위하게 이루어진 바탕 위에 비로소 제공되어야 한다는 사실만은 늘 강조할 필요가 있다.

경제적으로 가난한 지역에 건강관리 체계를 세우는 프로젝트에 관여했던 대학생 선교회의 사역자들은 이런 우선순위를 이해하고 받아들였을 뿐 아니라 그들의 사업에 최소한 두 가지 중요한 차원의 것들을 추가했다.

첫째는, 전인적인 접근이 이루어져야 한다는 점이다. 이것은 가장 중요한 사항인데, 사람이 하나의 생물체 혹은 진화된 동물 정도로 간주되는 상황에서 그 사람의 욕구는 절대로 충족되지 않는다. 성경은, 사람이 단순한 생물적 존재의 욕구를 대변하는 육신의 양식인 '떡으로만' 살 것이 아니요 '하나님의 입에서 나오는 말씀으로' 산다고 하여, 영적인 차원의 굶주림과 갈증도 충족시켜야 한다는 것에 대해 언급하고 있다. 이는 인간과 창조주 간의 관계 회복을 통해서만 충족될 수 있는 것이다.

둘째, 순수하게 실용적인 면에서 볼 때, 외부에서 들어온 첨단 장비들은 현지 상황에 맞는 것들이어야 한다는 점이다. 즉 장비 수리에 필요한 부품은 외부 자원으로부터 공급받는다 하더라도, 현지 기술자들이 첨단 장비를 수리할 기술이 있어야 한다는 것이다. 현재 수많은 제3세계 병원 창고에는 정교하지만 결함 있는 장비들이 많이 쌓여 있는데, 현지의 기술 수준으로는 이들을 수리해서 사용하기 어렵다.

이 외에 대학생 선교회 팀이 제공하고 있는 것 중에 중요한 것으로 현금화할 수 있는 농산물의 재배법 혹은 가족의 필수품을 구매하는 데 도움을 주는 양봉을 포함한 농경 방법에 관한 기초적인 교육을 들 수 있다.

사역에 있어서 가장 중요한 것은 팀원들이 함께 지내면서 사역 대상자들과 동등하게 생활하는 자세를 가지는 것이다. 이는 그들의 말과 가르침이 삶으로 나타난다는 것을 의미하며, 위에서부터 아래로 명령하는 방식보다 언제나 더 효과적이다. 기독교인이 기울이는 노력 가운데 특별히 환영할 만한 것은 기독교인들 사이의 연합과 지역 교회 지도자들과의 긴밀한 유대이다. 이는 지역사회로부터의 이유없는 반발이나 비판을 받지 않도록 지속적으로 유지하도록 노력해야 할 부분이다. 비록 몇 사람들의 고통을 덜어 주고, 생명을 구하고, 장래를 위해 의사들을 훈련시키긴 했지만, 나는 내가 만약 일차 의료 활동 및 예방 의학 사역을 했더라면, 지역사회의 건강 증진에 더 많은 영향을 끼칠 수 있었을 것이라고 생각한다. 그러나 내가 한 일에 대해 후회하지는 않는다. 왜냐하면 예방 의학과 치료 의학은 '양자택일'의 문제가 아니라 '모두' 필요한 것이기 때문이다. 문제는 치료 의학을 지나치게 강조한 나머지 예방 의학의 역할에 대해 잘 이해하지 못한다는 것이다.

병원에 가면 강도 만난 자를 돌보아 준 선한 사마리아인의 그림을 쉽게 볼 수 있다. 그러나 장기적으로 볼 때, 또 다른 강도가 숨을 만한 숲을 제거하는 것이 더 중요한 일이라고 생각한다.

서문 2

폴 칼훈
(국제의료대사선교회 대표)

우리가 알고 있는 제3세계, 즉 개발도상국가들은 불행히도 의료 서비스의 수준이 높지 않다. 국가 내의 의과대학들은 서양 의학에 기초를 두고 있는데, 이것은 의과대학을 졸업한 의사들이 반드시 검사실 장비를 갖춘 병원에서 근무할 것이라는 것을 전제로 하고 있다는 의미이다. 그러므로 대부분의 의사들이 의료시설이 있는 대도시에 집중해 있다는 것은 오히려 당연한 결과이다. 이에 반해 대다수의 국민들은 시골 지역에 살고 있다. 개발도상국가들에 있어서 충격적인 사실은 전체 국민의 60% 내지 90%가 제대로 된 의사들을 만날 수 없다는 것이다.

슬픈 것은 40,000명의 어린이들이 예방 가능한 질병으로 매일 죽는다는 사실이다. 이들 40,000명의 어린이 중 98%가 개발도상국에 속해 있다.

1979년 세계보건기구는 이 엄청난 의료 불균형의 문제를 다루기 위해 소련 알마아타에서 의학 회의를 개최했다. 회의 결과 전 세계적으로 단위 마을에 일차 보건 시설을 수립하자는 아주 적절한 해결책이 나왔다. 이 계획은 치료의학에 중점을 두기보다 질병 예방의 원칙을 가르치는 것을 강조하는 것이었다. 지역 마을이 책임지고 일차 보건 프로그램을 운영하도록 되어 있었다. 이렇게 해야 프로그램이 정착될 수 있는 것이다.

  이 해결책은 훌륭해 보였지만 문제가 있었다. 즉 어디로 가야 하는지를 가르쳐 주기는 했지만 어떻게 하면 그 곳에 갈 수 있는지를 보여 주지는 못했던 것이다. 이 책 속에는 공개되지 않은 탁월한 전략이 담겨 있다. 이 전략은 알마아타 회의의 후속 조치와도 같은 것이다. 이는 지역사회에 기반을 둔 일차 보건 사역으로서, 시행착오를 거쳐서 조심스럽게 확립된 전략이다. 이는 필리핀의 불모지, 방글라데시의 모슬렘 지역, 아프리카의 추장 마을, 몽골과 티베트의 유목민 지역, 죽은 듯이 경직된 공산권 지역 등 어느 지역에서나 적용 가능한, 믿지 못할 정도의 유연성이 입증된 전략이다.

  이러한 전략에는 지역사회의 구성원인 개인의 삶을 변화시키려는 목적이 있다. 여기에 깔려 있는 기본적인 전제는 변화된 삶은 오직 변화된 행동을 통해서만 얻을 수 있고, 변화된 행동은 변화된 태도가 있어야 가능하며, 변화된 태도는 변화된 마음에서 비롯되고, 변화된 마음은 오직 그리스도의 재창조만이 가져다 줄 수 있다는 사실이다. 따라서 복음 전파와 제자도를 통해 영적인 필요를 충적시켜 주는 것은 효과적인 선교를 위한 중요한 부분이라 할 것이다.

  이 전략의 이름은 지역사회 보건선교 전략이다. 이를 계획한 사람은 스탠 롤랜드다. 그는 우간다와 케냐의 여러 마을에 건강관리를 제공하도록 도전하기 위해 미국 서부에 있는 50여 개나 되는 작은 병원들을 경영하는 일을 포기했다. 이러한 모험은 알마아타 회의에 부응하여 1979년 대학생 선교회와 더불어 시작되었다.

  그 후 10여 년 간 스탠 롤랜드 박사는 로이 쉐퍼(Roy Shafer) 박사 같은, 지역 사회에 기초하여 보건을 개척한 사람들의 업적에 힘입어 지역사회 보건선교를 개발하고 시험했다. 그리고 이 사역을 널리 확산시키기 위해 지도자들을 교육시키는 과정을 개발하였다. 그 결과 지금까지 400개가 넘는 선교 단체와 교회 기구들이 지역사회 보건선교 방법으로 훈련을 받았다.

  나는 의료 선교 기구인 국제 의료 대사 선교회(MAI)에서 사역하면서 지역사회 보건선교가 우리가 직면해 있는 여러 필요들을 충족시켜 주리라는 사실을 깨닫게 되었다. 대부분 나라에 소속된 의사들과 진료보조원에 의해 운영되는 우리 진료소들은 물질적으로 아주 궁핍한 실정이다. 그리고 우리 의사들은 복음을 전하고 제자를 양육해야 하는 사명을 성공적으로 수행할 만한 시간을 갖고 있지 못하다. 1989년 지역사회 보건선교가 국제 의료 대사의 주요 전략이 된 이래로 스탠 롤랜드 박사는 지구상에 존재하는 여러 문화들에 적합하도록 이 사역을 계속해서 개정해 나갔다.

  지역사회 보건선교 전략은 600개가 넘는 주제에 관한 교수 계획이 뒷받침되어 활용 가능성이 아주 다양해졌다. 더욱이 읽고 쓰는 것이 자유롭지 못한 사역자들도 효과적으로 사용할 수 있는 17권의 그림책도 있다.

  이 책을 읽으면 당신은 놀랄 만큼 다양한 상황에 이 전략이 적절하게 적용된다는 사실에 크게 감동을 받게 될 것이다. 그러나 각각의 상황에 적용할 때 질병의 사전 예방, 지역사회의 주도권, 지속성 및 영적, 육적 필요를 채워 주는 사역을 실천해 나갈 일꾼 및 지도자들의 배가와 같은 핵심 요소들을 반드시 포함해야 한다. 지역사회 보건선교 전략은 일대일 전도에 환상적인 수단이다. 국제 의료 대사 선교회가 실시한 이 전략을 통해 지난 10여 년 동안 135,000명이 구원받고 주님의 제자가 되었다.

지역사회 보건선교 전략은 또한 효과적인 교회 개척 방법이다. 우리는 사역하고 있는 지역에 적합한 교회를 개척하는 것을 선호하지만 국제 의료 대사 선교회는 사역지에서 지역사회보건선교 전략을 통해 지난 10여 년 동안 거의 매주 교회를 하나씩 개척한 셈이 되었다.

정식으로 훈련받은 의료인이거나, 공중 보건 요원이거나, 목사 선교사이거나, 선교지로 가려고 준비하는 사람이거나 아니면 선교에 관심이 있어서 하나님께서 열어 주시는 것은 무엇이든지 할 준비가 된 사람이거나 간에 이 책을 '반드시' 읽어보기 바란다. 일방적으로 베풀어 주는 형태의 구호 사역을 통해, 우리도 알지 못하는 사이에 도움 받는 현지 사람들을 무능력하게 만들어 버리는 일이 만연한 이 세상에서 당신은 이 책을 통해 통쾌한 해독제를 발견하게 될 것이다.

한국어판 출간에 감사드리며

It is with honor and sincere appreciation that I thank all who have helped in the translating, editing and printing of "Multiplying Light and Truth," into Korean. I pray God will use this tool to encourage people to help and better themselves and their community with the ultimate goal of furthering the Gospel.

To God Be the Glory!

〈CHE를 통한 총체적 변화 **전인적 지역사회 개발선교**〉를 한국어로 번역하고 편집하고 인쇄하는데 도와준 모든 분들께 감사드리며, 저 개인적으로도 대단히 영광스럽고 진심으로 후의에 감사를 드립니다. 이 도구가 사람들을 격려하고 도와주며 그들 자신을 좀더 나아지도록 하고, 또한 그들의 지역사회가 복음을 더 멀리 확산시키는 최후의 목표가 되기를 하나님께 기도합니다.

하나님께 영광을!

스탠 롤랜드

머리글

이번 개정판에서는 많은 부분을 보완했다. 초판에서는 아프리카에서의 경험과 거기서 사용했던 한 가지 모델을 주로 다루었다. 그러나 개정판에서는 이 전략을 세계적으로 적용한 것과 우리가 개발한 다섯 가지 모델을 다루고 있다. 기본적인 개념과 철학은 동일하지만, 적용하는 면에서는 상당히 확대되었다.

필자는 농촌 지역 개발 사업에 참여한 실천가의 입장에서 이 책을 썼다. 신학자나 철학자는 아니지만 프로그램의 지침을 설정하면서, 개발 사업의 이념과 관련된 문제에 직면하게 되었다. 동시에 이 사역이 우리가 가지고 있는 기본적인 신학에 바탕을 두고 있다는 사실을 깨닫게 되었다.

개발에 관해 우리가 알고 있는 거의 모든 책들은 하나님과 상관없고, 기독교 사상에 근거하지 않은 세상의 일반적인 원칙들에 기준을 두고 있다는 것에 대해서는 이미 이야기했다. 상당수의 것들은 심지어 반기독교적으로 인간을 우주의 중심에 두고 있었으며, 하나님은 이 세상에서 아무 역할도 하지 않는다고 하나님을 부인하는 것들이었다. 또 다른 개념은 억압받는 자들이 억압하는 자들을 뒤엎는 혁명을 일으키는 것이 곧 세상을 변화시키는 방법이라고 주장하고 있었다.

교회에서 시행하고 있는 많은 사역들이 비기독교적인 원리에 근거를 두고 있다. 그러나 사역자들은 이런 사실을 대부분 모르고 있는 실정이다. 사역을 어떻게 시작하며, 어떻게 유지하는지에 대해 세상적인 일반 원리에 따라 설명한 책들을 읽고 있으며, 당연히 그런 방식을 따라가야 하는 것으로 알고 있다. 우리가 기독교적으로 사역하기를 원한다면 이런 방식을 지양해야 한다.

그리스도인 개발 사역자들이 가지고 있는 문제점들을 인식하는 데 도움을 주기 위해 책의 앞부분을 할애했다. 개발 사역에 관여하는 모든 사람들은 사역이 완수되었을 때에 어떤 결과를 기대하는지를 반드시 생각하고 있어야 한다. 세속적으로 기술된 상당수의 원리들 중에는 기독교적 사역에도 적용될 수 있는 것들과 그렇지 못한 것들도 있다. 사역자들은 자신이 어떤 원리에 근거해서 사역을 실행할 것인지 분별할 수 있어야 한다.

그리고 이 책의 후반부에서는 동부 아프리카에서 실시했던 17가지 사역에서 얻은 경험을 기초로 기술했다. 이 사역은 대학생 선교회(C.C.C)의 아가페 운동 본부가 현지 교회 사역자들과 연합하여 훈련시킨 전문 사역자들에 의해 이루어졌다. 게다가, 이 부분의 내용은 24개국의 무슬림들, 불교 신자들, 힌두교 신자들이 살고 있는 서로 다른 환경에 적용하면서 개발한 여러 가지 모델을 가지고 사역한 국제 의료 대사 선교회(MAI)의 지역사회 보건선교(CHE) 전략을 세계적으로 확산시킨 사실에 기반을 두고 있다.

뿐만 아니라 필자는 여러 권의 책과, 여러 사역 단체를 방문하여 그들로부터 배운 것도 참고했으며, 훈련자들을 교육하는 350개 이상의 정규 훈련 과정들과, 다른 기관들에게 자문하는 과정에서 얻은 경험을 총 망라하였다. 시범 사역에 관여하여 많은 시행착오를 거치면서, 사역이 계획대로 진행되지 않을 때 무엇을 어떻게 수정해야 하는지 정확히 알 수 있게 되었다.

처음에는 각 팀이 개별적으로 사역했지만 나중에는 팀들을 일 년에 한 번씩 모아 성공과 실패에 대해 토론하도록 자리를 마련했다. 이런 토론을 통해 얻어진 지침들을 가지고 현재 우리가 실시하고 있는 프로그램의 윤곽을 잡을 수 있었다.

새로운 영역을 개발할 때, 사역을 맡을 일꾼들을 훈련시켜 같은 개념을 가지도록 할 필요가 있다는 것을 알게 되었다. 이런 필요에 의해 우리는 훈련자를 교육시키는 프로그램(TOT)에서 사용하는 교재를 개발하게 되었다.

개별적인 사역을 세워나가는 데 있어서 가장 중요한 과제는 위원회 위원들이 그 사역에 대한 임무를 파악하도록 하고, 주인의식을 갖게 하는 것이었다. 우리가 발견한 것은 위원들도 훈련이 필요하다는 것이었다. 이런 필요를 충족시키기 위해 '위원회 훈련 과정(Committee Member Training)' 이라는 것이 생겨나게 되었다.

처음에는 모든 사역이 지역사회 보건선교(CHE) 전략 훈련 과정에 지원한 사람들을 위해 각각의 훈련 교재들을 가지고 있었다. 그러나 사역이 늘어나면서 이런 식으로 접근하는 것이 얼마나 많은 시간과 준비가 필요한지 깨닫게 되었다. 훈련 준비 기간을 줄일 목적으로 지역사회 보건선교 전략 팀은 4개월에 걸쳐 강의안과 그림책을 만들었다. 그 후 모든 훈련 팀들이 이 교재를 사용하고 그 효과에 대해 보고했다. 최초의 시험적인 프로젝트 이래로 모든 강의안들이 개정에 수정을 거듭하여 현재의 내용과 모습을 갖추게 되었다.

이 책을 출판하기까지 도움을 준 많은 분들에게 감사의 뜻을 전한다.

여러분께서는 육신적 건강뿐 아니라 영적 차원에서 세계를 변화시키는 데 도움을 주었다는 사실에 대해 자부심을 가질 수 있기를 바란다. 마지막으로 "지역사회 보건선교 전략이야말로 하나님의 사랑이 행동으로 나타난 것"이라고 믿어 의심치 않는다.

스탠 롤랜드
1999 캘리포니아 모데스토에서

차례

추천사 1_ 김준곤_ 5
추천사 2_ 서승동_ 7
서문 1_ 데니스 비키트_ 9
서문 2_ 폴 칼훈_ 12
한국어판 출간에 감사드리며_ 스탠 롤랜드_ 16
머리글_ 17

제1장_ 지역사회 보건선교의 배경_ 23
제2장_ 영·육의 통합_ 47
제3장_ 가난, 기근, 불공정_ 69
제4장_ 세속적 개념의 개발_ 87
제5장_ 기독교적 지역사회 개발_ 107
제6장_ 지역사회 보건선교 프로그램을 이루어가는 사람들_ 129
제7장_ 지역사회 보건선교 프로그램 설명_ 145
제8장_ 훈련 프로그램과 자료들_ 175
제9장_ 접근 제한 지역에서의 지역사회 보건선교 모델_ 211
제10장_ 도시 빈민지역 상황에서의 지역사회 보건선교_ 241
제11장_ 지역사회 보건선교 프로그램을 시작하는 방법_ 263
제12장_ 프로그램 계획 및 보고와 평가_ 281
제13장_ 교회 개척과 성장을 돕는 지역사회 보건선교_ 295
제14장_ 지역사회 보건선교는 사역을 위한 형틀(Template)_ 313
제15장_ 신실하신 하나님_ 333
제16장_ 지역사회 보건선교, 때가 무르익은 사역_ 355

부록_ 371
참고 도서_ 396
저자 소개_ 401
색인_ 403

제1장
지역사회 보건선교의 배경

우간다 동부에 건강 문제로 고통 받는 한 마을이 있었다. 해마다 많은 주민들이 질병에 걸렸고 많은 사람들이 죽기도 했다. 하루는 영국인 의사가 주민들을 도와주기 위해 그 마을에 왔다. 주민들은 너무 기뻐서 무엇이든지 시키는 대로 다 하겠다고 했다. 의사가 맨 처음으로 실시한 일은 많은 사람들의 질병을 치료할 수 있는 진료소를 짓고 시설을 갖추는 일이었다. 영국에 있는 후원 교회에서는 약품과 의료 소모품을 구입할 수 있는 자금을 지원했고, 의사는 매일 하루 종일 환자들을 치료했다.

많은 사람들이 도움을 받았지만, 얼마 되지 않아 의사는 자신이 치료해 준 마을 주민들이 영양실조, 기생충 질환, 설사와 같은 동일한 질병으로 다시 병원을 찾는다는 것을 알게 되었다. 많은 어린이들이 홍역으로 죽었다.

새로운 건강 문제가 야기될 때마다, 주민들은 의사에게 자문을 구하면서 어떻게 해야 되는지 물었다. 모든 일이 잘 진행되는 것 같았다. 그러나 의사 자신이 병에 걸려 영국으로 돌아가게 되었고 그 자리를 대신 할 의사는 나타나지 않았다.

일 년 후, 어떤 사람이 그 마을을 방문해 보니 환자가 많이 있었다. 마을 주민들에게 사연을 물었더니, "지난번에 건강한 의사와 약품이 있을 때까지는 문제가 없었는데, 그 의사가 영국으로 돌아간 후에는 상황이 전과 같이 되었다."고 말했다.

위에서 설명한 마을의 상황은 사하라 사막 이남의 아프리카의 모습을 그대로 묘사해 주고 있다. 아프리카 주민들의 건강 문제를 해결하기 위해 보다 영구적이고 진보된 해결책이 반드시 마련되어야 한다.

건강

 1978년 세속적인 지역사회 건강 단체들이 실시하고 있는 각종 프로그램을 알아보기 위해 대대적인 조사가 실시되었다. 세계 보건 기구(WHO)는 구소련의 알마아타에서 140개 국이 모여 회의한 결과로 얻은 일차 보건 전략에 대해 이제 막 소개하고 있었다. 치료 의학이 여러 해 동안 효과가 있었지만, 농촌 지역에 살고 있는 주민들의 건강은 증진되지 않았다는 점에 인식을 같이했다. 사람들은 자신들의 건강 증진을 위한 계획과 실천에 개인적으로나 집단적으로 참여할 권리와 의무가 있다는 **알마아타(Alma Ata) 선언**이 나왔다.

 개발도상국의 영아 사망률이 매우 높은 이유는 임산부와 신생아를 돌보는 데 필요한 건강관리 기관의 수준이 형편없이 낮기 때문이다. 높은 사망률 때문에 죽을지도 모르는 자녀의 수를 감안하여 부모들이 아기를 더 낳길 원하므로 가족계획 사업 추진에 지장을 초래하고 있다. 우리가 조사한 바에 의하면, 마을 사람들의 건강과 관련된 큰 문제들이 영양실조와 상관이 있는 것으로 드러났다. 개발도상국의 여러 마을에서 사망하는 사람들의 절반은 다섯 살 미만이다. 이런 사망 원인의 대부분은 영양실조에 감염성 질환이 겹쳐진 결과이다.

 오염된 음식과 물, 부적절한 쓰레기 처리, 열악한 위생 환경 그리고 빈약한 영양 상태에 의한 설사병과 위장관 질환이 만연해 있다. 높은 인구 밀도의 주거 환경, 영양 부족으로 인한 면역 저하 그리고 다른 가족들에게 전염되는 것을 예방할 줄 모르는 지식 부족 때문에 심각한 호흡기 질환이 자주 발생한다. 장티푸스, 디프테리아, 파상풍, 백일해들이 마을에서 자주 발생하는데 이런 것들은 예방 접종을 통해 예방할 수 있는 질환들이다.

달팽이, 곤충 그리고 동물들에 의해 전파되는 환경 질환들은 현대 의학으로 예방이 가능하다.

역사적으로 볼 때, 개발도상국들에서는 활용 가능한 의료 인력과 자금의 대부분이 전 인구의 5% 내지 10%의 사람들을 치료하는 병원에 투입되었다. 이런 치료 혜택은 병원비를 낼 수 있는 비교적 적은 수의 사람들과, 걸어서 병원에 갈 수 있는 위치에 사는 사람들에게 국한되었다.

대부분의 제3세계 국가들에서는, 의료 인력의 80%가 도시에 편중되어 있는 반면, 인구의 80%는 시골 지역에 살고 있다. 대부분의 의원이나 병원들 역시 도시에 집중되어 있다.

시골 사람들에게는 병원까지 가는 교통수단도 불편하고, 현대식 치료를 받기 위한 치료비도 지나치게 비싸다. 그러므로 시골 주민들은 건강 관리나 치료 측면에서 소외당하고 있는 실정이다. 시골 사람들이 받는 의료 서비스의 거의 대부분은 치료적인 것이지만, 실제로 시골에서 발생하는 질병의 80%는 '건강 교육'과 '예방 주사'를 통해 예방이 가능한 것들이다.

또 하나 주된 문제는 **의료 전달 체계**이다. 즉, 질병의 치료나 예방을 주민들에게 어떻게 제공하느냐 하는 것이다. 사람들은 종종 자신의 질병이 치료될 수 있다는 것조차 모르고 있기 때문에 교육이 절실히 필요한 실정이다. 종종 의료 시설이 주거지와 동떨어진 곳에 있는 경우도 있다. 제3세계 농촌 사람들이 가지고 있는 기본적인 문제는 의료 기관까지 가는 것이 어렵다는 것인데 이 문제를 극복하기 위해서는 의료 서비스가 사람들이 사는 지역으로 이동할 수 있어야 한다.

　치료 의학은 질병을 발생 초기에 예방하기보다는 이미 발생한 질환을 완치시키는 방향을 추구하고 있다. 그것은 비용이 많이 들고, 해결 범위가 좁고, 많은 사람들에게 접근할 수 없다는 면에서 비효율적이다. 이는 마치 화재를 예방할 방법들이 있는데도 불구하고 불이 나기를 기다렸다가 진화하는 소방수의 행위와 같다.

건강 피라미드

건강관리는 3층의 피라미드로 설명할 수 있다.

A. 병원은 복잡한 장비와 전문 기술을 지니고 있는 의사들과 고도의 훈련을 받은 의료 인력들이 진료하는 장소이다. 치료는 일차적으로 완치를 지향하며, 약 10만 명의 주민까지 돌볼 수 있다.

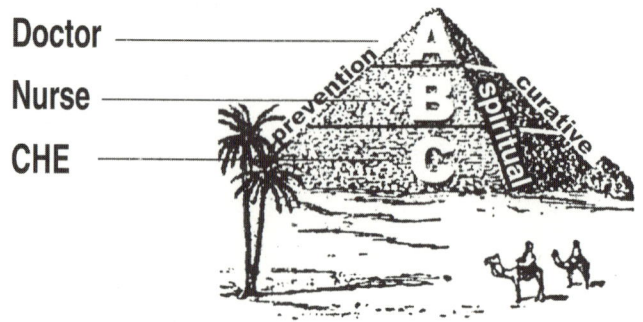

전도는 병원에서 실시되어야 한다. 많은 사람들이 죽음을 앞에 두고 있으므로 영적인 주제에 마음이 열린 상태이다. 반면 환자들의 집이 멀고, 병원이 짧은 기간 머물기 때문에 양육이나 제자 훈련을 시킬 기회는 별로 없다.

B. 의원은 대부분의 시간 동안 진단과 치료에 전념하는 의료 보조 요원이나 간호사들이 있는 장소이다.

대부분의 의원들은 출산을 앞둔 산모들에게 산전 관리를 실시하며 신생아들을 돌봐 주기도 한다. 이들은 신생아들에게 예방 접종을 실시하며 신생아들이 정상적으로 발육하고 있는지 몸무게를 재면서 관리한다. 이들은 어느 정도의 건강 교육을 실시할 수 있다.

환자들은 보통 3~5km를 걸어서 의원에 오며, 의원은 10,000명 정도의 주민들을 돌볼 수 있다. 복음을 직접 전할 수도 있고, 의료 요원이 환자의 마을까지 갈 수만 있다면 일부는 양육도 가능하다.

C. 지역사회에 기반을 둔 프로그램은 질병 예방, 건강 증진 교육과 더불어 어떻게 하면 풍성한 그리스도인의 삶을 누리고 나눌 수 있는지에 대한 '방법'을 교육받은 마을 주민들에 의해 운영된다.

치료보다는 예방을 강조하고 있다. 여기서 지역사회 보건요원들은 주민들이 찾아오기를 기다리는 것이 아니라 가정으로 주민들을 방문한다. 건강 교육, 전도, 양육 및 제자 훈련이 마을 동료들의 집에서 이루어진다.

지역사회 보건에서는 사람들을 중앙에 있는 기구로 부르지 않고 지역으로 찾아가서 건강 서비스를 제공한다.

위의 피라미드에서 보듯이 위쪽으로 갈수록 좀더 복잡하고 많은 자원이 사용되며, 비용은 더 많이 들지만 치료를 받는 사람들의 수는 점점 적어진다. 국가 건강관리는 성경 교육과 균형을 이루면서 예방과 치료가 조화를 이룬 바탕 위에 세워져야 한다.

🌿 일차 보건 관리

알마아타 회의에서 제기된, "서기 2000년까지 (일차 보건을 통해) 모든 사람을 위한 건강이라는 표어가 전 세계 건강의 초점이 되었다. 일차 보건 관리는 접근이 용이하고, 수용 가능하며, 경제적으로 적당하고, 모든 사람을 포함하고, 센터에서 모든 사람이 동참하며, 스스로 신뢰하면서 주민들이 주도하는 것이어야 한다."고 정의되었다.

산꼭대기에 한 마을이 있었다. 그 산은 매우 아름다웠으며 많은 관광객들이 거기에 사는 주민들을 보기 위해 찾아왔다. 불행하게도, 그 마을에 가기 위해서는 가파른 낭떠러지 위를 통과해야만 했다. 종종 방문객들이나 마을 주민들이 그 길을 지나가다가 미끄러져 낭떠러지 아래로 떨어지곤 했다. 더러는 다치기도 하고 심지어 죽는 사람도 있었다.

마을 사람들이 함께 모여 부상자들을 후송하기 좋은 곳에 진료소를 짓기로 결정했다. 그러나 진료소를 지은 후에도 사람들은 여전히 낭떠러지에서 떨어져 다치거나 죽는 일이 끊이지 않았다. 다시 모여서 의논한 결과 몇몇 마을 사람들이 낭떠러지 아래에서 대기하다가 사람이 떨어져 다치면 속히 진료소로 후송하기로 결정했다. 부상자들이 속히 후송되면 죽지 않을 것으로 생각했다. 그러나 이런 일을 시행한 후에도 부상자의 일부는 생명을 잃는 경우가 있었다.

마침내 마을 원로 중의 한 사람이 낭떠러지 위에 있는 길을 따라 난간을 설치하여 사람들이 떨어지는 것을 방지하자고 제안하였다. 사람들은 난간을 설치한 이후 더 이상 낭떠러지에서 떨어져 다치는 사람이 없다는 것을 알게 되었다. 방문객들은 계속해서 찾아왔으며 그 마을은 안전하고 살기 좋은 곳으로 남게 되었다.

치료보다 예방이 낫다!

대부분의 건강 문제에 있어 사람들은 난간을 세워서 문제 발생 첫 단계에서부터 문제를 예방하는 프로그램을 개발하는 대신 다친 사람들을 치료하는 진료소를 짓겠다는 방향으로 접근하는 경향이 있다.

건강관리에는 두 가지 측면이 있는데 이들 모두가 중요하게 다루어져야 한다. 아프리카 격언에 "이를 죽이려면 손가락 두 개가 필요하다."라는 말이 있다. 건강관리의 전통적인 두 손가락 중 하나는 일반적으로 계획하고 상부에서 지시하는, 치료를 중심으로 하는 것이다. 그 지역에 살고 있는 지역 사회 주민들이 참여하고 계획하는 '진료소 이외'의 또 다른 손가락 하나가 필요하다. 지역 사회에 기반을 둔 건강관리는 일차 건강관리의 '바깥 쪽' 절반에 해당된다.

특징적으로, **일차 건강관리(Primary Health Care)**는 훈련받은 건강관리 전문 요원들이 지역 주민들의 건강을 증진시키고 보호하는 일들로 이루어진다. 중요한 사항은 전문 요원들이 공중위생 관리, 수질 관리 및 물 공급, 예방 접종 사업과 같은 프로그램을 통해 다수의 사람들의 건강을 관리하여 건강 증진에 많은 진전을 가져오지만, 건강과 관련된 사람들의 행동 변화에는 별다른 진전이 없다는 점이다.

지역사회에 기반을 둔 건강관리(Community-Based Health Care) 사업은 일차 건강관리를 조금 다른 방향으로 다루고 있다. 즉 사람들에게 자신들의 건강을 스스로 책임지도록 하는 것이다. 주민들이 스스로 영양 상태, 공중위생 및 주거 환경을 증진시키는 데 주도적인 역할을 한다.

사람의 행동은 저변에 깔려있는 우리의 가치관과, 믿음 그리고 기본적인 전제에 따라 결정된다. 습관이나 생활 방식에서 변화가 일어난다면, 그것은 반드시 내부에서부터 변화가 일어나야 한다. 신념체계와 습관은 반드시 새로운 지식의 도입과 함께 변화해야 하며, 이런 지식의 습득은 적극적인 참여를 통한 학습법에 의해 얻어지는 것이 가장 좋은 방법이다.

이 글을 쓰고 있는 시점에서 필요한 것은 지역사회에 기반을 둔 강력한 건강관리 프로그램을 개발하는 것이다. 우리는 주민들이 일차 건강관리의 차원을 넘어서서 주민 스스로가 자신들의 건강에 대해 주인 의식을 가지고 주도권을 행사하는 차원으로 데려가고 싶다. 지역사회 보건선교 전략(CHE)이 그들의 필요를 얼마나 잘 충족시킬 수 있는지 보여주고 싶다.

기존의 일차 건강관리 프로그램(PHC)을 넘어서서 지역사회에 기반을 둔 건강관리(CBHC)가 정착되도록 각 나라들을 도와주는 것이 우리의 소망이다. 훈련받은 지역사회 자원봉사자들이 지역사회 건강 프로그램에 결정적인 촉매 역할을 할 수 있다. 그들은 이웃에게 원리들을 가르쳐 줌으로써 질환들을 감소시키는 데 도움을 주게 되는데 이것은 그들의 육신적인 건강에 직접적인 영향을 준다. 그러나 모든 일들이 기존의 건강 관리 체계하에서 이루어져야 한다.

전통적인 건강 교육

공중 보건 원리들을 모델로 삼은 전통적인 지역사회 건강 프로그램을 살펴보면, 우리가 지금까지 토론한 것과 접근 방법이 많이 다르다는 것을 발견하게 된다.

일부 차이점들은 교육 요원들에게 중요한 것들이므로, 우리는 그것들을 비교해 볼 필요가 있다고 생각한다. 세계 보건 기구(WHO)의 대표인 말러(Mahler) 박사는 "보건 교육 요원들은, 주민들에게 어떻게 행동하라고 말해주는 방식의 건강 교육은 끝이 났다는 사실을 알아야 한다."고 말했다. 모제스 스템블러(Moses Stambler)는 〈저개발 국가에서의 건강 교육〉(Health Education in Less Developed Countries)이라는 책에서 '전통적인' 건강 교육을 발견하고 그것을 '현대적인' 건강 증진과 비교했다.

'전통적' 건강 교육은 일차적으로 의료와 질병 예방과 관련이 있는 반면에 '현대적' 건강 증진은 일차적으로 정신 사회학적이며 문화적인 요소들이 가미된 총체적 접근과 관련이 있다는 것이다. '현대적' 건강 증진에서는 사람들이 조직적으로 자신의 문제들을 찾아내고 해결하기 위해 생각하고 행동할 수 있다. '전통적' 건강 교육은 정확한 정보나 지식이 상부에서 하부로 전달되는 반면 '현대적' 의학 교육은 지역 사회가 참여하고, 개입하여 정보가 주민들로부터 상부로 전달된다. 건강관리 공무원들은 전통적으로 '서비스 제공자'의 역할을 감당해 왔지만 이들의 현대적인 역할은 주민들과 함께 문화적으로 적절한 건강 활동에 대해 대화하면서 배우는 사람, 즉, 일을 촉진시키는 촉매자의 역할을 해야 한다는 것이다.

건강관리의 전통적인 역할은 사람들에게 정규 교육을 통해 '바른' 길을 가르치는 것이었다. 이에 반해, 교육 요원의 현대적인 역할은 비정규적인 배움의 장을 통해 사람들을 격려해서 자신들의 건강 문제에 대해 스스로 참여하도록 하는 것이다.

건강관리의 전통적인 목적은 사람들이 해야 할 일을 가르치는 것이지만, 현대적인 건강관리의 목적은 개인과 사회의 능력을 증진시켜 자신감을 가지고 참여하도록 노력하는 것이다.

마지막으로, 전통적인 건강관리에 있어서 개인은 전문가들에 의해 수동적으로 움직였지만, 현대적인 건강관리에 있어서 개인은 자신의 건강을 관리하기 위해 지역 사회에서 다른 사람들과 함께 참여한다.

아래의 도표는 전통적인 의료 관리 체계와 지역사회에 기반을 둔 건강관리 체계를 비교한 것이다.

의료 건강관리 체계	지역사회에 기반을 둔 건강관리 체계
수직적 관계 : 기타 정부 기관과 분리됨.	기타 분야와의 협조를 통해 최선의 기능을 할 수 있음.
완치를 위한 제도, 치료, 약품, 고도로 훈련받은 전문가들, 보조 장비, 진료소 등에 중점을 둠.	주로 예방적이며, 건강을 증진시키는 역할. 식수, 위생, 면역, 영양 그리고 건강 교육을 강조함.
발전된 기술 및 전문화를 강조함.	공통적인 조건들, '위험에 처한' 집단, 영아 사망률을 낮추는 데 중점을 둠.
질병에 걸린 사람들을 치료함.	사회에 있는 건강한 사람들을 도와서 질병을 초기에 예방함. 경미한 질환은 치료함.
의사와 함께 보조 기구들이 큰 역할을 담당함.	건강 증진과 변화의 주된 역할은 자원 봉사자들이 담당함.
건강이란 외부에서 들어온 기술에 의해 이루어지는 것으로 간주함.	건강 증진이란 가족과 사회의 활동에 의해 이루어지는 것으로 간주함.
전통 의학을 경시하거나 문화를 무시함.	건강을 위한 전통 의학이나 문화의 긍정적인 면을 인정함.
의료비용이 많이 들고, 도시 농촌의 격차가 심함.	의료비용이 적게 들고, 도시 농촌에 골고루 혜택을 줌.
종종 중앙 정부에서 재정을 지원한다.	지역사회 스스로 부분적으로 지원한다.
환자들이 의사, 간호사 및 그들이 제공하는 의료 서비스에 더 많이 의존하게 된다.	개인과 사회를 도와서 자신들 스스로를 돌볼 수 있는 능력을 증대시킨다.

온전한 건강

사람이 건강해지기 위해서는 여러 가지 요소들이 필요하다. 좋은 건강 상태를 유지한다는 것은 일차 보건 관리(PHC)에서 정의하는 이상의 것이다. **온전한 건강**이란 단순한 의료적 요소들을 초월하는 것으로 개발에 관한 여러 가지 요소들을 포함하고 있다. 이 장의 끝 부분 지역사회 보건선교 전략(CHE)에서 다음과 같은 내용들을 다루게 될 것이다.

개인의 삶

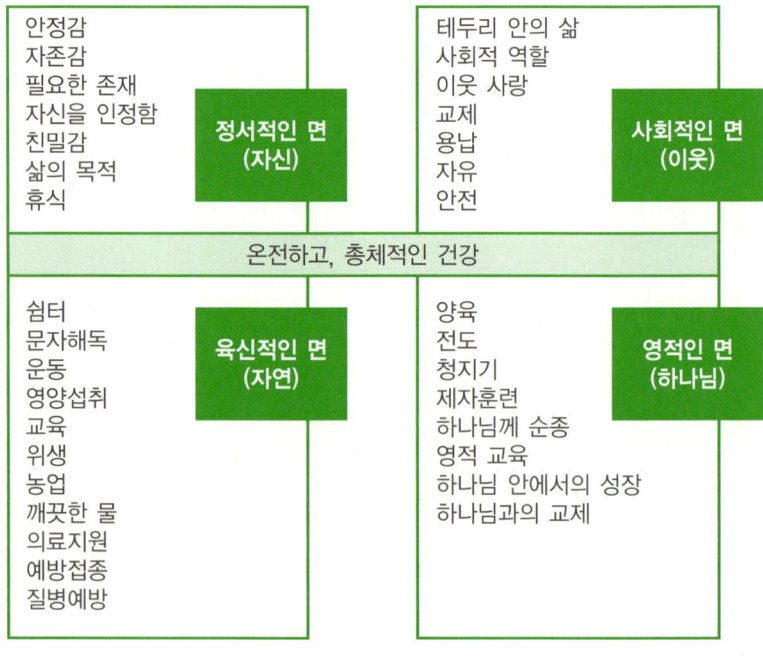

온전한 건강이란 다른 방법으로 정의될 수 있다. 온전한 건강이란 하나님, 이웃, 자신 그리고 주위에 있는 자연과 조화를 이루는 삶이다. 만약 이들 중 어느 하나의 관계에서라도 조화가 깨진다면 질병이 발생하는 것이며, 치유란 손상된 관계를 회복하는 것을 말한다.

이것은 너무나 단순해 보일지 모르지만, 만약 이것이 개인의 삶에 어떻게 적용되는지 진지하게 생각해 본다면, 이 정의 안에 들어있는 진리를 발견하게 될 것이다. 이 정의는 또한 우리 삶의 모든 면에서 나타나는 관계를 보여 준다. 이들 관계 중 어느 하나라도 파괴되면 사람은 건강을 유지할 수 없으므로, 온전한 건강이란 반드시 모든 관계가 조화를 이루어야 얻어지는 것이다. 그러므로 건강관리란 도표에서 언급한 분야들을 망라하여 설명해야 한다.

표에서 보는 것처럼, 현대 건강관리는 건강 교육과 예방의학을 통해 건강에 문제를 일으키는 원인을 해결함으로써 건강을 증진시키는 것에 중점을 두고 있다. 예방의학 및 건강 교육은 많은 사람들에게 효과가 있으며 이것을 통해 질병의 원인들을 확실하게 제거할 수 있다.

그러나 진정으로 효과를 얻기 위해서는 기존 의료 서비스에 여러 가지 프로그램들을 추가해서, 많은 사람들이 스스로 자신들을 돌볼 수 있도록 교육해야 한다. 동시에 동일한 교육요원이 동일한 전략을 가지고 지역 주민들에게 어떻게 하나님을 알아가며 매일의 삶에서 어떻게 그분의 능력을 힘입을 것인가에 대해 가르쳐야 한다.

총체적인 접근

공생애 사역을 하시는 동안 예수님께서는 사람을 총체적으로 보셨다. 그분은 영적인 부분뿐만 아니라 인간의 육신적인 부분도 돌보아 주셨다. 그러므로 주님께서는 사람들의 질병을 치료하시는 데 많은 시간을 할애하셨다. 신자인 우리도 사람의 총체적인 건강을 위해 관심을 가져야 한다.

그리스도의 최후의 명령이 마태복음 28:19~20절에 기록되어 있다.

> 그러므로 너희는 가서 모든 민족으로 제자를 삼아 아버지와 아들과 성령의 이름으로 세례를 주고 내가 너희에게 분부한 모든 것을 가르쳐 지키게 하라

다른 모든 신자들처럼, 기독 의료인들도 이 지상명령(至上命令)을 수행하기 위해 필요한 모든 노력을 아끼지 말아야 한다. 그리스도인이 시행하는 모든 건강관리 전략에는 영적인 재생산 사역이 반드시 포함되어야 한다. 제3세계 30억 인구의 모든 요구를 채워 주기에 충분한 훈련된 의료 인력을 확보한다는 것은 불가능한 일이다. 기독 의사와 간호사들은 훈련과 교육을 통해서 간단한 질병을 해결하고 예수 그리스도의 복음을 전할 수 있는 수많은 현지인 사역자들을 만들어 내어야 한다.

교회를 통해 일하는 훈련받은 지역사회 그리스도인들은 그 지역사회에 기반을 둔 보건 프로그램(CBHCP) 확립에 결정적인 촉매 역할을 할 수 있다.

전통적으로 의료 선교는 사람들의 육신적 및 영적인 문제들을 돌보는 데 전력을 다해 왔다. 그러나 종종 매일 매일의 진료 활동을 통해 의료 선교사들은 상상을 초월하는 과중한 업무에 시달리게 되었다. 이런 상황은 많은 의료 선교사들로 하여금 시급한 육신적인 보살핌을 필요로 하는 환자들에게 육신적인 필요와 영적인 필요 중 어느 것을 우선적으로 해결해야 하는지 갈등을 일으키게 만들었다.

복음주의 교회들은 다른 모든 분야를 제쳐놓고 영적인 문제에 치중하고 있고, 자유주의 교회들은 영적인 분야를 제쳐놓고 육신적, 사회적 분야에 집중하고 있다. 이런 양극단에 있는 사람들은 모두 예수님의 근본 의도와는 상관없이, 예수님이 하시지도 않은 방법으로 사람을 이분해서 다루고 있는 것이다.

일부 교회들에서는 이런 이분법을 탈피하기 위해 실제로 두 가지 사역을 병행하는 방법을 개발했다. 이들은 팀 중의 일부 사역자들은 영적인 필요를 위해 사역하고, 다른 사역자들은 육신적이며 사회적인 분야에서 사역하도록 하면서 이를 가리켜 균형 잡힌 사역이라고 부른다. 그러나 이러한 방법은 이분법적 방식을 탈피하는 데 일조하기는 했지만 충분하지는 않다.

동일한 사람이 상대방의 필요를 총체적으로 충족시키는 통합 사역을 해야 한다. 이런 접근 방식에서는 사람을 총체적으로 보고 그 사람이 가진 육신적, 영적, 사회적인 모든 문제를 다룬다. 처음에는 한쪽 부분을 다루고 다음에 다른 부분을 다루는 경우도 있겠지만 동시에 모든 분야를 염두에 두고 있어야 한다.

우리는 일차 건강관리에 있어서 교회나 교단이 했던 일과, 이들의 프로그램에서 전도와 제자 양육이 했던 역할에 대해 연구했다. 이 연구에서 모든 의료 서비스와 지역사회 건강 프로그램은 다음의 목적을 포함하고 있어야 위에서 언급한 갈등을 해소하는 데 도움이 된다는 결론을 얻었다.

- 의료 서비스는 영적인 사역을 돕는 사람라는 견해를 가져야 한다.
- 기독교적인 의료 사역의 성공은 환자를 얼마나 많이 진료했는가에 달려있는 것이 아니라, 제자를 얼마나 많이 만들었는가에 의해 평가되어야 한다. 그러나 이들 가운데 어느 하나도 빠져서는 안 된다.
- 복음 전파와 제자 양육은 의료 사역 안에서 긴밀하게 통합되어야 하며, 이것은 임명되거나 고용된 교역자에 의해 행해지기보다는 의사나 간호사로부터 자연스럽게 흘러나와야 한다.
- 적절한 수의 임원들을 배치하여 전체 팀이 영적, 의료적인 측면의 사역을 감당할 수 있도록 해야 한다.
- 모든 기독 의료인 및 사역자들은 복음 전파와 제자 교육에 있어서 재충전하는 교육을 받아야 한다. 이것은 특별히 의사들에게 중요한 일이다. '영적 사역에 지친' 사람들이 아니라 전체적인 흐름을 조절하는 사람이 되어야 한다.
- 마을을 위한 건강 전략의 전반적인 성공은 재생산이라는 차원에서 평가되어야 한다. 즉, 지역사회 보건요원들에게 가르치는 내용은 모든 마을 사람들이 배울 수 있는 것이어야 하며, 한 마을 사람들이 또 다른 마을 사람들에게 가르칠 수 있어야 한다.

지역사회의 건강관리에 있어서 우리는 지역 주민들을 의료 센터로 나오도록 하지 않고 지역사회에 들어가서 의료 서비스를 제공한다.

지역사회에 기반을 둔 프로그램에서의 제자 훈련은 교제, 동기 부여

및 팀원들 간의 관계형성을 위한 기반을 제공한다. 그러므로 제자 양육은 이 전략의 핵심이다. 이것은 양쪽 영역에서 훈련받은 사람들을 통해 영적 및 직업적인 재생산이 일어나도록 허용한다. 우리는 이런 지역 주민들을 '**지역사회 보건 전도자 (CHEs)**' 라고 부른다.

하나님의 말씀인 성경에 놀라운 비밀이 드러나 있다. 그것은 하나님께서는 낮고 천한 자들을 통해 세상을 변화시키신다는 사실이다. 그분은 비천한 일단의 셈족 노예들을 택하사 당신의 새로운 질서의 도구들이 되게 하셨다. 그분은 300명의 사람들이 횃불을 들고 나팔을 불 때 수많은 군대들을 도망가게 하셨다. 그분은 물맷돌을 든 어린 목동을 택하셔서 백성의 지도자로 삼으셨다. 그분은 사람들로부터 인정받지 못하던 어부들을 불러 축복의 통로로 사용하셨다. 그분은 구유에 있는 한 아기를 통해 초자연적으로 역사하심으로써 이 세상을 바로 세우셨다.

하나님께서는 세상에서 어리석은 것들을 택하사 강한 자들을 부끄럽게 하신다. 그분은 낮고 천한 것들을 택하셔서 사람들에게 존경받는 것들을 무색케 하시고 아무도 자신의 업적을 자랑하지 못하게 하신다. 예수님께서 인정받지 못하는 일단의 어부들을 부르신 것처럼 그분이 우리를 부르사 배와 그물을 버리게 하시고 그분을 따라 세상을 변화시키는 사역에 동참케 하셨다.

제자 양육과 복음 전파 사역은 우리 삶의 어떤 영적인 '한 부분'에 국한되는 것이 아니다. 예수님께서는 우리가 오 리를 가자면 십 리를 가고, 오른 뺨을 치면 왼 뺨을 돌려 대고, 평화와 공의를 위해 일하고, 모든 사람을 섬기는 종이 되도록 다른 사람들을 가르칠 의무가 있다고 말씀하셨다.

하나님께서는 많은 사람들의 삶을 사용하시어 세상을 변화시키는 일을 조용히 진행하신다. 이 변화는 그분의 이름으로 일컬음을 받는 사람들 즉, 그리스도인들과 함께 시작된다.

우리들의 접근 방식

지역사회 보건선교 프로그램(CHEP)은 지역 사회에 넓게 기반을 둔 피라미드의 첫 번째 층을 목표로 삼고 있다. 우리는 지역 주민들이 이웃들과 영적인 진리 및 육적인 진리를 어떻게 공유할 수 있는지를 훈련시키는 방법을 통해 이 일을 하고 있다.

우리는 가능한 한 많은 수의 주민들과 접촉하여 육적으로, 영적으로 도움을 줄 수 있기 바라며 이 일은 지역사회 보건요원들(CHEs)을 훈련시킴으로써 달성할 수 있다는 것을 배웠다.

앞에서 우리는 확인 가능한 목표 지역에 집약적으로 설치되어야 하는 모델 사업을 보았다. 우리는 육체적인 개발을 위한 접근법을 사용했는데, 이것은 사람들이 있는 그 곳에서 그들의 필요를 채워주고 질병이 발생하기 전에 예방하는 데 도움을 주도록 하는 것이다. 이런 접근법은 다음의 사항들을 포함하고 있다.

1. 주민들 스스로 가능한 한 많은 일을 하도록 가르치기 위하여 간단한 지역 사회 프로그램 내의 최우선적인 필요를 충족시키는 것에 집중한다. 우리는 지도력, 주도권, 자신감에 있어서 주민들이 처해

있는 바로 그 지점에서 시작하려고 시도했다.
2. 사람들에게 다가가는 적극적인 주도권.
3. 전체 프로그램에 예방 의학과 건강 교육을 통합한다. 결과적으로 변화된 생활 방식과 삶의 조건이 초래할 결과들에 대해 기대하면서 예방 의학 및 교육에 중점을 둔다.
4. 가능한 한 많은 사람들에게 다가간다는 목표와 비전.
5. 사람들에게 자신을 개발하기 위해 어떻게 참여해야 하는지 보여주는 교육 프로그램과 간단한 건강 교육, 주요 질환을 식별하는 방법, 의학적 치료의 필요성에 대한 인식 그리고 환자(특히 어린이)들을 돌보는 법을 목표로 하는 교육 개발.
6. 주민들의 헌신으로부터 우러나오는 지역사회 지도력 개발과 지역사회의 자립.
7. 대부분의 임무를 지역교회 지도자, 지역사회 지도자 그리고 지역사회 보건요원들에게 이관해서, 지역사회로부터 지원 받고 프로그램을 위해 헌신하도록 하는 것.
8. 전수 가능하고 재생산이 가능한 내용으로 훈련한다는 것에 대한 이해.
9. 즉시 활용 가능한 지역 자원들을 최대한 많이 사용하도록 다짐하는 것.
10. 인근 일차 진료소와 좋은 관계를 맺어 후원 의료 기관, 산부인과, 수술을 필요로 하는 중증 환자들을 위한 입원실 등으로 사용할 수 있도록 하는 것. 초기 단계에서는 우리의 시설을 통해서 하지만, 나중에는 우리가 치료 기관을 운영하지 않도록 하는 것.
11. 홍역, 결핵, 디피티, 소아마비 등을 위한 단체 예방 접종 프로그램

을 지역사회의 지원으로 실시하는 것.
12. 재래식 화장실의 적절한 사용과 안전한 식수에 대해 강조하는 위생 교육을 마련하는 것.
13. 쉽게 접근할 수 있는 가족계획 교육 자료를 마련하는 것.
14. 목표 지역을 그리스도로 충만히 채우기 위한 적극적인 복음 전파, 양육, 제자 훈련. 이 지역에서 성도의 거룩한 삶을 살고 이웃에게 복음을 전하는 그리스도인들을 보는 것.

결과

1981년 이래 우리 스스로의 경험뿐 아니라 기독교 프로젝트 및 기타 세상적인 프로젝트에서도 많은 것을 배웠다. 우리가 바라는 것은 전 세계 여러 나라에서 지역사회 보건 전도자로 훈련받은 지역 사람들 10만 명을 만드는 것이다.

1999년에 우리는 지역사회 보건선교 전략의 원리들을 가지고, 450개 교회와 선교 단체들로부터 온 2,000명 이상의 사람들을 훈련시키는 특권을 누렸다. 이것은 그들로 하여금 자신들의 지역사회 보건선교 프로그램을 만들든지 아니면, 그들이 가지고 있는 기존 프로그램에 전도와 제자 훈련을 통합하도록 하는 기회를 제공해 주었다.

우리는 초기 지역사회 보건선교 사역의 성과를 기록한 결과를 보고 큰 격려와 도움을 받았다. 그 중 우간다(Uganda) **부후구(Buhugu)**에서 있었던 초기 사역에서는, 훈련을 받기 위해 지역사회에서 선출한 12명의 요원들 중 단지 3명만이 예수 그리스도를 영접한 상태였다. 그러나 4개월의 훈련 과정을 끝낸 시점에서 12명 모두 주님을 개인적으로 영접했음을 간증하게 되었다.

게다가, 약 2년 동안 부후구 지역사회 보건요원들은 개인적으로 1,000명 이상을 그리스도에게로 인도했다. 1985년 어느 때에는 부후구 지역사회 보건요원들 32개의 성경 공부 모임을 인도했으며 참석자가 285명에 이르기도 했다. 이들 285명 중 20명은 전도를 위한 성경 공부 모임을 따로 시작해서 100명이 공부에 참석하게 되었다.

사회적으로 나타난 현실적인 결과에 대해 말하자면, 부후구 사역과 관련하여 10개 마을에서 온 현지 훈련자 및 사역자들이 깨끗한 우물 40개를 확보하여 13km 길이의 수도 시설을 건설하여 10,000명에게 물을 공급하게 되었다. 그들은 또한 홍역 발병률을 40%까지 감소시켰고, 설사병을 30%까지 감소시켰다.

주민들은 양봉(65 가정이 참여), 묘목 사업, 양어장 운영 같은 여러 가지의 개별적인 사업을 시작했으며, 기본 식료품을 조달하는 텃밭들을 개량했다.

1985년, 우간다의 정치적 불안으로 인해 위원회의 위원들과 최초의 지역사회 보건요원 그룹을 훈련시키는 몇몇 새로운 사업이 진행 중인 상황에서 지역사회 보건 훈련 팀이 철수할 수밖에 없게 되었다. 이 사업들 중 세 개는 시작한 지 1년이 되지 않은 상태였다. 8개월 후 훈련 팀이 다시 들어갔을 때, 지역사회는 훈련 팀이 떠날 당시의 상태로 남아 있거나 그 나름대로 조금씩 일을 하고 있는 상태여서 거기서부터 다시 시작할 수 있었다. 그 당시에는 우간다의 불안한 상황으로 인해 내국인 혹은 외국인이 운영하는 모든 것이 정지된 상태였기 때문에 이것은 아주 고무적인 현상이었다.

한 사업이 자리를 잡고 스스로 일어서는 데는 보통 약 5년이 걸렸다. 그러나 부후구에 있는 진료소는 그 기간 동안 자체적으로 기능을 발휘하고 있었다.

1981년, 케냐 서부 지역에서 아프리카 내륙 교회와 연합하여 사업이 시작되었다. 15명의 전도 요원들을 훈련시킨 후, 우리는 그들이 전혀 주도권을 잡지 않은 채 훈련 팀이 모든 짐을 지고 갈 것을 기대하고 있다는 것을 알게 되었다. 그 지역에서 철수하여 지역사회가 행동을 취할 때까지 기다리자는 결정이 내려졌다. 30개월 후에 그 지역에 있는 일부 교회 지도자들이 훈련을 더 시켜달라고 요청했다. 그 당시 우리는 처음에 훈련시켰던 사람들 중 30%가 외부 훈련 팀의 격려도 없는 상황에서 가정을 방문하며, 이웃들에게 지역사회 보건선교 전략에 대해 나누고 있다는 사실을 발견했다.

다른 지역에서는 지역사회 보건요원으로 훈련받은 여성이 남편과 함께 자신들이 살던 지역에서 조금 떨어진 마을로 이사했다. 이 여성은 새로 이사한 지역 사회에 의료적인 필요가 있음을 간파하고 스스로 주도하여 지역사회 보건선교 훈련 프로그램을 만들었다.

그리고 30명의 전도 요원을 훈련시켰으며 인근 지역에 지역사회 보건선교를 실시하기 위해 그들 중 5명은 훈련자로 훈련시켰다. 이런 예들은 주민들이 비전을 발견하고, 하나님의 인도하심을 따라가면서, 자신들의 건강 문제와 스스로를 지키는 것에서 책임감을 느낄 때 어떤 일이 벌어지는지를 잘 설명해 주고 있다고 생각한다.

제2장

영·육의 통합

초창기 우간다 루투마(Rutooma) 사역에서, 훈련 팀이 가정을 방문하는 동안 우리는 92세의 삼웰(Samwell)이라는 할아버지를 만났다. 삼웰은 집 밖에서 우리에게 인사한 후, 우리를 따뜻하게 맞아들였다.

현지 훈련자 중 한 사람이 룬얀콜(Runyankole)어로 된 '4 영리'를 가지고 삼웰에게 복음을 나누기 시작했다. 삼웰은 주의 깊게 들었고, 이야기 마지막 부분에서 그는 두 볼 위로 눈물을 흘리며 걸상 머리에 바짝 나와 앉았다. 패트릭(Patrick)이 삼웰에게 그리스도를 영접하라고 권했고, 그는 받아들였다. 기도를 마친 후, 그는 '4 영리' 책을 손에 들고 우리를 바라보면서 영어로 이렇게 말했다. "천국 가는 여권, 천국 가는 비자."

그리고 삼웰은 통역을 통해, 보통 때 같았으면 그 시간에(낮 11시쯤이었다) 자신은 술에 취해 있었을 것이라고 말했다. 그리고 이제 왜 술을 먹지 말아야 하는지, 우리가 그날 자신을 방문하게 된 이유가 무엇인지 알았다고 말했다. 하나님께서는 이 만남에 기름을 부으셨다.

약 일 년 후, 삼웰은 주님 안에서 굳건한 신앙생활을 하고 있었다. 그는 예수를 영접한 그날 이후로 전혀 술을 마시지 않았다. 그는 다른 사람에게 매일 성경을 읽어 달라고 했으며 심지어 성경 구절을 여러 개 외우고 있었다. 먼 길을 걸을 수 없기 때문에, 삼웰은 정기적으로 예배에 참석하지는 못했다. 그는 집 앞에 작은 원두막 같은 것을 지어놓고 거기에서 가족들과 친구들에게 설교를 하고 있었다.

삼웰의 삶에 나타난 이 놀라운 변화로 인해, 특별히 기쁨으로 인해, 그는 지역 사회에서 놀라운 증인이 되었다. 삼웰은 모든 마을 건강 프로그램에 영적인 내용이 반드시 들어가야 한다는 이유를 여실히 보여 주고 있다. 삶이 변해야 하는 필요성은 건강이 증진되어야 한다는 필요만큼이나 당연한 것이다.

성경적 근거

　기독교적 관점에서 볼 때 지역사회 개발은 반드시 성경 말씀에 근거를 두어야 한다. 그러므로 예수님과 제자들이 이 주제에 대해 말하고 행동했던 내용들을 살펴보기로 하자.
　누가복음 4장 16~21절에서, 예수님이 이 땅에 오신 이유를 처음으로 소개하고 있다. 그 이유에 관해서는 수백 년 전 이사야 61장 1, 2절에 기록되어 있다. 예수님은 가난한 자에게 복음을 전하고, 눈먼 자를 다시 보게 하고, 눌린 자를 자유케 하기 위해서 오셨다. 즉 예수님은 인간의 총체적인 필요를 채우시기 위해 오신 것이다. 우리는 누가복음 10장 27절에서 "마음을 다하며 목숨을 다하며 힘을 다하며 뜻을 다하여 주 너의 하나님을 사랑하고, 또한 네 이웃을 네 몸과 같이 사랑하라"는 명령을 받았다. 만약 우리가 이웃을 우리 자신의 몸과 같이 사랑한다면 우리는 분명히 그들의 육신적 및 영적인 건강에 대해 관심을 가질 것이다. 우리는 그들이 이 땅에서 더욱 풍성하고 의미 있는 삶을 누리는 방법과 영생을 얻는 방법을 알려 주고 싶어 할 것이다. 우리를 향한 하나님의 사랑 때문에, 우리는 그 사랑을 다른 사람과 나누고 싶어 할 것이다.
　요한복음 3장 16~18절은 우리에게, "사랑하는 사람은 자신을 내어준다."고 말하고 있다. 하나님께서는 우리를 지극히 사랑하셔서 그분의 독생자를 죽는 자리에까지 내어주셔서 우리로 하여금 영생을 얻을 수 있도록 하셨다. 하나님의 아들은 세상의 사람들을 구원하러 오신 것이지 심판하러 오신 것이 아니다. 그러므로 우리 이웃을 향한 우리들의 태도는 마땅히 심판하는 것이 아니라 긍휼을 베풀어야 한다. 하나님 한 분만이 심판하실 수 있는 분이시다.

요한일서 4장 7~11절에 따르면, 우리가 다른 사람을 사랑할 수밖에 없는 이유는 우리를 향한 하나님의 사랑이 크기 때문이다. 예수님께서는 우물가에서 사마리아 여인에게 특별한 종류의 사랑을 보여 주셨다. 그 여자는 현실적인 물을 달라고 했으며 예수님은 그 여자에게 우물물과 함께 더 좋은 것, 즉 영적인 '생수'도 주셨다. 그분은 유대인들에게 멸시받는 여인에게 이같이 하셨다. 만약 우리가 다른 사람들을 사랑한다면, 우리도 예수님처럼 그들이 요청한 이상의 것까지도 채워주도록 노력해야 한다.

사도행전 10장 38절에서 베드로는 예수님께서 두루 다니시며 착한 일을 행하시고 마귀에게 눌린 모든 자를 고치셨다고 증거했다. 그분은 이 일을 성령의 능력으로 행하셨다. 우리 역시 성령의 인도하심을 누릴 수 있다. 그리하여 성령께서는 우리가 다른 사람들의 영적인 필요를 채울 수 있을 뿐 아니라 갖가지 방법으로 선한 일을 할 수 있게 도와주실 것이다.

데살로니가후서 3장 13절은 우리에게 선을 행하다가 낙심치 말라고 가르치고 있다. 예수님도 주위를 둘러싸고 있는 사람들을 헤치며 일하시기에 피곤하셨지만, 하나님과 개인적인 교제를 가지면서 자신을 늘 새롭게 하셨다. 우리 역시 주위에 온갖 필요들이 밀려오는 것을 보면서 지칠 수 있다. 그러나 우리가 하나님을 의지할 때 하나님께서는 우리들에게 선한 일을 계속할 수 있도록 힘을 주신다.

예수님께서는 마태복음 25장 34~40절에서 놀라운 말씀을 하셨다. 예수님은 주린 자들에게 먹을 것을 주고, 목마른 자들에게 마실 것을 주고, 나그네를 돌보며, 벗은 자를 입히고, 옥에 갇힌 자들을 돌보는 것이 바로 예수님 자신에게 하는 것이라고 분명하게 말씀하셨다. 그리스도를 위해서나 우리 가족들을 위해서 이런 일을 하는 것은 어렵지 않을 수 있다. 그러나 예수님께서는 우리가 가장 낮은 자들, 심지어는 우리가 모르거나 혹은 세상에서 무시 당하는 사람들에게도 이런 일을 해야 한다고 말씀하신다. 우리는 모든 사람들을 섬기기 위해 부르심을 입었다.

단지 몇몇의 기독교 단체들만이 위에서 말한 차이점을 이해하고 환자에게 영적·육적·사회적 사역을 동시에 베푸는 통합 사역을 하고자 한다. 그들은 이 둘을 동시에 하기도 하고 개인의 필요에 따라 어느 한 가지를 강조하기도 한다.

지역사회 보건선교에서는 균형 잡힌 사역 이상의 것, 즉 통합된 사역을 원한다.

예수님께서 열두 제자들을 사역지로 내보내시면서 병든 자들을 고치고 다른 사람들의 육신적인 필요에 관심을 가지라고 명령하셨다. 제자들도 값없이 받았으므로 값없이 베풀어 주었다. 우리도 값없이 많이 받았기 때문에 값없이 나누어 주어야 한다. 우리는 다른 사람들로부터 사랑도 값없이 받는다고 믿는다.

마태복음 4장 18, 19절에서 예수님은 제자들에게 복음을 전파하라고 부르시고 그들에게 육적인 필요뿐만 아니라 영적인 필요들을 위해서도 사역해야 한다고 말씀하셨다. 예수님은 이 어부들을 불러 물고기가 아닌 사람을 낚게 하셨다. 우리도 역시 사람들에게 예수 그리스도를 통해 새로운 생명을 가져다주는 **사람 낚는 어부**로 부르심을 입은 사람들이다.

바울은 고린도전서 11장 1절에서 자신이 그리스도를 본받은 것 같이 우리도 그리스도를 본받으라고 명령했다. 제자란 스승을 따르며 스승이

했던 것을 그대로 행하는 사람을 말한다. 그리스도를 본받는 자는 그리스도께서 명령하신 일을 할 것이다. 제자는 다른 사람들을 육적으로, 영적으로 도우면서 그리스도의 본을 따를 것이다. 그리스도께서 지상 명령(至上命令)을 통해 강조하신 것은 사람들의 영적인 필요를 채워주는 것이다. 마태복은 28장 19, 20절에서 예수님은 우리에게 전 세계로 가서, 사람들을 그리스도에게 돌아오게 하고, 그들을 제자 삼으라고 명령하셨다. 우리는 이것을 하나님의 이름과 그분의 권세로 실천할 수 있을 것이다. 이것은 그리스도인들이 취사선택할 수 있는 일이 아니라 반드시 해야만 하는 일이다. 예수님께서는, "내가 세상 끝날까지 너희와 항상 함께 있으리라"고 말씀하셨다. 그러므로 우리는 이 일을 우리의 힘이 아닌 성령을 통해 역사하시는 하나님의 능력으로 해야 한다.

디모데후서 2장 2절은 충성된 사람을 찾아 다른 사람들을 가르치도록 하고, 이들로부터 교육을 받은 사람이 다시 다른 사람들을 가르칠 수 있게 하라고 말씀하고 있다. 이 구절은 재생산, 곧 '다른 사람을 가르칠 수 있는 사람'들을 가르치는 것에 대해 언급하고 있다. 이것은 영육 간에 모두 적용되어야 하는 것이다. 왜냐하면 우리는 세상이 그리스도에게 가까이 가면서 현실적으로 개선되는 것을 보고 싶기 때문이다. 우리의 삶을 신실한 사람들에게 쏟아 부을 때, 그들도 다른 사람을 돕기 위해서 가르쳐야 한다는 비전을 가지게 될 것이다.

예수님께서는 이 땅에 계실 때 사람들을 향해 전인적인 관심을 가지셨다. 그분은 말씀을 전하고 가르치면서 병자들을 고치셨다. 예수를 믿는 우리도 개인의 총체적인 건강에 관심을 가져야 한다. 이것은 육적·영적인 필요를 충족시키는 것이며 다른 사람들도 그렇게 하도록 훈련시키는 것이다.

개발과 선교

국제 MAP 대표였던 존 밀러(John Miller) 박사는 〈지상 명령과 가장 큰 계명에서의 중심 요소들〉(Key Elements in a Statement of the Great Commandment and the Great Commission)에서 12가지의 원리에 관해 언급했다. 그는 다음과 같이 말한다.

> 우리를 향한 하나님의 사랑과 하나님의 계시는 우리로 하여금 하나님을 향해 충성스럽고 순종적으로 반응하게 만든다. 하나님에 대한 충성과 순종을 가장 잘 표현해 주는 하는 것은 바로 이웃 사랑이다.
>
> 이웃 사랑은 우리를 향한 하나님의 사랑과 하나님의 명령에 대해 우리가 반응하는 데서 나온다. 이것은 현재나 미래에 우리 이웃들에게 긍정적인 결과를 가져오는 사회적 행동으로 표출된다.
>
> 하나님께서는 우리가 이기심 없이 자신을 헌신하여 우리가 사랑하고 알아가야 할 하나님의 영광을 위해 인간 사회에서 빛과 소금이 되도록 원하셨다. 제일 큰 계명과 지상 명령은 모두 전 인류를 향한 하나님의 속성을 표현한 것이다.
>
> 한 잔의 냉수를 주는 것이 곧 복음 전파는 아니며, 육신적, 사회적 건강이 곧 하나님의 구원을 의미하는 것은 아니지만 구원은 현실과 관련이 있어야 한다. 그것은 하나님을 사랑하며 이웃을 내 몸과 같이 사랑하는 것 사이에 들어있는 관계와 유사한 것이다. 우리는 이웃의 일시적인 안녕뿐 아니라 영원한 안녕을 위해 힘써야 한다.

1983년 위튼 복음주의협의회(The Wheaton' 83 Evangelical Consultation)에서는 '개발'(development)이라는 용어를 '전환'(transformation)이라는 말로 대치할 것을 권고했다. 전환이란 하나님의 목적에 반하는 인간 실존의 상태를 사람들이 하나님 안에서 조화를 이루며 삶의 풍성함을 만끽하는 방향으로 변화시키는 것이다.

　이런 전환은 개인들이 사회에서 예수 그리스도의 복음에 순종해야만 일어날 수 있는 것이다. 그분의 능력이 모든 사람들을 죄의식과 죄의 영향 및 그 결과로부터 해방시켜 그들로 하여금 하나님을 향해서 그리고 다른 사람들을 향해서 사랑할 수 있도록 만드는 것이다.

　모든 인간은 하나님의 형상대로 창조된 하나님의 피조물이다. 인간이란 하나님을 대신하여 하나님께서 만드신 모든 피조물들을 지혜롭게 다스리는 권리를 부여받은 존재이다. 지구가 우리의 소유물은 아니지만, 청지기로서 우리는 그리스도의 재림을 고대하며 피조 세계를 관리하고 향상시켜야 한다. 그러므로 우리는 하나님께서 주신 자원을 남용하지 말아야 한다. 아무리 거칠고, 눌려 있고, 타락했다고 하더라도 모든 인간은 하나님의 형상으로 평등하게 창조되었다. 모든 사람들은 최고의 가치를 가지고 있는 존재이다.

　그리스도인들은 하나님을 모든 좋은 것의 원천으로 자각하고 그분께 감사해야 한다. 이것은 물질세계를 사람들의 취향에 맞게 개발하는 경향과는 정반대 되는 것이다. 기독교적 개발이란 소수에게 풍족함을 가져다주는 것이 아니라 모든 사람들의 필요를 적절하게 채워주도록 사람들을 격려하는 것이다.

　토쿤보 아데예모(Tokunboh Adeyemo) 박사는 〈구호와 개발에 대한 복음주의적 전망〉(An Evangelical Perspective on Relief and

Development)에서 다음과 같이 말한다. "성경적인 개발은 사람과 자연이 하나님께서 맨 처음 만드셨던 의도에 합당한 상태가 되게 하고 미래에도 완전하게 그렇게 되는 것을 말한다."

그는 개발에는 두 가지 목표가 있어야 한다고 생각한다. 첫째 목표는 하나님께 영광을 돌리는 것이다. 아데예모 박사는 배고픈 자들을 먹이는 것과 목마른 자에게 물을 주는 것은 하나님을 영화롭게 하는 의로운 일이라고 분류한다. 그는 계속해서 다음과 같이 말한다.

> 두 번째 목표는 사람과 그 사람이 처한 환경을 전환시키는 것이다. 인간의 전환(transformation)은 성경적 관점에서 보면 그리스도를 통한 참다운 인간성의 회복을 말한다. 전환은 반드시 사람을 복합적인 존재, 총체적인 존재로 설명해야 한다. 변화된 개인은 또 다른 변화를 위한 수단이 된다. 변화된 사람들에 의해 자동적으로 사회 구조가 변화될 것이라고 가정해서는 안된다. 그들은 하나님께서 창조하신 청지기들로서 사랑과 정을 가지고 행동해야 할 책임을 가진 존재들이다.

케냐 나이로비에서 온 샘 부르히(Sam Voorhies)는 "가나에서 실시한 개발의 성경적 전망"(A Biblical Perspective of Development)이라는 연설에서 다음과 같이 말했다.

> 변화란 항상 발전하는 것을 의미하지는 않는다. 그리스도인으로서 우리는 삶의 모든 중요한 부분을 다루고 싶어한다. 우리는 단지 장래의 영원한 생명 뿐만 아니라 현재의 삶과 하나님 및 이웃과의 관계 안에서 누리는 삶의 질에 대해서도 관심이 있다. 우리가 받은

> 새로운 생명은 하나님 자신의 것이며 이 생명이 자라서 점점 우리가 그분을 닮아가게 되는 것이다.
>
> 　총체적 지역사회 개발을 향한 노력에서, 우리는 물건들을 획득하는 데 집중하거나 사람들의 경제적 상태에 초점을 맞추는 것을 최우선으로 하지 않도록 조심해야 한다. 하나님께서는 우리를 여러 방면에서 변화시키시기를 원하신다. 하나님께서 우리를 부르셔서 다른 사람들의 삶에서 변화를 일으키시며, 그 변화를 촉진시키도록 하시는 것은 우리가 그리스도를 닮아 가는 방향으로 성숙하고 성장하게 하는 과정인 것이다.

　바울은 성숙을 마지막 단계로 말하지 않고 지속적으로 더 높은 목표를 향해 나아가는 성장의 과정으로 말했다. 그는 성경에서 말하는 제자훈련이나 인간 개발은 성숙한 신자 혹은 완전한 인간을 형성해 가기 위한 것임을 직접적으로 시사하고 있다고 말했다.

　예수님은 사람들의 삶이 전환되는 것과 그들의 삶이 풍부해지는 것에 대해 관심을 가지고 있었다. 사람이란 그리스도와의 관계가 성장할 때에만 진정으로 발전할 수 있는 것이다. 그리고 부르히스는 기독교에서 말하는 "개발이란 신자들이 하나님의 속성, 가치관, 동기, 태도를 닮아 가는 것이며, 또 하나님 자신을 이해하는 방향으로 변화되는 것과 관련되어 있다."고 말했다.

　1983년 암스테르담에서 개최된 기독교 회의에서, 고든 모예스(Gordon Moyes)는 복음주의자들의 사회적 책임이라는 연설을 하였다. 그는 이렇게 말했다.

> 그리스도의 이름으로 제공되기는 하지만 그리스도의 이름이 전혀 언급되지 않는 기독교적 사역에 더 이상 만족할 수는 없다. 사회적인 도움이 필요할 때 도움 받는다고 해서 사람들의 기본적인 행동이 간단히 변화되지는 않는다. 마찬가지로, 간증과 말씀에만 관심이 있는 선포자는 영과 육의 필요에 모두 관심을 가지셨던 주님을 따르라고 주장할 수는 없다.

모예스는 계속해서 다음과 같이 말한다.

> 사회 활동 없는 전도는 사람들의 요구에 부합할 수 없다.
> 복음 전파 없는 사회 활동은 열매 없는 꽃과 같다.
> 거듭난 그리스도인이 사회의식이 없다면 그것은 무엇인가 부적절하다.
> 말과 행동이 병행해야 주님이신 그분과 이웃에게 적절하고 책임감 있는 가장 강력한 헌신이 이루어진다.

로날드 사이더(Ronald Sider)는 개발에 관한 자신의 책에서, 사회에 대한 전통적인 복음적 분석에 대해 다음과 같이 말했다:

> 사회란 개인들의 모든 것을 합산한 것이다. 사회의 변화는 개인들의 변화를 통해 이루어진다. 정의로운 사회의 실현이라는 성경의 목표는 오직 성경적인 복음과 성경적인 전략을 통해서만 얻어질 수 있다.

그는 기독교 개발 단체들이 일반 세상 단체나 개별적인 개발 단체들로부터 기본적인 전제를 빌어오는 것은 온당하지 못하다고 생각한다.

> 단순한 경제 발전으로 정의된 개발의 형태를 발전시키려는 것은 잘못된 것일 수도 있다. 그리스도인들은 하나님의 형상대로 창조된 인간이 단지 물질을 많이 가지는 것만으로는 성취감을 얻을 수 없다는 것을 알고 있다. 반면에 부정이나 조직적이고 합법화된 악에 관한 성경의 가르침을 무시하는 것은 복음적인 기독교에 있어서 치명적인 오점 중 하나이다.

1983년 암스테르담 회의에서, 리처드 슈투르츠(Richard Sturz)가 주제에 대해 연설했다. 그는 말하기를,

> 예수님은 사회, 혹은 정치 구조를 개혁하는 문제에 대해 많은 관심을 기울이지 않으셨다. 그러나 예수님은 개인과 그들의 특수한 필요에 대해서 관심을 기울이셨다. 예수님은 사회 구조에 대한 변화를 시도하지 않으셨다.
>
> 초대 교회는 길 잃은 양 같은 무리들을 향한 예수님의 연민의 정에 대해 전파하고 이를 실천했다. 이것은 우리에게 서로를 향한 우리의 사랑이 어떤 모습을 취해야 하는지에 대해 지속적으로 상기시키고 있다. 야고보서는 우리가 지역 사회에 있는 궁핍한 자들을 돌보지 않으면서 말로만 믿음 운운하는 것은 무익한 것이라고 주장하고 있다.
>
> 대부분의 기독교 모임들은 사람들의 육신적 필요나 영적인 필요에 대해 관심을 가지고 있다. 일부 사람들은 이 두 가지를 통합하면 안 된다고 느끼기 때문에 이 두 가지를 통합시키지 않는다. 그

러나 성경은 이들의 통합을 주장한다. 상당수의 그룹들은 이들을 어떻게 통합해야 하는지에 대해 모르고 있다.

데츠나오 야마모리(Tetsunao Yamamori) 박사는, "공생적인 사역을 향해"(Toward the Symbiotic Ministry)라는 글에서 다음과 같이 언급하고 있다:

> 예수님은 사회적 행동이나 우리의 수평적인 관계에 많은 관심을 가지고 있었다. 예수님은 사회 활동이란 수평적인 면 위에 수립된 평화와 질서 및 조화, 그리고 이와 아울러 사람을 사회적, 정치적, 경제적 굴레에서 해방시키기 위한 헌신적 노력이라고 파악하고 있다.
> 이와 비슷한 방식으로 예수님은 전도를, 하나님과의 수직적인 관계에서 얻어진 그리스도의 주되심 아래에서 모든 사람들에게 예수 그리스도를 통한 구원의 복된 소식을 선포하기 위한 헌신된 노력이라고 파악해야 할지도 모르겠다.

클레오 슈크(Cleo Shook)는 "복음 전파와 지역사회 개발에 대한 총체적 접근"(Holistic Approach to Evangelism and Community Development)이라는 자신의 글에서 다음과 같이 느낀다고 말했다.

> 복음 전파와 지역사회 개발의 통합적 접근은 성경적이라고 느낀다. 효과적인 복음전파가 완전하게 표현된 상태는 영적으로 거듭나는 것뿐 아니라, 하나님의 영광을 위해 육신적, 사회적, 그리고 정서적인 활동력과 생명력이 살아나서 움직이는 것이다.

자신이 병들고 배고플 때, 실직했을 때, 그리고 가족들에게 닥치는 반복되는 재난을 극복할 희망이 거의 없을 때, 이웃을 자신의 몸과 같이 사랑하고, 영혼과 마음과 힘을 다해 하나님을 사랑한다는 것은 결코 쉬운 일이 아니다. 지역사회 보건은 삶에서 치료가 불가능해 보이는 상태의 상처나 아픔을 치료하는 데 큰 도움이 된다. 복음은 분명 우리가 누릴 영원한 영광에 대해서도 가르치고 있다. 그러나 또한 예수님은 우리가 일상생활 속에서 영광을 누릴 수 있도록 하시기 위해 이 땅에 오셨다.

복음 전파와 지역사회 개발은 예수님께서 말씀하신 더욱 풍성한 삶을 누리게 하는 핵심적인 힘이다. 예수님의 가르침 속에는, 지역사회 개발 사역이 좋은 양육 방법이 될 수 있다는 강한 의미가 들어 있다.

프랭클린 그래함(Franklin Graham)과 가이 데이비슨(Guy Davison)은 1983년 암스테르담 회의에서 다음과 같이 발표했다.

우리는 사람을 총체적으로 보고 그 사람의 전체적인 필요를 보아야 한다. 만약 당신이 사람의 정신적인 필요만 본다면 교육자가 될 것이고, 사람의 정치적인 억압만 본다면 혁명가나 정치인이 될 것이다. 그리고 만약 당신이 사람의 영적인 필요만 본다면 종교인이 될 것이다. 사람의 영적인 부분을 강조하면서 개인을 총체적으로 볼 때 당신은 그리스도의 증인, 선교사, 전도자, 하나님 말씀을 전하는 자가 되는 것이다.

가나 출신인 샘 부르히(Sam Voorhies)는 '기독교적 개발'에 대해 다음 사항들을 제시하고 있다.

그리스도께서는 우리가 어떤 목표를 지향해야 하는지에 대해 말할 뿐 아니라 개발 사역이 어떻게 변화를 촉진시킬 수 있는지에 대한 실제적인 모델과 지침들에 대해서도 가르치셨다고 생각한다. 우리는 그리스도께서 어떤 우선순위를 가지셨는지 배울 필요가 있다.

그분은 무리들과는 최소한의 시간만을 보내셨고, 보다 많은 시간을 특별한 친구들을 돕는 데 사용하셨다. 그리고 그보다 더 많은 시간은 70명을 가르치는 데 사용하셨고, 그보다 더 많은 시간은 열두 제자들과 함께 지내면서 삶의 본을 보이고 그들이 본받아야 할 역할에 대해 보여주는 데 사용하셨다. 그리고 그분은 가장 많은 시간을 베드로, 야고보, 요한과 함께 보내셨다.

우리는 대중들이 따를 수 있는 사람들에게 노력을 집중시켜야 한다. 우리는 그런 사람들을 길러내는 양육자가 되어야 한다. 사람들을 개발한다는 것은 실제적인 삶의 다양한 경험 속에서 개발자와 상대방을 포함한 사람들과의 관계에서 발생하는 일련의 과정을 말하는 것이다.

가르치는 자나 개발자는 단순한 지식을 전달하는 통로가 아니며, 나눠줄 물질을 가지고 있는 어떤 사람도 아니다. 효과적인 영적 지도자가 되기 위해서 우리는 본보기가 되어야 하며 본이 되는 삶을 전수하는 과정을 직접 보여 주어야 한다. 본을 보여 주는 것은 개인의 전반적인 삶과 삶을 살아가는 자세, 그 사람의 가치관 변화의 과정에 결정적인 영향을 끼친다.

기독교 교육가들이 저지른 실수가 이제는 기독교 개발자에 의해 저질러지고 있다. 그것은 사람이 반드시 믿고 행동해야 할 사항들을 말해 주거나 그것에 대한 정보를 전해 주기만 하면 사람들이 그 정보를 자신의 생활에 적용할 수 있을 것이라고 가정한다는 사

> 실이다. 그리고 이렇게 해서 달라진 삶의 형태가 결국 그 사람의 태도와 가치관에 변화를 줄 것이라고 생각한다는 것이다.

우리는 우리 자신을 총체적인 하나의 인간으로 생각해야 한다. 가장 필요한 것을 가르치고 배우는 과정은 정규 학교가 아니라 삶의 현장에서 일어나는 것이다. 몇 가지 실제적인 의미들에 대해 언급하겠다. 정규 학교 과정에서 배운 것은 종종 실제의 삶과 동떨어진 경우가 있다. 여기에 몇 가지 실제적인 것을 제안하고자 한다.

- 우리가 먼저 그리스도를 향해 자라나고 발전해야 다른 사람들이 성장하고 발전하는 것을 도울 수 있다.
- 제한된 시간과 주어진 상황에서, 우리는 최대한으로 노력하여 다른 사람들의 영적 성장을 촉진시키고, 선택된 소수의 사람들을 제자로 삼아야 한다.
- 우리는 함께 일하는 사람들과 친밀한 관계를 만들어 가는 기술을 개발해야 한다.
- 우리는 체제에 의해 끌려 다니지 말고 일관성 있게 일해야 하지만, 사회 안에서 영적 성장을 독려하는 힘을 얻는 수단으로 그 체제를 활용해야 한다.
- 우리는 지역사회 사람들에게 민감해야 한다. 우리는 그들이 반응하기를 기대하지 말고, 그들이 올바른 동기를 가지도록 해야 한다.
- 우리가 예수님을 닮아 간다면 다른 사람들을 돌보게 될 것이다. 다른 사람들을 돌볼 때, 주위 사람들과 함께 시간을 보내기 위해 자신을 희생해야 한다.

- 우리는 모든 필요를 채워 주기 위해 노력해야 한다. 또한 하나님께서 내주하시는 사람들의 삶이 어떠한지 본보기를 보여 주고, 하나님을 알고 싶어 하는 사람들을 일깨워 주게 될 것이다.
- 제자로서 성숙해 가는 과정에서 우리가 예수님을 더욱 닮아갈 때, 우리는 사람들을 향한 그분의 사랑과, 공의를 위한 그분의 사랑을 재생산하게 될 것이다.

교회의 후원을 받아 지역 사회 건강 사업을 운영하는 48개 지역 사역자들이 참석한 케냐 회의에서, 육적인 것과 영적인 것을 통합하는 것에 대한 논의가 있었다. 서로 다른 여러 교단 대표들이 참석했다. "실시된 사업들 중에 얼마나 많은 수가 영적인 것과 육적인 것을 적극적으로 통합하기 위해 노력했습니까?"라는 질문에 대해서 "단지 네 개의 사업에서만 그렇게 하려고 시도했다."는 대답이 나왔다.

> "영적인 것은 육적인 것과 통합될 수 없고, 이것은 반드시 분리되어야 한다. 사람들의 삶에서 영적인 부분은 아주 개인적인 부분이므로 다른 사람은 관여할 수 없고 오직 하나님과 자신들만 관여할 수 있는 것이다. 게다가 우리는 이 둘을 통합하는 과정에서 사람을 돈으로 사서 그리스도인으로 만들 우려가 있다."고 말하는 사람들이 다수 있었고, "우리도 이 두 가지를 통합하고 싶지만, 어떻게 하는지 방법을 모른다. 어떻게 하면 좋겠는가?"라고 하는 사람들도 있었다.

만약 우리가 하나님의 명령을 따르는 사람이라면, 개발에 관여하는 모든 사람들은 지상 명령을 성취하는 데도 관여해야 한다. 그러나 사람들의 모든 육신적인 필요를 채워줄 만큼 충분한 수의 사역자들은 결코 있을 수 없다.

과거에 우리는 지역사회 보건요원들이 모두 거듭난 신자여야 한다는 것을 전제 조건으로 내걸지는 않았지만, 이들은 반드시 영적 훈련 및 일반적인 모든 훈련에 기꺼이 참여해야 한다. 자신을 그리스도인이라고 말하지 않는 사람들은 일반적으로 훈련 과정 중에 개인적인 문제로 탈락한다는 것을 알게 되었다. 정상적으로 교회에 출석하는 사람들은 대개 수료하는 편이었고, 자신들이 배운 것을 적어도 자기 집에서는 활용했으며, 가까운 친척들에게 복음을 전하는 것을 보았다. 그리스도를 개인적으로 영접한 지역사회 보건요원들은 시간을 내서 가정을 방문하고, 자신들이 배운 진리에 관해 마을 사람들에게 전할 것이다. 진실로 하나님의 다스림을 받는 사람들은 그들이 참가하게 된 동기가 다른 사람들과 전혀 다르기 때문에 가장 훌륭한 지역사회 보건요원이 되는 것이다. 우리는 영적으로 그리고 육적으로 진정한 배가 운동이 일어나는 것을 보고 있다.

현실적인 것과 영적인 것을 통합하는 방법

영적인 진리와 현실적인 진리를 하나로 통합하는 프로그램을 만들자고 말하기는 쉽다. 그러나 이 둘을 조화시키는 것이 쉬운 일은 아니다.

이제 어떻게 영적인 사역을 건강 프로그램에 통합시켰는지 살펴보자.

1. 우리는 반드시 영적인 면과 현실적인 면에서 '변화되고, 달라진 삶들을' 찾아야 한다. 삶이 달라진다는 것은 그리스도의 사랑으로 인해 심령에서부터 변화가 일어나는 것을 말한다. 이런 내적인 변화는 개인의 삶에서 외적인 변화로 이어지고, 나아가서는 가정의 변화, 그리고 사회의 변화로 이어져야 한다.
2. 일을 시작할 때 우리는 훈련 팀이나 병원의 핵심 인물들이 성숙하고 거듭난 그리스도인들로 구성되어 있음을 확인할 필요가 있다. 훈련자들이 성숙한 그리스도인들이 아니면 훈련받는 사람들이 기대하고 바라볼 본보기가 없어지는 셈이 된다.
3. 훈련 팀은 보건 사역에 영적인 것들을 통합한다는 공동의 목표를 가지고 있어야 한다. 사람을 전인적으로 다루어야 하기 때문에 반드시 동일한 마음가짐을 가지고 있어야 한다. 만약 그렇지 않으면 사람들이 어떤 본보기를 따라야 할지 몰라 혼란에 빠질 것이다.
4. 영적인 배가 운동이 일어나기 위해서는 적극적인 전도와 제자 삼는 일이 있어야 한다. 훈련 팀과 병원 핵심 간부들은 그리스도 안에서 자신의 믿음을 개인적으로 어떻게 전해야하는지 알고 있어야 한다. 만약 모두가 동일한 훈련을 받아서 가르치는 것에 일관성이 있으면 더욱 좋겠다.
5. 훈련 팀은 지식과 기술을 다른 사람들에게 전수할 수 있도록 가르쳐야 한다. 이것은 훈련받은 사람들이 나중에 다른 사람들에게 그대로 가르칠 수 있도록 해야 한다는 의미이다. 영적 주제 및 일반적인 주제에 대한 '그림책'을 사용함으로써 지식과 기술을 전수하

는 방법을 향상시킬 수 있다.
6. 훈련자들은 자신들이 가르치는 내용에 대해 본보기가 되어야 한다. 지역사회 보건선교 프로그램에서 가정을 방문하는 경우, 가르치는 사람이 보여 주는 본보기가 바로 지역 사회 보건 전도 요원들이 해야 하는 바로 그것이어야 한다. 병원의 모든 핵심 간부들은 적극적인 전도, 양육 및 제자 훈련에 있어서 본을 보여 주어야 한다.
7. 지역사회 보건선교 프로그램에서는 일반적인 주제에 시간을 할애하는 만큼 전도와 제자 훈련에 시간을 할애하는 것이 중요하다. 일반적인 교육을 위해 시간의 반을 사용하고, 영적인 교육을 위해 나머지 반을 사용한다. 병원에서 우리는 전도, 양육 그리고 제자 훈련에 시간을 할애하고, 환자의 육신적인 필요만 채우는 데 만족하지 말아야 한다. 이런 형태로 일하는 것은 두 가지 측면이 모두 중요하다는 의미이다.
8. 모든 팀원들은 육적인 일과 영적인 일을 동시에 하면서 가르치는 일을 해야 한다. 한 사람은 육신적인 일에 집중하고 다른 사람은 영적인 필요를 채우는 데 전력하는 것은 좋은 모습이 아니다. 한 분야에 치중해서 가르치면 훈련받는 사람이 육적인 것과 영적인 것이 하나가 아니라 나누어져 있다고 생각하게 되어 통합적인 접근 개념이 약해진다.
9. 프로그램에서 얻은 중요한 소득은 사람들이 '가정 성경 공부'에 적극적으로 참여한다는 것이다. 처음에는 먼저 훈련받은 사람들이 인도할 것이다. 참가자들이 영적으로 성숙하면, 그들 스스로 성경 그룹을 인도하게 될 것이다. 성경 공부의 내용은 적극적인 전도와 제자 훈련에 중점을 두어야 하며, 참가자들을 독려하여 자신들이

배운 것을 적용하도록 해야 한다.
10. 때때로 우리는 육체적인 활동을 제한해야 할 필요도 있다. 이런 활동에 지친 나머지 원하는 영적 사역과 균형을 이루지 못할 수도 있기 때문이다. 병원에서 진료하는 환자 수를 줄이는 방법으로 이것을 실천했다.
11. 때로는 추진력을 발휘하고 열정적인 마음을 만들어 내야 할 필요가 있다. 우리는 대규모 사역을 통해 그렇게 하고 있다. 전도에 있어서 이런 추진력을 만드는 것은 '예수' 영화와 전도 캠페인이다. 이런 것들은 짧은 시간에 많은 사람들에게 전도하는 기회를 제공할 뿐 아니라 흥미와 열정을 가지게 한다.
12. 우리는 영적인 통합 사역이 일어나는지 기대하며 면밀하게 살펴야 한다. 만약 사람들의 삶 속에서 영적인 변화가 일어날 것을 기대하지 않는다면, 우리는 일시적으로 일어나는 약간의 현상적인 변화만 보게 될 것이다. 그러나 우리가 영적인 변화를 기대한다면, 당연히 이런 변화가 일어나는지 면밀히 살펴야 한다. 영적인 변화가 일어나는 것을 볼 때, 흥분되며 일할 맛이 나는 것이다.

건강을 돌보는 일을 하면서 영적인 사역을 일으키겠다는 것을 염두에 두지 않는다면 그 일은 결코 일어나지 않을 것이다. 영적인 통합에 대해 언급하는 것이 올바른 방향으로 가는 첫 걸음이지만 그것으로 만족해서는 안 된다. 양질의 건강관리나 양질의 교육을 제공하고, 기독교인의 표본적인 삶을 산다고 해서 이것이 적극적인 영적 교육을 대신할 수는 없는 것이다. 우리는 반드시 영적인 통합, 적극적인 전도 모델을 보여 주고 이런 통합이 일어나기를 기대하도록 지속적으로 이야기해야 한다.

제3장

가난, 기근, 불공정

W. 데이톤 로버츠(Dayton Roberts)가 편집한 〈아프리카 : 희망의 계절〉(Africa : A Season for Hope)에서 켄 워터스(Ken Waters)는 11살 난 에티오피아 어린이 아디스 아옐레우(Adise Ayelew)에 대해 이렇게 말하고 있다. 이 소녀가 에티오피아 중부 고지대에 위치한 알라마타(Alamata) 타운의 영양 건강 센터에 도착했을 때는 '걸어 다니는 해골'이라는 별명을 가지고 있었다. 40km 되는 길의 일부는 걸어왔지만, 나머지 대부분은 두 자매가 번갈아 업고 왔다. 어머니 마르쉬엔예(Marshienye)는 생후 몇 주밖에 안 되는 막내딸을 등에 업은 채 나머지 세 딸과 함께 왔다.

아디스의 아버지가 집을 나갔기 때문에 그들은 가마솥 같은 낮의 더위와 싸늘한 밤공기를 가르며 산악 지대를 여러 날 걸어와야만 했다. 아버지는 농사를 지을 수도 없었고, 다른 일자리를 찾을 수도 없었다. 에티오피아에 만연한 기근이 아버지로 하여금 가족들을 돌볼 수 없도록 만들었기에 그는 식구들을 먹여 살리기 힘든 임신한 아내를 남겨두고 집을 나가 버린 것이었다.

돈이 없었기 때문에 막내 아이가 태어날 때까지, 아이들이 이웃에게 먹을 것을 얻어야 했다. 출산 후, 어머니인 마르쉬엔예는 기운을 차리기가 무섭게 몇 안 되는 가재도구들을 챙겨서 먹을 것도 있고, 건강도 돌봐 준다고 하는 곳을 향해 무작정 발길을 옮기게 되었다.

알라마타에서 아디스와 동생 예사라게(Yesharage)를 검사한 건강 관리자들은 즉시 이 아이들을 고(高) 영양식 병동으로 옮기고 하루 다섯 끼의 고 영양식을 공급했다. 수천 명의 다른 어린이들도 이런 식으로 도움을 받았다.

이런 집중적인 관리는 주효했다. 입원한 지 몇 주 후, 아디스는 오빠, 누나들과 함께 걷기도 하고 뛰어 놀기도 했다. 알라마타에 늦지 않게 찾아온 것이 다행이었다. 너무 늦게 오는 아이들도 많이 있었다.

빈곤

　가난은 개발도상국과 선진국을 망라한 전 세계적인 문제이며 심지어는 풍요한 가운데 빈곤이 있는 경우도 있다. 시골이나 도시 어디에나 가난은 있기 마련이다.

　그렇다면 과연 누가 가난한 사람인가? 가난한 사람들이란 일반적으로 건강이 좋지 않으면서 문맹이거나, 교육을 거의 받지 못한 사람들로서 생존에 필요한 식량과 의복, 거처할 곳이 없는 사람들을 말한다. 이런 사람들은 자신들의 삶에 대한 선택권이 없고, 자신들이 소속된 사회에서 발언권이 거의 없으며 일반적으로 자기 땅을 가지지 못한 사람들이다. 그들은 재난이나 응급 상황에 대처할 능력도 전혀 없다.

　그 반대의 상황에 있는 사람들을 부자들이라고 한다. 부자들은 일반적으로 교육을 충분히 받았고, 건강 상태가 양호하며, 필요 이상으로 충분한 음식과 옷, 그리고 거처할 집이 있는 사람들이다. 그들은 자신의 삶을 스스로 선택하고, 자신들이 사는 사회에서 발언권이 강하며, 땅과 재산을 가지고 있으며 재난과 응급 상황에 거뜬히 대처할 수 있는 사람들이다.

　성경에 의하면, 조급함(잠 21:5), 욕심(잠 22:16), 게으름(잠 24:30~34), 향락을 좋아함(잠 21:17) 완고함(잠 13:18), 술 취함(잠 23:21)들로부터 가난이 자리 잡기 시작한다. 우리는 가난을 막기 위해 부름 받은 자들이다.

　성경은 또한 우리에게 가난을 예방할 수 있는 방법에 대해 분명하게 가르쳐 주고 있다. 몇 가지 예를 들면, 일하는 사람들에게 가족들을 먹여 살릴 수 있도록 삯을 매일 주고(레 19:9~10), 가난한 사람들과 십일조를 나누고(신 14:28~29), 돈을 빌려주면 이자를 받지 말고(레 25:35~37), 보답을 기대하지 말고 주라고 했고(눅 6:30~36), 추수할 때 가난한 사람들이 남은 이삭을 주울 수 있도록 추수할 때 곡식의 일부를 남겨두라고 했으며(레 19:9~10), 희년에는 모든 땅을 원래의 주인에게 돌려주라고 했다(레 25:25~30). 마지막으로, 아무도 영원히 종으로 남겨두지 말라고 했다(신 15:12~15).

이러한 성경의 가르침이 분명하게 있음에도 불구하고 왜 이 사회는 가난이라는 문제에 직면해 있는가? 개인을 가난하게 만드는 요인들은 무엇인가? 이는 경제적인 문제인가, 사회적인 문제인가, 아니면 교육적인 문제인가?

데이톤 로버츠(Dayton Roberts)는 〈아프리카 : 희망의 계절〉에서 가난의 원인을 다음과 같이 열거했다.

> 1. 시골에 있는 가난한 사람들의 대부분은 근근히 먹고사는 농부들이다. 그 곳은 물자 수송, 도로망 같은 하부 구조가 빈약하므로 시장으로 물건을 수송하기가 어렵다.
> 2. 정부에서는 정치적 힘을 가진 도시 사람들의 지지를 얻기 위해 농산품의 가격을 낮게 책정한 상태에서 이를 통제하고 있다.
> 3. 적은 면적의 농지로 농사를 짓는 농부들이 땅을 혹사시키므로 쉽게 황폐해진다.
> 4. 이윤이 너무 적기 때문에 대부분의 농부들은 현금화 작물을 심는 데 흥미를 잃었다.
> 5. 지하수의 수위가 낮아지면서 농작물을 위한 물을 얻기가 어렵다.
> 6. 과도한 방목으로 풀이 많이 없어져서 땅이 황폐해진다.

> 7. 지나치게 숲을 개발하여 넓은 지역의 기후가 변화되고, 동시에 여성들이 농사하는 대신 땔감을 구해 와야 하므로 농사할 인력을 잃게 된다.
> 8. 건기가 일찍 오고, 오랫동안 지속되므로 농작물의 손실이 심화된다.

어떻게 하면 궁핍한 사람들에게 공의를 베풀고, 그들을 누르고 있는 멍에를 제거할 수 있을까? 가난을 유발시키는 요인들은 많이 있지만, 가난한 사람들에게는 일회적인 도움 이상의 것이 필요하다. 그들에게 필요한 것은 보다 나은 삶을 스스로 이룩할 수 있는 수단을 제공하는 것이다. 일자리가 없는 것이 가난의 주된 이유이므로, 사람들에게 기본적인 교육을 실시하는 것이 문제 해결의 한 가지 방법이 될 수 있겠다.

일부 사람들은 "왜 다른 사람들은 무작정 도와달라는 사고방식을 가질까?" 하고 질문한다. 이것은 대부분의 경우 외부에서 전문가들이 어떤 프로그램을 가지고 들어와서 현지의 사람들을 비인간화시키고 또 스스로 자립하겠다는 의지를 박탈하기 때문이다. 무엇을 하든지 육체적으로나 정신적으로 주인 의식을 가질 필요가 있고, 주인 의식이 있어야 책임감을 가지게 되는 것이다.

성경은 "의로운 삶을 사는 사람들은 고통 받고, 가난한 사람들을 보호해야 할 책임이 있다고 말한다"(잠 31:9). 우리는 가난한 자들을 억압하지 말고 친절하게 대해야 한다. "가난한 사람을 학대하는 자는 그를 지으신 이를 멸시하는 자"(잠 14:31)라고 했다. 이사야 58장 6~10절에서는 압제 당하는 자의 멍에를 꺾어 주고 가난한 자에게서 얼굴을 돌리지 말라고 했다. 우리는 배고픈 자들과 음식을 나누고, 벗은 자들에게 옷을 주고, 집 없는 자들에게 쉴 곳을 제공하고, 눌린 자들을 자유케 해야 한다고 했다. 동일한 내용이 마태복음 25장 35~40절에 나와 있다.

요한복음 15장 21절에는 하나님을 사랑한다고 하면서 그분에게 순종하지 않는 사람은 거짓말하는 자라고 선포하고 있다. 야고보서 2장 18절에 의하면 믿음은 우리가 행하는 행동에 의해 증명된다. 잠언 29장 7절에는 의로운 사람은 가난한 사람들의 권리에 대해 관심을 가지는 반면에 사악한 사람들은 이런 것에 관심이 없다고 말한다.

아트 빌스(Art Beals)는 자신의 책 〈배고픔을 넘어〉(Beyond Hunger)에서 "모든 위기는 위험(danger)과 기회(opportunity)라는 두 가지 요소로 구성되어 있으며, 모든 위기에는 당신이 찾아내야 할 희망의 씨앗이 심겨져 있다."고 말했다.

> 고통 받는 사람들은 우리가 알고 있는 지식보다 먼저 우리의 뜨거운 마음에 더 관심이 있다. 희망이란 연민의 정(compassion)이 가득한 마음에서 우러나오고, 절망은 동정(pity)이 가득 찬 마음에서 스며 나온다. 동정이란 눈물 흘리며 지나가는 것이고, 연민의 정이란 도와주며 함께 있는 것이다!
>
> 동정이란 감정적으로 반응하여 우리의 감정을 자극하는 반면, 연민의 정은 의지적으로 행동하고 반응하는 것이다. 동정이란 세상을 파괴되어 소망이 없고 죽어 가는 상태로 보는 것이며, 연민의 정이란 아픔을 느낄 뿐만 아니라 소망을 심어 주는 잠재력이 있는 것이다.

배고픔

아담이 범죄한 이후 지금까지 '배고픔'은 많은 사람들을 괴롭히고 있다. 그것은 고약한 노끈처럼 구약 시대에서부터 신약 시대까지 이어져 있다. 아브라함은 기근을 피해 이집트로 피난 갔고, 이삭과 요셉은 이집트에서 기근을 체험했다. 룻(Ruth)에서부터 다윗과 엘리야 시대를 지나 신약 시대에까지 기근이 있었다.

배고픔의 원인은 다양하다. 곤충들(메뚜기), 우박, 가뭄, 매정한 인간성, 하나님의 지시에 대한 불순종 같은 것들이 배고픔의 원인이 된다. 에스겔 14장 12, 13절에는 기근의 원인이 하나님께 신실하게 순종하지 못한 탓이라고 했다.

구약에서는 종종 악을 행하는 백성들을 벌하시는 모습으로 기근이 묘사되어 있으며(왕하 8:1), 적들이 사람들을 죽이고 토지를 황폐하게 하며 모든 음식, 농작물과 집들을 파괴함으로써 기근이 오기도 한다(신 28:49~51). 기근이 오랜 기간 동안 지속되어 극심한 상태에 이르면 사람들이 자기 자식들을 잡아먹기도 했다(신 28:49~53).

1975년 세계 교회 협의회(WCC)가 제정한 헌장에 보면, **서구 그리스도인들**의 눈에 비친 세계적인 기근에 대한 서로 다른 네 가지 반응이 나타나 있다.

배고픔에 대한 반응

데이톤 로버츠는 〈아프리카 : 희망의 계절〉에서 아프리카의 기근에 대해 다음과 같이 고찰했다.

문 제	기 근	저 개 발	착 취	죄
필요	더 많은 먹을거리	비교적 개발됨	보다 공정함	순진한 사회
가시적인 모습	굶는 어린이	음식	부유한 지주	과도한 군사비
처방	구호 원조	자립 지원	사회 변화	회심
성경 이야기	선한 사마리아인	달란트 비유	구약 선지자	새로운 피조물
기독교적 가치	자선	봉사	공의	주님과 함께 있다는 정체성
생활방식	잉여품 기부	자금 지원	사람을 도우고, 정치 교육	더불어 사는 사회
장기적 안목	의존	자신을 의존	권력 이양	모든 사람에게 인간적인 것
교육과목	구호 필요	해외 개발	부정	사람의 자유
교육 방식	선생님이 직접	선생님이 직접	너와 내가 함께 배운다	너와 내가 함께 배운다
목표	동정심 주기	이해시키기	동시적인 각성	통합된 갈등

> 아프리카는 20년 전보다 단위 인구당 식료품 생산이 줄어든 유일한 대륙이다. 가난한 사람들은 식품 품귀 현상, 가격 상승, 가뭄 및 기타 원인들에 의해 발생하는 기근에 대비하여 비축해 둔 여분의 식품이 없다. 전체 땅의 7%만이 비옥한 경작지이다. 사막은 한

> 때 농경지였던 땅까지 무서운 속도로 잠식하고 있다. 이런 경작지 소실 현상은 농작물 재배에 부적합한 땅까지 개간하고, 풀을 베고, 나무를 자르기 때문에 나타나는 결과이다.
>
> 아프리카의 농작물 생산 증가에 결정적인 역할을 하는 것은 물이다. 그러나 물이란 필요할 때 사용하고 필요 없을 때는 조절할 수 있어야 한다. 아프리카는 전 세계 면적의 23%에 해당하는 넓은 땅을 가지고 있지만, 강의 면적은 고작 12%에 불과하다. 게다가 이 강들은 아주 불평등하게 분포되어 있다.
>
> 아프리카에 있는 많은 나라들은 편파적인 도시 지원 정책을 쓰고 있다. 농촌의 재정과 경작비를 전용하여 도시의 식량 보조와 산업체에 혜택을 주는 정책을 펴고 있다. 아프리카에서는 필요한 자원들을 농부들에게 운송하고, 생산된 농작물을 방앗간이나 시장으로 수송할 적절한 운송망이 없다.

줄리앙 시몬(Julian Simon)은 〈궁극적인 자원〉(The Ultimate Resource)이라는 자신의 책과 뒤이은 '1985년의 기근' 이라는 기사에서 기근과 관련된 몇 가지 주제들에 대해 다음과 같이 언급했다.

> 세계 기구들이 발표한 수치에 의하면 최소한 지난 40년 동안, 인구 증가율이 가장 높았던 시기에 개발도상국들에서 식량 공급이 인구 증가율을 따라 잡았다.

그는 전 세계의 식량 생산이 엄청난 속도의 인구 증가를 따라잡을 수 없다는 전제를 부인했다. 게다가, 그는 "전 세계적으로 한 개인당 식량 소비가 지난 200년 동안 장기적으로 서서히 개선되었다."는 사실을 지적했다.

> 기근의 검은 그림자를 20세기 초창기의 것과 비교해 볼 때 그것이 상대적으로 작아졌다고 믿는다. 인구 증가가 기근의 가능성을 증가시키는 것이 아니라 오히려 감소시켰다고 느낀다. 인구 과밀 지역에서는, 사람들의 욕구를 충족시키기 위해 수송 체계가 복잡해질 수밖에 없는 것이다.
>
> 기근을 해결하기 위해 기본적으로 중점을 두어야 할 부분은 가격 통제 없이 기능을 발휘하는 개인 지주 농부 제도이다. 이것은 다른 어떤 것보다 식량을 더 많이 생산할 수 있는 방법이다. 농촌과 소비 시장의 원만한 연결 및 정책적인 안정이 또한 식량 증산에 매우 중요하다.
>
> 과거에 식량 생산이 감소했던 가장 중요한 원인은 보다 나은 품질의 식품에 대한 요구가 충분하지 않았기 때문이다. 그러나 요구가 증가함에 따라, 농부들은 그것을 충족시키기 위해 더 열심히 일하고, 농토를 개량하고, 생산성을 향상시키는 방향으로 노력한다.
>
> 인구의 증가는 식품 증산에 대한 요구를 자극한다.
>
> 식품에 대한 가격 통제를 가격 지원으로 전환했을 때, 인도의 식품 상황은 호전되었고, 인도 농부들은 더 많은 농작물을 생산하도록 동기를 부여받게 되었고 또 더 많이 생산하게 되었다.

1984년에 **'에티오피아에서 발생한 기근'**은 다음과 같은 여러 가지 요인들에 의해 발생했다고 서로 다른 기관에서 발표하고 있다.

1. 강우량이 몇 년간 부족했고 비가 온다 해도 가끔 엉뚱한 지역에 집중되었다. 비가 너무 늦게 내리는 관계로 먹을 것이 없는 농부들이 생존을 위해 종자까지 먹어 치웠다.
2. 무절제한 산림 파괴가 강우량을 감소시키는 쪽으로 영향을 주어 재난을 자초했다.
3. 빗물을 저장할 수 있는 정교한 에티오피아식 계단 농지가 바람과 보수 태만으로 파괴되었다.
4. 서방 세계로부터 음식을 싣고 온 수백 척의 배들이 하역할 시설이 없어서, 구호품을 하역하기까지 3개월 내지 6개월을 기다려야 했다. 이렇게 되어 상당수의 식품이 상해서 버리게 되었다.
5. 트럭 수가 부족해서 하역한 물자들을 필요한 곳에 보낼 수가 없었다.
6. 허술한 비포장도로들 때문에 비가 오면 식품들을 시골까지 보급할 방법이 없었다.
7. 정부를 상대로 내전 중인 북쪽 지역에는 정부 지원이 단절되기 때문에 전쟁뿐 아니라 기근에 가장 심한 타격을 받게 된다.
8. 전국에서 사용 가능한 모든 트럭은 북쪽 전쟁 지역에 있는 주민들을 남쪽으로 대피시키는 데 사용되었다. 이 과정에서 이산가족이 발생하여 어려움을 겪게 되었다.

오늘날 볼 수 있는 기근의 원인들은 구약에 나타난 기근의 원인들과 동일하다. 기근은 종종 자연재해로 시작되고 사람들 사이의 비인간적인 요소들에 의해 악화된다. 사람들은 '나에게' 좋은 것에만 관심이 있기 때문에 기타 도덕적으로 옳은 것들은 그 그늘에 가려지게 된다.

부정(不正)

가난은 부정(不正)에서부터 시작되고 부정은 자신들이 스스로의 삶을 제어할 능력이 없다는 무력감에서부터 생겨난다. 정의(正義)는 가난한 사람들에게 힘을 주고, 생의 의미를 부여한다. 여기서부터 그들은 하나님의 인도하심 아래 자신들의 운명을 통제할 힘을 얻게 된다. 우리는 지금 정의에 대해 이야기하고 있다. 어떻게 하면 정의를 확립할 수 있는가? 어떤 사람들은 기존의 사회 제도를 없애야 한다고 말하기도 하지만, 성경에서는 진정한 정의란 예수 그리스도의 사랑을 통해 적들과 서로 화해함으로 이룩되는 것이라고 말하고 있다.

로마 가톨릭 사제인 빈센트 도노반(Vincent Donovan)은 〈기독교 재발견〉(Christianity Rediscovery)에서 탄자니아의 마사이족을 섬겼던 자신의 사역에 대해 다음과 같이 말하고 있다.

> 공의를 위해 우리가 겪는 첨예한 갈등을 정당화시키려고 그리스도를 인용하고 있지만, 정의를 위한 투쟁이나 공의를 주창하는 것이 그분의 속성이라는 것을 말해 주는 구절을 찾기는 쉽지 않다.

> 가난한 자들에게 선포되는 하나님의 나라에 대해서 말하자면 다음과 같다. 선교사들은 사회 정의를 보장하기 위해 법을 개정하는 정치·경제적인 체제에 대해서 언급하기보다는 오히려 이 땅에 내려온 사랑 즉, 하나님으로부터 나온 사랑에 대해 선포해야 한다.
>
> 율법으로부터 온 것이 아니라 성령님에 의해 모든 인류에게 쏟아 부어진 사랑으로부터 나온 구원과 자유를 선언하는 것이다. 율법은 구원도 줄 수 없고 자유도 줄 수 없다. 율법은 공의가 원하는 최소한의 요구를 충족시킬 뿐이다. 모든 것을 그리스도의 다스리심 아래에 두는 것이 전도의 목표이며, 가장 시급한 일이다.

종종 어떤 나라가 한 독재자를 몰아내고 다른 압제자를 새로운 지도자로 세우는 경우가 있다. 우간다 사람들은 식민지 상태가 억압적이라고 느껴져서 카바카(Kabaka) 왕이 다스리는 정부를 새로 수립했지만 그는 새로운 형태의 식민주의를 수립했다. 이번에는 사람들이 그 왕을 압제자라고 판단했고, 그 후 밀톤 오보테(Milton Obote)가 정권을 장악했지만 그 또한 새로운 형태의 독재자였다. 이디 아민(Idi Amin)이 사람들의 지지를 받으며 등장하여 밀톤 오보테를 축출했지만 그도 역시 동일한 압제 정치를 하고 말았다.

몇 년이 지난 후 오보테(Obote)가 탄자니아 정부의 도움을 받아 이디 아민을 몰아냈지만 또다시 억압 정치를 실시했다. 5년 후, 오보테(Obote)는 아콜리(Acholi) 부족의 군사 지도자에 의해 쫓겨나고 새 지도자가 들어섰지만, 이 지도자 역시 억압 정치를 실시했다. 6개월 후, 오보테와 5년 동안 싸웠던 요웨리 무세베니(Yoweri Museveni)가 이들을 몰아냈다. 그러나 많은 사람들은 무세베니(Museveni)도 독재자라고 기억하고 있다. 위의 모든 일들이 24년의 기간 동안 일어난 사건들이다.

성경은 불의(injustice)란 다른 사람들의 권리를 침해하는 것이라고 정의하고, 성경 전체를 통해 불공정에 대해 정죄하고 있다. 야곱이 에서의 장자권을 훔친 것(창 25:29~34), 라반이 궤계를 부려 작은 딸과 결혼하기 위해 7년 동안 열심히 일한 야곱을 큰딸과 결혼시킨 것(창 31:36~40), 사울이 여러 가지 방법으로 다윗을 괴롭힌 것(삼상 24:8~22, 삼상 26:14~25), 그리고 다윗이 우리아의 아내인 밧세바를 취하기 위해 우리아를 죽인 것(삼상 15:32, 33)에 대해 성경은 불의하다고 말한다.

아모스는 불의를 악이라고 부른다(암 4:1). 이사야는 "가난한 자를 불공평하게 판결하여 내 백성의 권리를 박탈하며 과부에게 토색하고 고아의 것을 약탈하는 자는 화 있을진저"(사 10:2)라고 경고한다. 불의는 신속하고 엄하게 심판 받는다(에스더 7:9~10, 삼상 15:32, 33). 공의는 지혜로부터 나오고(잠 8:15), 진정한 믿음으로부터 나온다(히 10:38).

몇 가지 서로 다른 종교적 믿음에 비추어 보면, 고난(suffering)에 대한 태도를 다음과 같이 요약할 수 있다.

- 불교신자 : 잊어버려라. 문제란 단지 마음에 달려 있을 뿐이다.
- 무슬림 : 그것은 알라(Allah)의 뜻이다. 고난은 불가피한 것이다. 저항하지 마라.
- 힌두교 신자 : 고통 받아 마땅하다. 당신에게 찾아오는 것은 그런 것이다.
- 그리스도인 : 하나님께서는 당신을 사랑하신다. 나도 당신을 사랑한다. 당신을 도울 수 있는 것은 무엇이든지 하겠다.

단지 그리스도인만이 우리 이웃들에게 사랑으로 다가가는 데 관심이 있고, '현재 이 땅'에서 풍성한 삶을 살도록 도우며, 그들에게 장래의 영원한 생명을 얻는 방법을 알려주는 데 관심이 있다.

가난, 기근, 고난, 불의, 압제를 볼 때, 우리는 그것들을 관통하여 얽어매고 있는 죄라는 이름의 한 가닥 실을 보게 된다. 어떻게 하면 우리의 삶 가운데 있는 이 악한 실을 끊고, 정의와 인간미와 사랑이 넘치는 생명의 실로 짜여진 변화된 사회를 만들 수 있겠는가?

압제란 동료 인간들에 대한 사랑의 무관심이 빚어낸 현상이며, 그것의 근본 원인은 하나님 말씀에 대한 불순종이다. 모든 인류를 위한 정의를 추구하기 전에 이 불순종이란 질병을 반드시 치료해야 한다. 물질주의적이며 인간적인 사람은 문제를 본질적인 면을 다루지 않고 현상만을 치료하려고 노력한다. 우리가 하나님의 말씀과 불순종에 대해 다루지 않는다면, 세상은 전혀 달라지지 않을 것이다.

찰스 콜슨(Charles Colson)은 "우리는 권력(power)을 추구하지 말고 정의를 추구해야 한다."고 말했다. 대부분의 사람들이 정의를 이루기 위해 힘(power)을 추구한다. 알렉산더 솔제니친(Alexander Solzhenitsyn)은 "권력은 가지면 가질수록 더 많이 가지고 싶어진다."라고 말했다.

오직 예수 그리스도만이 우리 삶 속에 들어올 수 있고, 우리의 마음을 변화시킬 수 있으며, 그분을 통해야만 정의가 수립될 수 있다. 오직 하나님만이 모든 민족에게 정의를 가져올 수 있고(사 42:1), 악한 행위를 제거하고(사 1:16~17), 선행을 배우고, 공의를 구하며, 무자비한 것을 꾸짖고, 고아를 위해 신원하고, 과부를 변호하는 정의를 세우신다. 만약 그리스도인인 우리들이 이 명령을 진지하게 받아들인다면 대부분의 가난은 물러가게 될 것이다.

예수님께서는 가난한 자들을 도우시는 본을 보여 주셨다. 그러나 모든 사람들을 부유하게 만들지는 않으셨다. 예수님께서는 가난한 자들에게 의존심을 길러주지 않으면서 그들을 도우셨다. 예수님은 부자들의 필요를 보시면서(부자들도 도움이 필요하다) 동시에 가난한 자들도 보셨다. 그분은 편견 없이 부자와 가난한 자들을 대하셨다. 우리가 가난과 부를 다루기 위해 무엇을 할 수 있겠는가? 다음의 것들을 생각해 보자.

1. 부자와 가난한 자 모두를 기억해야 한다. 우리는 다른 생각을 품지 말고 그들에게 다가가야 한다.
2. 부자이든 가난한 자이든 개인으로 보살피는 태도를 가져야 한다.
3. 모든 사람이 타락하여 죄성을 가지고 있다고 하더라도 그들은 하나님의 형상으로 창조된 고귀한 존재임을 알아야 한다.
4. 우리는 부를 축적하지 말아야 한다. 우리가 가진 모든 것은 우리에게 속한 것이 아니라 하나님께 속한 것임을 깨달아야 한다.
5. 종종 물질적인 가난이 영적인 빈곤과 상관이 있다는 것을 깨달아야 한다. 그리고 물질적인 부가 영적인 궁핍을 가져오는 경우도 있다는 사실을 알아야 한다.
6. 가난한 사람 및 부유한 사람을 위해 정의를 추구할 뿐 아니라 우리 자신도 정의로워야 한다.
7. 직업의 신성함을 강조해야 한다.
8. 가난한 사람들에게 의존성을 키우지 않으면서 그들을 돕는 일을 해야 한다.
9. 가난한 사람들과 함께 일하며, 돕고, 그들이 우리로부터 배우는 것처럼 우리도 그들로부터 배워야 한다.

10. 사람들에게 육신적으로, 정서적으로, 영적으로 다가가야 한다. 이것은 앉아서 그들이 우리에게 오기를 기다리는 것이 아니라 우리가 그들에게 다가가야함을 의미한다.

다른 사람에게 직접적인 피해를 주지 않는 한 각자가 자신의 기준에 옳다고 생각하는 것을 행하는 이 타락한 사회에서도 정의를 찾을 수 있겠는가? 절대적인 가치 기준이 없는 사회에 정의가 확립될 수 있겠는가? 사람이 자기중심적인 세상에서 벗어나서 다른 사람들의 요구를 들어줄 마음을 가질 수 있겠는가? 진정한 정의란 하나님의 무조건적이며 무한하신 사랑으로부터 나오는 것이다. 이것은 예수 그리스도께서 육신의 몸을 입고 이 땅에 오신 것을 체험한 사람들에게서 나타난다. 정의란 오직 인간관계에서만 성립될 수 있다.

예수님을 따른다는 것과 그분을 위해 우리의 삶을 드린다는 것은 고난을 감수하는 행위이다. 하나님께서는 부와 성공을 주시려고 우리를 부르신 것이 아니다. 하나님께서는 자신을 부인하고, 자신의 십자가를 매일 지고, 당신을 따르라고 우리를 부르셨다. 고난이란 그리스도인들을 하나님 나라의 밝은 지평선으로 인도하는 어두운 터널에 불과하다.

하나님께서는 우리에게 삶을 활용하라고 주셨지 쌓아두라고 주지 않으셨다. 우리가 우리의 유익, 편안함, 안락함, 안전함을 최우선으로 생각하고 소심하게 산다면, 우리 자신을 위한 목표 이외에는 아무것도 이룩하지 못하고 실패하고 말 것이다. 그러나 우리의 삶을 다른 사람들을 위해 내어 놓고 자신의 부와 안락함을 포기할 마음이 있다면, 우리는 예수님을 위해 무엇인가 할 수 있고, 예수님께서 피 흘려 사신 백성들을 위해 무엇인가 할 수 있을 것이다. 그러면 우리는 승리하게 된다!

제4장

세속적 개념의 개발

볼가(Volga) 강에서 온 러시아 사람이 이런 이야기를 했다. 그는 강을 건너기 위해 헤엄을 쳐야만 했다. 강으로 막 들어가려고 하는데, 수영을 하지 못하는 한 사람이 강가에 오더니 강을 건널 수 있게 도와달라고 했다. 그는 "좋습니다. 제 등에 업히세요. 제가 건네 드릴게요."라고 했다. 강 중간쯤 갔을 때, 그는 너무 지쳐서 섬에서 쉬게 되었다.

그들이 쉬고 있을 때, 또 한 사람이 방금 떠나온 강둑에서 소리를 질렀다. 그 사람 역시 도움이 필요했다. 첫 번째 사람은 그를 도와주기 위해 그 사람이 있는 강둑으로 헤엄쳐 갔다. 강둑에 도착한 그는 너무 지쳐 이 사람을 등에 태우고 건너갈 수 없다는 것을 깨달았다. 그래서 그는 이 사람에게 옆에서 헤엄치며 따라오라고 말하고, 허리에 끈을 묶고, 헤엄쳐 함께 건너게 되었다. 그는 다시 중간에 있는 섬에 이르러 쉬게 되었다.

이 사람은 너무 지친 나머지 이 두 사람을 데리고 나머지 반을 건너갈 수 없다는 것을 알게 되었다. 그는 두 사람에게, "스스로 건너가시오. 만약의 경우를 대비해서 내가 옆에서 함께 헤엄쳐 가겠소."라고 말했다. 두 번째로 온 사람이 그와 함께 물 속으로 뛰어들었다. 그들은 함께 건너편까지 갈 수 있었다. 나머지 한 사람은 두려워서 강으로 뛰어들지 못하고, 혼자 섬에 남아 누군가 자신을 강 건너 편으로 데려다 주기를 기다리고 있었다.

많은 개발 사역이 이 이야기와 비슷하다. 우리는 누군가를 등에 업고 모든 것을 대신해 줄 수 있지만, 이것은 그를 진정으로 돕는 방법이 아니다. 그가 다른 사람에게 의존하게 되기 때문이다. 진정한 개발이란 사람들이 스스로 일할 수 있도록 도와서 마침내 자립할 수 있게 하는 것이다. 이 이야기에서 수영할 줄 아는 사람은 마지막 사람이 스스로 문제를 해결할 수 있도록 도움을 주었다.

개발이란 무엇인가

국제 MAP 총재를 역임한 존 로빈슨(John Robinson) 박사는 MAP 워크숍에서 개발에 대한 열 가지 정의를 기술했다. 여기서 그가 정의한 내용의 일부를 살펴보고자 한다.

> 개발이란 사람들이 가진 한계에서 벗어나게 하는 것이다. 개발이란 하나님께서 가능하게 만들어 두신 인생의 모든 잠재력을 깨닫기 위해 자신과 주위 환경, 그리고 자신의 미래에 대해 더 많은 통제력을 얻어 가는 과정이다. 개발이란 목표를 향해 나가는 과정이다.
>
> 지역사회 개발이란 사회와 그 지역사회의 지도력을 강화시켜 그들에게 닥치는 문제들을 스스로 해결할 수 있도록 돕는 과정이다.
>
> 개발이란 사람들이 스스로의 삶에 책임지는 변화의 과정이라고 본다. 만약 변화된 개인들이 하나님의 인도하심을 따라 함께 일한다면 개인을 통해 삶이 변하고, 지역 사회에도 변화가 일어날 것이다.

론 사이더(Ron Sider)는 〈복음주의자와 개발〉(Evangelicals and Development)이라는 책에서 이렇게 말했다.

> 세속적인 개발은, 인간 세상은 현세적이고 물질적인 왕국을 이룩하기 위해 계속해서 발전해 나갈 것이라는 신념에 근거를 두고

> 있다. 미래에 대한 이런 낙관적인 견해는, 경제 발전이 자동적으로 사회 및 도덕적인 진보를 가져올 것이라고 굳게 믿고 있다는 것을 의미한다. 현재 이루어지고 있는 개발의 핵심은, 밝은 미래는 경제 성장에 달려있다는 개념이다.

그러나 존 소머스(John Sommers)는 경제적인 부유함이 우리가 도달해야 할 목표의 전부가 될 수 없다는 사실이 아주 명확해졌다고 반박한다. 그는 이렇게 말한다.

> 개발의 정도를 평가하는 기준으로 개인별 국민소득, 국민총생산 및 물질적인 발전 정도를 적용하는 것은 적절하지 않으며 가끔 이것이 우리를 오도하기도 한다.

구호(Relief)와 **개발(Development)**은 전혀 별개이다. 개발을 질병 예방에 비유한다면 구호는 질병 치료에 비유할 수 있겠다.

개 발	구 호
장기적	단기적
고정적으로 진행 중인 문제 해결	응급 상황을 해결한다
사람들이 스스로 문제를 해결하도록 함	주민들을 의존적으로 만든다
경제적 건강뿐 아니라 사람들을 세운다	훈련이나 성장에 관심이 없다
주민들을 참여자, 공헌자로 만든다	주민들을 참여자가 아닌 수혜자로 본다
피부로 느끼는 필요를 채운다	잠재적인 필요를 채운다
여러 분야로 접근한다	한 가지 문제를 해결한다
내부인들이 통제하도록 한다	외부인이 통제한다

구호란 스스로 아무것도 할 수 없는 사람들을 위해 무엇인가를 해 주는 것이다. 그것은 위기에 개입하여 어떤 형태의 도움을 줌으로써 개인이나 단체가 재난 이전의 상태로 돌아가게 하는 것이다. 일반적으로 구조(rescue)의 효과를 높이기 위해 어떤 상황에 개입한다는 것이다. 반면 개발이란 자신들의 필요를 찾아내고 이해하도록 사람들을 돕는 것이다. 구호가 구조(rescue)하기 위해 개입하는 것이라면, 개발이란 사람들을 준비시켜 스스로 무엇인가 할 수 있도록 시도하는 것이다.

개발이란 사람들이 자신의 삶을 책임질 능력과 기술을 기본적으로 가지고 있다는 것을 전제로 하고 있다. 훈육과 동시에, 필요한 자원을 찾아내는 본보기를 보여줄 촉매 역할을 하는 사람이 필요하다는 것도 인정한다. 개발은 사람들을 하나 되게 하고 함께 일하도록 만든다.

개발에 대한 접근법

린 그로스(Lynn Groce)는 "아래로부터의 농경 개발, 아프리카에서 배운 교훈"(Agricultural Development from Below, Lessons from Africa)이라는 글에서 존 모리스(John Moris)를 통해 개발에 대한 그의 네 가지 기본 접근 방식에 대해 고찰했다.

1. 위에서부터 밑으로, 혹은 흘러내리는 접근법
이 접근법에서는 개발을 국가적 차원에서 바라보고 있으며, 이들의 목표는 경제적인 개발을 통해 물질적 부(富)를 누리는 것이다. 계획을 수립하는 입장에서 지역에 있는 마을 사람들과의 접촉은 제한되어 있다. 정부에서 파견된 전문가들이 전문적인 지식을 마을 사람들에게 전달한다. 전문가들이 계획을 세우고, 실행하며, 개발 사업에 필요한 모든 것들을 제공한다. 대부분의 정부 프로그램들(예를 들면 이란, 우간다, 아프가니스탄)이 이런 방식으로 접근한다.

2. 외부에서 내부로, 상업적인 접근법

이 접근법은 때때로 '판매식 접근법(Selling Approach)'이라고 불린다. 개발의 과제는 근대화를 이루고, 각종 서비스와 장비, 새로운 농산물, 자본을 제공함으로써 수요를 자극하는 데 있다. 목표는 이익 창출과 고객 만족이다. 여기에는 제공된 서비스가 모든 사람들에게 골고루 돌아가기만 하면 된다는 생각이 기본 전제로 깔려 있다. 즉 분배가 적절하게 이루어지기만 하면 발전은 저절로 따라 오게 된다는 것이다. 여기서는 전문가가 프로그램을 고안하고 마을 주민들에게 이를 유지할 수 있는 방법을 가르친다. 이런 접근법은 미국국제개발처(USAID)나 국제연합아동기금(UNICEF) 같은 대형 구호 사업 및 개발 단체에서 주로 사용하는 방법이다.

3. 내부에서 외부로, 혹은 동원(mobilization) 접근법

이 접근법에 의하면 상황이 너무 조직화되어 있기 때문에, 자유 시장 체제에서 모든 사람들과 경쟁해야 하는 농부들은 서서히 경쟁력을 잃을 수밖에 없다. 동원의 목적은 농부들을 일깨워 결속하도록 하는 것이다. 이것은 농부들이 집단으로서 자신들의 이익을 지키고 결국에는 혁명을 일으킬 수 있도록 하는 것이다. 즉 혁명이 최종 산물이다. 전문가들은 혁명에 대한 복안을 숨긴 채 고객들과 연합해서 사업을 설계하고, 프로그램을 함께 진행한다. 남미 전역을 휩쓸었던 해방신학이 이 접근법의 대표적인 사례이다.

4. 바닥에서부터 위로, 혹은 참여하는 접근법

지역 사회가 근간이 되는 방법이다. 이 접근법에서는 사람들이란 협조하고 싶은 좋은 명분을 찾기 전에는 협력하지 않으며, 개발 과정에 참여할 기회가 있어야 협력한다고 가정하고 있다. 외부인은 사람들에게 무엇을 하라고 지시하지 않는다. 그는 촉매자의 역할을 수행하며, 현지인들이 가지고 있는 문제를 분석하기 위해 함께 일하고 그들의 문제를 스스로 해결할 수 있도록 도와준다.

참여하는 접근법을 실천했던 사람들은 선교 단체들이나 평화 봉사단들, 그리고 마을 단위에서 참여하는 자원 봉사자들이다. 이 접근법에서는 처음에는 전문가들이 가르치지만, 다음부터는 마을 사람들이 계획하고, 스스로 일하며 필요할 때만 외부로부터 도움을 요청한다. 이런 접근법에 바탕을 둔 사업들에 대해서는 나중에 논의하겠다. 케냐(Kenya)에 본부를 두고 있는 아프리카 의학 연구 및 교육 재단(AMREF : African Medical Research and Educational Foundation)은 이 접근법을 옹호하는 주요 기관이다.

우리도 '참여하는 접근법'과 노선을 같이하고 있다.

약간 변형하긴 했지만 우리는 개발이란 장기적인 차원에서 생활 방식의 향상과 관련이 있다고 느낀다. 개발의 목표는 생활 방식에서 변화가 일어나는 것을 보는 것이다. 그러므로 사람들이 처해 있는 현재의 위치에서부터 출발하여 그 지점에서부터 건설하고 확장해 나가야 할 필요가 있다. 주민들은 개발 과정에 공동의 책임을 지고 있으며, 개발이 잘 진행되도록 시간과 노력과 물질 및 재정을 기꺼이 투자해야 한다.

모든 사람들이 개발을 원하지만, 모두가 다 개발에서 요구하는 기본적인 요구, 즉 힘든 일을 받아들이거나 이해하고 있는 것은 아니다. 개발 과정에서 주민들 안에 있는 지도력을 자체적으로 발굴하고 활용해야 한다. 기존의 지도자들을 통해 사람들을 참여시켜야 한다. 이를 통해 외부 개발자가 아닌 주민 자신들이 그 사업의 주도권을 가지게 되는 것이다.

개발이란 변화를 수반하는 것이므로 위험을 감수해야 한다. 개발이란 스스로를 돕고 스스로가 성장해 가는 지속적인 과정이므로 위험 부담도 지속되는 것이다.

개발은 사람들을 억제하고 있는 모든 것으로부터 해방시키고, 사람들의 창조적인 능력을 증가시키는 것이 목표이다. 사회가 이룩하고자 하는 변화, 혹은 이룩할 수 있는 변화가 무엇인지 결정하고, 스스로 이러한 변화를 일으키는 것이 바로 개발이다. 그러므로 우리는 이것을 '**운동(movement)**' 이라고 부른다.

어느 단계에서든지 적극적인 참여가 없으면 개발은 일어나지 않는다. 개발은 사회생활 모든 면에 관련되어 있으며, 사회 구성원 모두의 참여가 요구되는 과정이다.

개발을 바라보는 우리의 방식은 '아래에서부터 위로, 지역 사회가 참여하는 접근법'이다. 이 방식에서는 지역 사회가 핵심이 되기 때문에 우리는 지역 사회를 구성하는 요소가 무엇인지 정의를 내려야 한다.

지역사회

지역사회란 같은 지역에 살면서, 동일한 생활 방식, 관념, 문화, 지도자들을 공유하고, 매일 서로 부딪치며 살아가는 사람들의 집단이다. 그들은 일반적으로 자신들을 동일한 배경, 동일한 필요, 동일한 목표를 가지고 서로를 알고 지내는 구별된 집단이라는 정체성을 가지고 있다. 그러므로 진정한 지역 사회란 규모가 작은 법이다.

지역사회 참여에 대해 정의를 내려야 할 필요가 있을 것 같다. 이는 개인과 가족이 그들 자신 또는 그들이 살고 있는 지역사회의 안녕과 건강을 책임지는 것을 뜻한다. 즉 각자가 자신과 지역사회의 개발에 공헌하는 것이다. 지역 사회 개발이란 그들이 공통적으로 가지고 있는 문제들을 확인하고 해결하는 과정을 통해 개인, 가정, 지역 지도자, 그리고 지역 사회 그룹 안에 있는 능력을 개발함으로써 현지 주인의식을 고취시키는 것을 목표로 삼고 있다.

그러므로 사람들에게 전인적으로 접근해야 할 필요가 있다. 이것은 사람과 그 사람이 속한 사회를 구성하고 있는 모든 것들을, 나눠진 부분들로 보지 않고 총체적으로 살펴야 한다는 것을 의미한다. 우리는 사람들이 주위 환경에 어떻게 반응하는지 살필 때, 사람의 육체적인 면, 정치 사회적인 면, 경제적인 면, 영적인 면 그리고 정신적인 면 모두를 고려해야 한다. 이 모든 요소들이 사람에게 영향을 주고 있기 때문이다.

개발 사역이 이루어지기 위해서는, 사람이란 우선 '무엇인가를 필요로 하는 존재'라는 사실을 깨달아야 한다. 만약 사람이 자신의 필요를 깨닫지 못한다면 해결책도 찾으려고 하지 않을 것이다. 우리는 이렇게 깨달은 문제점을 최우선적으로 해결하기 위해 기꺼이 행동하려는 마음이 일어나도록 어떤 동기를 부여해야 한다.

세속적인 개발에 대한 고찰

개발에 관한 여러 가지 모델들을 만들면서, 우리는 최근에 출판된 지역 사회 개발 이론과 실제적인 내용을 담은 책들의 상당 부분이 세속적인 개발 이론의 일부를 전제로 하고 있다는 사실이 걱정스러웠다.

그 중 첫 번째 접근은 압제로부터의 해방을 부르짖으면서 최근 남미에서 나타난 '해방 신학'이며, 두 번째는 사람을 우주의 중심에 두고 하나님을 변두리로 몰아낸 '인본주의'이다. 그리고 세 번째 접근 방식은 프랑스 사람들이 아프리카에서 실시한 사역으로부터 나온 것인데, '생동하는 농촌(Animation Rurale)'에 근거한 것으로 사회주의적 사회 체제를 강조한다. 이런 것들은 개인들의 변화에는 관심이 별로 없고, 오히려 사회 하부구조를 변화시키는 것을 목표로 삼고 있다.

이런 사례들에는 일정 기간 동안 사회를 성공적으로 변화시켰던 방법들에 대한 설명이 들어있다. 그 안내 지침들 중 일부는 좋은 것일 수도 있지만, 그것은 모두 비기독교적 관점에서 나온 것들이다.

이제 대부분의 개발 사역의 근간을 이루는 중요한 철학적 배경에 관해 살펴보자(그러나 일부 개인적으로 추진되는 개발 사역에서는 어떤 철학적 배경을 가지고 있는지조차 파악하지 못하는 경우도 있다).

🌱 세속적인 인본주의

프란시스 쉐퍼(Francis Schaeffer)는 〈기독교인의 선언〉(Christian Manifesto)에서 인본주의에 대해 다음과 같이 정의했다.

> 사람들에게 친절하고 도움이 되는 것은 그들을 인간적으로 다루는 것이다. 인본주의란 사람을 모든 것의 중앙에 두고, 모든 가치 판단의 기준으로 삼는 것이다. 인본주의자들은 자유를 추구하지만, 그것을 담기 위한 기독교적인 합의가 없고, 조직이나 지도 계층은 이 자유를 가지고 사람들을 혼돈이나 노예 상태로 만들고 있다. 가치 체계나 법을 붙들어 줄 최종적인 기반이 없는 인본주의는 혼돈을 초래할 뿐이다.
> 바로 하나님이 전 인류와 전 우주를 창조하신 분이거나 아니면 아무것도 창조하지 않은 분이다. 종교적인 인본주의자들은 우주가 창조된 것이 아니라 스스로 존재하는 것으로 간주한다. 그러므로 인본주의란 그 자체가 사람을 영화롭게 하는 종교인 것이다.

존 맥도웰(John McDowell)과 돈 스튜워드(Don Steward)는 〈오늘날의 종교 핸드북〉(Handbook of Today's Religion)이라는 책에서 인본주의에 대해 다음과 같이 고찰했다. "오늘날, 인본주의적 견해는 모든 삶을 가늠하고 판단하는 궁극적인 기준이 인간이라는 사상을 견지하고 있다. 그러므로 가치관, 법, 공의, 선, 미, 옳은 것과 그른 것이 모두 하나님이나 성경에 의해 평가되지 않고 사람이 만든 규칙에 의해 판단을 받게 된다." '인본주의자의 선언(Humanist Manifesto)'에서는 다음과 같이 주장한다.

1. 우주는 창조된 것이 아니라 스스로 존재하는 것이다.
2. 인간이란 지속되는 자연적인 과정의 최종 산물이다.
3. 마음이란 육체에 의해 나타난 그림자에 불과한 것이다.
4. 사람이란 거의 대부분 자신이 처한 문화에 의해 만들어진다.
5. 세상에 초자연적인 것은 없다.
6. 인간은 종교 및 하나님에 관한 어떤 개념보다 우월한 존재이다.
7. 인간의 목표는 개인의 인격을 개발하는 것이며 이것은 죽음과 함께 막을 내린다.
8. 사람은 자신이 바라보는 지점까지 그리고 자연 세계에서 모든 문제를 해결할 수 있는 지점까지 지속적으로 발전할 것이다.
9. '인간 개발'을 조금이라도 저해하는 기관이나 종교가 있다면 반드시 변화해야 한다.
10. 사회주의는 가장 이상적인 경제 체제이다.
11. 모든 사람은 위에서 언급한 신조에 의해 나타난 결과를 공유할 권리가 있다.

'제2선언(Manifesto Ⅱ)'에서는 첫 번째보다 더 공격적인 자세를 취하고 있다. 즉, 두 번째 문서에서는 인간의 가치를 없애 버렸다. 인간이 인간을 구원해야 한다고 언급하고 있다. 그것은 죽음 이후의 세계에 관한 견해를 인정하지 않는다. 윤리란 신학적이거나 사상적인 굴레가 아니라 상황적 필요에 따라 저절로 형성되는 것이라고 주장한다.

인본주의는 절대적인 모든 가치 체계를 부인한다. 그러므로 인간에게는 옳고 그른 것에 대한 절대적인 기준에 매일 필요가 없다. 우리는 가장 진정한 의미의 참여 민주주의를 퍼뜨려야 한다고 단언하고 있다. 교회와 국가를 분리시키는 것이 급선무이다.

세속적인 개발 사역에 관여하는 대부분의 사람들은 위에 있는 세속적인 모든 원리들을 직접적으로 받아들이지는 않는다. 특별히 하나님의 개입을 부정하는 부분에서는 더욱 그렇다. 그들의 개념은 인간은 선하고, 세상은 인간의 노력에 의해 점점 좋아지고 있으며, 게다가 세상에 절대적인 이념이란 없다는 것이다. 그러므로 사람이란 자기 눈에 옳다고 보이는 것을 행하면 된다. 이것이 모든 사역 저변에 깔려있는 기본적인 철학이며 특별히 미국 사람들이 실시하는 사역의 경우에는 더욱 그러하다.

사회주의

진 몰톤(Jeanne Molton)의 〈생동하는 농촌〉(Animation Rurale)이라는 책에서는 프랑스가 아프리카에서 실시했던 농촌 개발 교육에 대해 설명하고 있다. '생동하는 농촌'은 국가 개발 계획의 범주 안에서 설계된 여러 교육 방법의 앙상블이다. 이 사업 계획의 목적은 특정한 사회경제 기관을 강화시켜 사회 변화 과정을 촉진시키고자 하는 것이다.

성장이란 시골 농부들의 참여로부터 싹트게 된다. 그것은 농촌 사람들이 경제 및 사회 개발 기관을 설립하는 데 참여하도록 교육하는 프로그램이다.

그것은 시골 농부로부터 국가 지도자에 이르기까지 전 국민이 개발 사역에 동참하도록 하는 것을 목표로 삼고 있다. 이 프로그램은 사회주의 농촌 개발 전략에 속해 있으며, 농촌 훈련 프로그램과 경제 및 정치 제도 개혁을 동반하고 있다. 교육적인 역할에서 목표로 하는 것은 여러 시골 마을들을 연결하여 농촌 공동체를 만드는 것이다.

글린 로버츠(Glynn Roberts)의 〈개발에 대한 의문〉(*Questioning Development*)이라는 책에는 사회주의적 지식들이 아주 많이 나타나 있다. 그는 선진국들은 아직도 기꺼이 기술 원조나 자본 투자의 방식으로 가난한 나라를 도우려고 한다는 것을 느낀다고 말한다. 개발에 대한 그들의 전략은 선진국과의 통신 상태를 개선시키고, 도로, 철도, 항만, 공항 시설에 투자하며 동시에 그 나라가 가장 잘 만들 수 있는 상품의 생산을 기계화하여 선진국들과의 교역을 통해 돈을 벌 수 있도록 하는 것이다.

> 가난한 나라들이 많은 천연 자원들을 가지고 있어도 막강한 서방 기업들의 조정이나 통제하에 남아있게 될 것이다. 저개발 상태란 원인과 결과를 잇는 사슬의 최종 산물이며, 부와 권력의 불공평한 분배에 그 뿌리를 두고 있다. 사회주의자들의 견해에 의하면 진정한 개발이 일어나기 위해서는 권력 구조가 반드시 붕괴되어야 한다고 한다.

사회주의 철학에 의하면 모든 사람들이 평등한 삶의 기회를 갖는 사회란 지역 사회의 소비보다 창조성을 강조하는 곳이다. 그들의 견해에 의하면 진정한 개발에서 중요한 것은 어떤 사역을 하느냐 하는 것이 아니라, 어떻게 하면 가장 많은 수의 사람들에게 확신을 주고, 일깨워 주고, 질문하고 싶도록 만드느냐 하는 것이다. 사회주의자들은 전 세계적으로 권력의 전반적인 재분배가 필요하다고 믿고 있으며, 그렇게 함으로써 단계적으로, 조금씩 사회주의 사회로 변화될 것이라고 믿고 있다.

탄자니아의 전직 대통령이었던 율리우스 K. 니에레레(Julius K. Nyerere)는 자신의 주도하에 실시한 우야마아(Ujamaa) 마을 개발 사업 결과에 의해 아프리카 사회주의 지도자로 인식되었다. 니에레레는 다음과 같이 말한다.

> 주민들을 위해서, 주민들에게 모든 것을 실시하지만 주민들을 참여시키지 않는 식민주의의 정치적·정신적 족쇄를 벗어버려야 진정한 개발을 이룩할 수 있다.

그는 "정치 구조가 지역 사회를 발전시키며, 지역 사회의 참여, 책임감을 증진시키고 지역 사회를 성장시키는 사회를 건설할 필요가 있다."고 강조한다.

> 사람들이 수동적으로 개발될 수는 없다. 그들은 스스로를 발전시킬 뿐이다. 사람은 자신이 하는 행동, 결정에 의해, 자신이 왜 그것을 하는지에 대한 이해를 증진시키고, 능력과 지식을 고취시키고, 자신이 살고 있는 지역 사회에서 모든 면에서 동등하게 참여함

> 으로써 스스로를 개발하는 것이다.
>
> 　사람은 사회 속에서 살고 있다. 사람이란 그 사회의 일원이 되어야 자신과 동료들에게 의미 있는 존재가 된다. 그러므로 사람을 개발하는 것에 대해 이야기하거나 그것을 위해 일한다는 것은 사람을 섬기고, 복지를 증진시키고, 고귀한 존엄성을 보존하는 사회를 만든다는 의미이어야 한다.

　사람들의 상호 의존성을 개발의 수단 및 목표로 삼고 있다고 선언하고 있기 때문에, 변화된 사회에 대한 니에레레(Nyerere)의 접근 방식은 사회주의 사상을 통한 방법이다.

　변함없는 진리는 하나님께서는 압제 계층을 전복시키지 않으시고, 강자들과 약자들 사이에 새로운 동반자 관계를 형성하시는 방향으로 역사하신다는 것이다.

해방 철학

　해방 철학은 사람이 사회의 부존자원을 통제하는 다른 사람에 의해 억압받고 있다는 것을 기본 전제로 삼고 있다. 따라서 사회를 변화시키고, 억압받는 사람들을 해방시키기 위해서는 통치 구조를 전복시켜야만 한다. 그 방법은 혁명이며, 혁명의 결과로 사회주의 사회가 탄생한다.

　이런 철학으로부터 해방 신학이 나왔다. 이 신학에 의하면 하나님은 공의를 요구하시는 분이시다. 공의란 오직 대중들을 압제자들로부터 해방시킬 때만 달성되는 것이다.

리처드 슈투르츠(Richard Sturz)는 해방신학을 인간 중심의 신학이라고 설명한다. 해방신학자들은 사람을 지역 사회 안에서만 바라본다. 개인을 개인으로 주목하는 법이 거의 없다. 그들이 사람이라고 말하는 경우는 '인류' 혹은 사회 계급을 의미하는 것이다.

사회는 지배하는 계층에 의해 결정된다. 지배 계급에 의해 강요된 사회 경제 구조들이 개혁되기 전까지는 탈출구가 없다. 그래서 사람을 변화시키기 위해서는 사회가 반드시 변화해야 한다. 사람은 그가 속한 사회의 최종 산물이기 때문에 그 사회에 속한 개인은 자신의 행동에 대해 사회적으로 책임질 필요가 없다. 그에게 필요한 것은 새로운 세계관을 가지는 것이며, 이것은 사회 경제의 구조들을 바꿀 때만 얻어질 수 있다.

앤드류 키르크(Andrew Kirk)는 〈해방 신학〉(*Liberation Theology*)에서 해방 신학의 모양을 잡아준 장본인들에 대해 고찰하면서 이렇게 말했다.

> 해방이란 예언적인 신학, 다시 말하면 '갈등'의 신학이 되어 버렸다. 기독교 사회는 사회가 여러 계급으로 나누어지는 것을 인정하지 않기 때문에 반드시 사라져야 한다. 해방이란 사람으로 하여금 온전한 사람이 되도록 하는 것을 저해하는 모든 요인들을 철저하게 제거하는 것을 말한다. 죄란 개인적으로 법을 어기는 것을 말하는 것이 아니라 역사를 정치적으로 부인하는 것을 말한다.

R. T. 프란스(France)는 신약에 나타난 해방의 변천 과정에서 해방신학에 대해 다음과 같이 언급했다.

예수는 국가적인 야망 차원이 아니라 하나님과 인간 사이의 관계를 회복한다는 차원에서 자신의 구세주 역할에 대한 생각을 품고 있었다. 원수까지 사랑하는 것과 무제한적인 용서에 대한 그의 끊임없는 강조는 모든 혁명 운동의 저변에 깔려있는 미움의 철학과 첨예하게 대립하고 있다.

예수는 혁명적이 아니면서 극단적이었다. 그의 관심은 서로를 향한, 그리고 하나님을 향한 사람의 관계와 태도에 쏠려 있었다. 그는 죄로부터 해방되고, 위선으로부터 해방되고, 하나님으로부터 멀어지는 것으로부터 해방되기를 기대했다.

마가복음 10장 17~27절에 있는 부자의 비유에 의하면, 예수는 가난한 사람의 물질적인 필요보다 부자의 구원에 초점을 맞추고 있다. 가난한 자가 부해지고 부자가 가난해진다는 것이 아니라, 세상에서는 패배자로 간주되는 가난한 자가 결국 승자가 된다는 것이다.

예수는 정치적 혹은 경제적인 불의로부터의 해방에 관심이 있었던 것이 아니라, 사람들로 하여금 전통적인 가치관을 넘어서는 새로운 삶의 세계에 눈을 뜨게 하는 것에 관심이 있었다. 그 곳에는 다른 사람을 착취하려는 동기가 없었다. 오히려 그 곳에서는 우리를 향한 하나님의 사랑이 이웃을 향한 사랑으로 나타나기 때문에 이웃들의 물질적인 행복을 찾아 주기 위한 적극적인 마음이 있을 것이다. 적극적인 사랑을 통해 우리는 죄의 굴레에서 해방되고, 다른 사람들을 자유롭게 사랑하고 그들에게 다가갈 수 있게 되는 것이다.

강 건너기와 개발(창의적 접근지역)

제5장

기독교적 지역사회 개발

사업 계획을 수립하는 중에 우리가 만난 스가랴(Zachariah)는 나이는 많지만 아주 민첩한 사람이었다. 그는 지역 사회 보건선교가 성공하리라고 생각하여 금방 헌신했고 그것이 성공할 수 있도록 자신을 헌신했다. 은퇴한 법원 치안 판사로서 그는 지역 사회에서 대단히 존경을 받고 있었으며, 사역에 대한 그의 헌신은 지역 사회로부터 강한 후원을 이끌어냈다.

스가랴는 처음에 자기가 살고 있는 지역 위원회 위원으로 선출되었다. 위원 훈련을 받기 위해 10km를 걸어와야 했지만 훈련 시간에 한 번도 빠진 적이 없었다. 어느 날 법원 판사 대리로 부름을 받았을 때도 그는 훈련 시간에 늦지 않기 위해 서둘러 재판을 끝내고 제 시간에 도착하기 위해 신발을 벗어들고 10km를 달려왔다.

위원회가 지역 사회 보건 전도자들을 선발해야 할 시점이 되었을 때, 그 지역에서는 기꺼이 그 직책을 받아들일 만한 '자격을 갖춘' 사람을 찾기가 쉽지 않았다. 마침내 스가랴가 직접 지역 사회 보건 전도자가 되기로 마음을 먹었다. 일부 사람들은 나이를 들먹이며 그가 이런 직책을 맡는 것에 대해 심하게 비난했다. 그러나 스가랴는 이에 굴하지 않았다. 그는 스스로 배우며 다른 사람들을 가르치는 데 아주 헌신적이었다.

스가랴에게서 발견한 흥미 있는 일 중 하나는 '영적 건강'에 대한 그의 열정이었다. 복음을 제시할 수 있도록 '사영리'라는 소책자의 그림 사용법을 훈련받은 지 불과 며칠 후에, 그는 이웃 사람들을 찾아가기 위해 전도 팀을 결성했다.

지역사회

　기독교 지역사회 개발 프로그램을 바라볼 때 우리는 먼저 지역사회가 무엇인지 정의를 내려야 한다. 지역사회란 서로가 서로를 잘 알고, 유대감을 가지고, 많은 것을 공유하면서 한 지역에서 함께 살아가는 사람들의 집단을 말한다. 우리는 지역사회 보건선교 프로그램에서 '서로를 잘 안다'라는 개념을 삽입함으로써 사람들로 하여금 작은 규모의 집단을 생각하도록 의도했다. 사람들이 소속감을 느끼기 위해서는 누가 마을에 살고 있는지 누가 외부 사람인지 알아야 한다.

　이러한 사실은 대부분의 지역사회가 주민 2,500명 내지 5,000명 정도로 이루어진 작은 농촌이라는 것을 의미한다. 도시 지역에서 지역사회라는 말의 의미를 찾으려 한다면 도시 속의 보다 작은 하부 집단을 찾아야 할 것이다.

　사업이 지속되고 진정으로 지역 주민들에게 영향력을 끼치려면 어떤 형태의 개발 사역에서든지 지역사회 주민들이 주인 의식을 가져야 한다. 대로우 밀러(Darrow Miller)는 "지역사회 내에서 중점을 두어야 하는 것은 개인이나 단체의 권리가 아니라 책임이어야 한다. 그리고 우리는 자신과 가족들에게 뿐만 아니라 소속 지역사회에 대해서도 개인적으로 책임을 지고 있다. 우리는 '있는 그대로의 현실' 보다 '바람직한 현실'에 대해 초점을 맞추어야 한다."고 지적했다.

세속적인 개발에 대한 그리스도인의 반응

대부분의 개발 원칙들은 "지역사회가 참여하고, 프로그램의 주도권을 가지고 있는가?"라는 핵심적인 사항 주위를 맴돌고 있다. 그리스도인으로서 나는 지역사회 전체에 관심을 가지는 대신 변화된 개인들에게 관심을 가질 것을 제안하고 싶다. 다른 사람이 변화할 수 있도록 도움을 주고, 그 사람이 다시 다른 사람을 변화시키는 일에 도움을 주는 그런 변화된 개인들을 말하는 것이다.

이렇게 함으로써 우리는 개인과 함께 일하시고, 그들을 제자로 삼으시고, 그들로 하여금 자신들이 사는 지역에서 하나님의 진리를 지속적으로 전파하게 하신 예수님의 본을 따를 수 있게 되는 것이다.

지역사회 전체를 다룰 것이 아니라 개인적으로 주인의식을 고취시키는 일에 중점을 두어야 한다. 그래서 개인적인 변화 없이 지역사회 전체의 구조를 단번에 변화시키려고 하지 말고 '개인의 변화'에 초점을 맞추는 것을 사역의 목표로 삼아야 한다.

만약 그리스도께서 개인의 변화에 관심을 기울이신 것이 확실하다면, 그분은 사회 전체의 구조를 개혁해야 한다는 이론에 근거한 어떤 형태의 접근 방법도 거부했을 것으로 믿는다. 그분의 말씀에 비추어 보면, 세상 권세가 전적으로 하나님의 진리에 반대하지 않는 한, 우리는 세상 권세자들에게 순종해야 한다.

다수의 선택이 항상 옳은 것은 아니기 때문에 민주주의나 비례 대표제가 곧 하나님의 통치 방식이라고 말할 수는 없다. 만약 하나님이 옳다고 하시면 그것은 절대적인 것이다. 절대적인 것이 없다면 진리도 없다. 진리란 상대적인 것이 아니다. 모든 지식은 그 집단 안에 들어있다고 말하는 접근 방식은 하나님의 진리를 절대적인 것으로 받아들이지 않는 방법들이다. 그러므로 우리는 이런 접근 방식을 거부해야 한다.

구약이나 신약 시대에 하나님께서는 개인들을 통해서 일하셨기 때문에 지역 사회에서 반드시 **위원회 체제**로 운영해야 한다는 것을 강조하는 것이 성경적이 아닐 수도 있다. 때때로 사람들은 함께 일하기도 했지만 각자에게는 독특한 임무와 비전이 있었다. 하나님께서는 모세, 아브라함, 이삭, 베드로, 바울, 요한, 그 밖에 하나님의 인도를 받는 불완전한 몇몇 사람들을 통해서 일하셨다. 위원회에 있는 개인들은 중요한 사람들이므로 일반 훈련이나 제자 훈련을 하면서 그들과 함께 시간을 보낼 필요가 있다. "비전은 자신들이 발견하는 것이지 가르쳐 준다고 해서 갖게 되는 것이 아니다."라는 말이 있다. 그들이 스스로 비전을 발견하도록 해야 한다.

지역사회의 참여를 얻어내기 위해 위원회를 통해서 일하는 것이 중요하지만, 비전을 가지고, 시간을 내서 관심을 가지고 프로그램을 추진할 마음이 있는 개인들을 찾아낼 필요가 있는 것이다. 그러므로 사업 목표에 대한 주인의식 고취는 지역사회 단위로 하기보다 개별적으로 하는 것이 더 바람직하다.

우리는 지역 주민들이 스스로 목표를 달성할 수 있도록 도울 것이며, 적절한 영양 섭취, 좋은 건강을 위한 운동, 적절한 위생 관리 및 깨끗한 식수 공급을 통해 자신들의 육체적인 필요를 스스로 채우도록 도와줄 것이다. 현실적으로 해결해 주어야 할 필요들이 너무 많지만 그들의 육신적인 필요를 채워주는 데 너무 많은 시간을 투자하지 않도록 주의해야 한다. 총체적 접근이란 사람을 전인적으로 다루는 것을 말한다.

지역 주민들이 자신감을 얻기 위해서는 필요한 자원들을 주민들이 할 수 있는 만큼 직접 조달하도록 해야 한다. 그리고 주민들이 사업의 계획 과정, 목표 설정, 계획 시행, 사업 과정 점검, 프로그램 평가 등의 모든 과정에 참여해야 한다. 우리의 전략을 통해 '잘 익은 열매' 즉, 배우고 가르칠 준비가 되어 있는 사람이 배출되어야 한다.

인간을 우주의 중심으로 간주하는 개발 방법은 어떤 것이든 거부되어야 한다. 인간은 스스로를 구원할 수 있으며 세상은 점점 좋아지고 있다고 생각하는 이론은 잘못된 것이다. 왜냐하면 이는 인간 죄성의 실존을 무시하고 있기 때문이다.

훈련 과정에서 참여하는 기법을 사용하는 것이 중요하지만, 이것은 전달 가능한 지식을 전수해야 하는 필요성에 따라 균형을 맞춰야 한다. 우리는 가르치고 본을 보여서 영적 및 육적 차원에서 재생산이 일어날 것을 기대해야 한다. 훈련에 사용되는 모든 자원은 현지 조달이 가능해야 한다.

열매가 지속적으로 맺으려면, 우리는 사람들의 육적인 필요와 영적인 필요를 모두 충족시켜야 한다. 이렇게 배운 지식이야말로 전수가 가능해지고, 재생산이 지속적으로 일어날 것이다. 우리의 목표는 한 가지의 지식을 추가시키는 것이 아니라 재생산이 일어나게 하는 것이다. 만약 이것이 이루어지지 못한다면 우리의 사역은 그럴듯한 전시용은 될 수 있을지 모르겠지만, 복음을 들고 전 세계로 나가라는 하나님의 명령을 수행할 수는 없을 것이다.

이런 결과들은 오직 하나님의 능력과 하나님의 인도하심에 의해서만 얻어질 수 있는 것이다. 개발에 참여하는 그리스도인들은 자신들이 실시하는 개발 사역이 가지고 있는 사상과 방법을 평가해서 그것이 성경적 원리에 맞는지 점검해야 한다.

하나님은 사람들의 삶을 변화시키는 사역을 하신다. 당신과 나도 분명히 사람들의 삶이 달라지는 것을 보고 싶어 한다. 영구적이고 진정한 개발은 개인의 삶이 변화되지 않으면 성공할 수 없다. 정의를 수립하기 위해 단순히 사회 구조를 바꾸는 것은 영구적인 결과를 가져오지 못할 것이다. 사람은 자수성가하여 성공할 수 있기 때문에, 우리는 단지 기존 자원을 재분배할 수 있게 그들을 도와주기만 하면 된다고 생각하는 것은 옳지 않다. 사람은 반드시 예수 그리스도와 개인적인 관계를 가짐으로써 내부적인 변화가 일어나야 한다. 이런 내적인 변화가 일어날 때, 진정한 의미의 성장과 개발이 일어날 수 있는 발판이 마련되는 것이다.

기독교적 성공 요인들

일반적인 사람들이 언급한 세속적인 원리들도 좋다고 믿지만 이 원리들의 대부분은 세속적인 세계관에 근거를 둔 것이다. 그러므로 우리는 그리스도인들이 개발 사역을 시작하고자 할 때 염두에 두어야 할 기독교 세계관에 근거한 원리들을 다음과 같이 제안한다.

1. 가장 중요하게 강조되어야 할 것은 변화된 사회 구조가 아니라 변

화된 개인의 삶이다. 개인의 변화된 삶을 통해 사회가 달라진다. 예수 그리스도와 인격적인 관계를 맺는 것이 이런 변화를 가져오는 기초가 된다.

우간다 부후구에서 지역 사회 보건선교를 시작했을 때, 12명의 훈련생 중 단지 3명만이 개인적으로 그리스도를 영접했고, 3명은 구원의 확신이 없었으며 나머지는 믿지 않는 상태였다. 그러나 훈련받는 동안, 9명이 그리스도와 개인적인 관계를 가지게 되었다. 짧은 기간 내에 홍역이 50% 감소되고, 설사로 인한 사망률이 30%로 줄어드는 실제적인 변화가 일어났다.

2. 가장 위대하고 영구적인 개발의 결과는 '거듭난' 그리스도인들이 새롭게 배운 가치관과 기술들을 다른 사람들에게도 가르쳐야겠다고 깨닫는 것이다.

부후구(Buhugu)에서는 훈련받은 12명이 이웃들에게 그리스도에 대해 말하기 시작했고, 불과 18개월 만에 1,000명 이상이 그리스도께 돌아오게 되었다. 게다가 이 12명은 285명이 참가하는 32개의 전도 성경 공부 모임을 시작했고, 이 285명 중 20명이 또 성경 공부 모임을 만들어 100명을 가르치게 되었다.

3. 스스로 해결한다는 개념은 개발 과정에 있어서 아주 중요하다. 개발 사역이란 문제를 스스로 해결할 수 있도록 만들어 주는 것이다. 자립한다는 것은 반드시 지역 사회 차원에서 이루어져야 하며 이 모든 과정이 반드시 하나님의 인도하심을 받아야 한다.

4. 그 지역 사회가 주도하여 사업을 실시한 경험이 있는 곳에서 사역을 시작하는 것이 좋다.

10년 전 우간다에서 실시한 지역 사회 보건 사업에서 부후구 지역이 두 번째를 차지했기 때문에 지방 의료 사무관(District Medical Officer)이 부후구를 추천한 것이었다.

5. 지역사회 개발의 성공 여부는 개발로 인해 혜택을 받을 사람들이 개발 사역에 얼마나 참여하느냐에 달려 있는데, 이것은 주민들을 대표하는 위원들을 활용함으로써 이룰 수 있다. 그러나 위원들이 자신의 역할을 잘 해내지 못하면 주민들은 거의 참여하지 않을 것이다.

그러므로 위원들 모두가 전체 훈련 과정에 반드시 참여해야 한다. 부후구에서 프로그램을 처음 시작했을 때, 주민들이 위원을 선출했고, 이 위원들이 처음부터 의사 결정에 참여했지만, 그때까지도 프로그램을 자신들의 사업으로 보지 않았다. 사람들이 무엇을 기대하고 있는지도 몰랐다. 정기적으로 위원회가 소집되었지만, 프로그램에 대해서는 책임을 지지 않았다. 그들이 왜 책임을 지려 하지 않았는지 나중에 조사해 본 결과, 위원들은 자신들이 해야 할 일이 무엇이며 어떤 것을 책임져야 하는지 모르고 있었다는 사실이 드러났다. 그래서 우리는 위원들을 위한 훈련 프로그램을 마련해서 그들이 할 일이 무엇인지, 어떻게 프로그램을 통제할 것인지에 대해 생각하도록 했다. 그리고 이 프로그램을 우리가 실시하는 다른 모든 사업에 적용했다.

6. 개발은 프로젝트나 기술 중심이 아니라 인간 중심이어야 한다. 모든 프로그램은 주민들이 현재 처해 있는 상황에서부터 출발해서 도달해야 할 목표를 향해 나아가야 한다.

부후구에서 식수 사업을 시작했을 때, 산악 지역에 있는 큰 샘에서 마을까지 어떻게 파이프를 연결할 것인가에 대해 논란이 있었다. 사람들이 관심은 많이 있었지만 힘든 일을 하려고 하지 않았다.

UNICEF 대표가 부후구에 와서 깊은 도랑을 파는 시범을 보여 주었다. 도랑 파기가 시작되었지만 속히 진행되는 것은 아무것도 없었다. 한편 지역사회 보건요원들이 지역사회를 도와 마을에 있는 우물을 보호했다.

파이프를 통해 물을 공급하는 시설 공사가 서서히 진행되고 있는 18개월 동안, 40개 이상의 우물을 보호하게 되었다. 결국 사람들은 수원지를 보호함으로써 깨끗한 물을 얻을 수 있다는 소망을 가지게 되었다. 그리고 그들은 낙차를 이용한 파이프로 물을 공급하는 공사를 다시 시작할 준비가 되어 있었다. 사역은 진지하게 시작되어 13km의 파이프가 매설되었으며, 약 450m마다 수직관을 박았고, 이 공사로 인하여 10,000명에게 물을 공급할 수 있게 되었다. 사람들이 준비되었을 때, 그들은 이런 시설을 갖추는 데 필요한 일을 할 수 있었다.

7. 자신들이 필요한 것이 무엇인지 스스로 파악하고 그 문제를 해결하도록 돕는 것이 우리가 할 일이다. 특정 지역에서 사역에 참여하는 최대 다수의 필요를 충족시킬 수 있도록 프로그램을 기획해야 한다.

부후구 사람들이 파악한 가장 큰 문제는 깨끗한 물을 얻지 못한다는 것이었지만, 문제는 그들이 무엇을 어떻게 해야 되는지 모른다는 것이었다. 그러므로 우리는 지역사회 보건요원들에게 수원지를 보호하는 법을 가르쳐 주었다. 단계적인 경험을 쌓은 후 주민들이 깨끗한 물을 자기 집 가까이 끌어 올 수 있는 가능성을 깨닫기 시작함에 따라 그 사업은 추진력을 가지게 되었다.

8. 개발은 단순하면서 효율적이고, 가능하면 지역에 있는 자원을 활

용하는 방법으로 진행되어야 한다. 영구적인 개발 사역이 되기 위해서는 경제적으로 견실해야 한다. 자금과 물자가 최대한 그 지역사회로부터 조달되어야 한다. 외부 자금 투입은 최소화하거나 아니면 '시작' 기금 정도이어야 한다. 필요한 물품과 보급품들은 그 나라 안에 있는 자원들로부터 지속적으로 충당되어야 한다.

우리가 맨 처음 부후구 프로그램에 대해 토론했을 때, 사람들은 진료소를 절실하게 원하고 있었고, 그 마을에는 오랫동안 사용하지 않아 수리해야 할 형편의 마을 회관이 있었다. 마을에서는 이 건물을 진료소 및 두 명의 직원을 위한 관사로 사용하도록 하락했다. 건물의 반은 진료소로 사용하고 나머지 반은 숙소로 사용하였다. 건물 내부 공간을 어떻게 활용할 것인지 외부인이 설계했다.

벽 쌓는 일을 포함한 거의 모든 일을 감당할 인부들은 마을에서 나왔다. 마을 주민들이 벽돌, 모래, 자갈, 목재들을 공급했고, 우리는 시멘트, 못, 지붕 함석을 마련하고 이들을 실어 나를 운송 부분을 담당했다. 우리가 마련한 물건들은 그 당시 우간다에서 구할 수 없는 것들이었기 때문에 외부에서 가지고 들어올 수밖에 없었다. 지역 주민들은 현지에서 조달할 물건들을 구입하기 위해 자금을 마련했다. 필요한 물품들을 충당하기 위해 사람들이 기꺼이 헌신했다.

9. 변화를 일으키기 위해 외부에서 들어온 단체가 필요한 물품(예, 구호품)을 제공해 주는 공급자로 인식되면 나중에 주민들을 설득시켜 자급자족하는 개발 과정으로 전환하기가 몹시 어렵다.

지난 2년 동안 구호 사역을 하면서 고아원을 돕고 있던 다른 마을에서 지역사회 보건선교 프로그램을 시작할 수 있도록 사람들을 훈련시켜 달라고 요청해 왔다. 그 지역 사람들은 진료소를 가지고 있었고, 약, 옷, 음식을 무료로 나누어 주는 일을 하고 있었다. 자급자족하는 정신이 필요하다고 생각해서 우리가 그들에게 자급자족하는 것에 대해 가르쳤지만 아무 변화도 일어나지 않았다. 사람들은 물건들을 공짜로 받는 것에 익숙해져 있었고, 다른 사람들이 그들을 위해 무엇을 해 주는 것에 길들여져 있었다. 그러므로 그들은 왜 자신을 위해 스스로 일해야 하는지 의아하게 생각했다. 18개월이 지났지만 그 프로젝트는 주민들의 의존적인 태도를 고치기 위해 고군분투하고 있었다.

10. "변화를 일으키기 위해 들어왔던 기관이 떠난 후에도 사역의 열매가 여전히 주민들의 삶 속에 남아서 자라고 있는가?" 하는 것이 개발 사역의 성공 여부를 판단하는 중요한 기준이어야 한다. 개발은 반드시 지역사회의 지도력을 세워 주고 발전시켜야 한다. 지역사회에서 프로그램을 수행할 사람을 찾아내는 것이 매우 중요하다. 이런 사람은 비전이 있고 시간도 있으며, 그 프로그램을 자신들의 것으로 만들 영향력도 있어야 한다. 이런 사람이 없으면 대부분의 위원회들이 영향력을 충분히 발휘하지 못한다.

우리는 앞에서 지역사회 내에서 사업에 대해 책임지고, 그것을 지역사회의 것으로 볼 줄 아는 영향력 있는 사람이 있어야 한다는 것을 배웠다. 부후구에서는 초등학교 교장 선생님이 바로 이런 사람이었다. 그는 자기 지역에서 일어날 일에 대한 소망을 가지고 있었다. 이 비전을 품었을 때, 그는 사업에 대해 그리고 그 사업을 책임지고 주도해 나갈 것에 대해 말하기 시작했다. 결국 그는 실행 위원회 의장으로 선출되었고, 23,000명이 거주하는 지역의 전체 사업을 감독하는 사람이 되었다.

11. 사람들이 관찰하고 따라 갈 좋은 본보기가 있을 때 변화가 가장 잘 일어난다. 이런 역할을 하는 모델은 다른 사람들이 존경하며 닮고 싶어 하는 사람이어야 한다.

이 원칙에 맞는 좋은 예는 앞에서 언급한 나이 많고, 존경받는 전직 법원 판사(Magistrate)의 경우이다. 그를 통해 다른 사람들이 그리스도에게로 돌아왔고 이들이 자기 이웃들에게 그리스도를 전하기 시작했다. 사람들은 이 사람으로부터 배운 육신적 건강에 대한 내용들을 실천하기 시작했다.

12. 마을 지도자, 훈련자 및 훈련받는 사람들이 가정을 방문하는 것은 매우 중요하다. 가정 방문을 통해 실제 생활 상태를 관찰할 수 있고 현장에서 의미 있는 교육이 이루어질 수 있다.

부후구에서 처음으로 구성된 12명의 지역사회 보건요원들과 함께 마을의 가정들을 방문하면서 의미 있는 시간을 보냈다. 주민들은 훈련자들을 보면서 자신들이 무엇을 해야 하는지 알게 되었다. 진료소 설치가 한창 진행되는 상황이었기 때문에 24명의 지역 사회 보건 요원들로 구성된 두 번째 그룹과 함께 가정을 방문하며 많은 시간을 보내지는 못했다. 게다가 요원들 대부분이 영어를 구사하지 못했기 때문에 가정을 방문하는 동안 의사소통이 거의 이루어지지 못했다. 나중에 우리가 발견한 사실은 지역사회 보건요원들이 영어를 하지 못할 때는 위원회 위원들과 동행해야 할 필요가 있다는 것이었다. 이 그룹의 지역 사회 보건 요원들은 프로그램에 헌신하지 않았으며 배가 운동을 일으키지도 못했다.

13. 지역사회 주민들은 자신들이 해결해야 할 긴급한 문제와 요구 사항을 가지고 있다는 것을 깨달아야 하며, 그 문제를 해결하고 필

요를 충족시키려는 강한 욕구가 있어야 한다. 주민들은 문제를 스스로 해결할 수 있다는 확신을 가지고 있어야 한다. 개발 사업은 현지 상황에 적합한 것이어야 하며 지역사회 내부에서 출발해야 한다.

자신들에게 중요한 사업을 개별적으로 시작할 수 있도록 사람들을 돕고 격려하는 것은 좋은 일이다. 사람들이 성공을 통해서 신뢰와 확신을 얻을 수 있기 때문에 우리는 그들이 성공하기를 원한다. 이것은 부후구에 있는 사람들이 우물 보호 사업을 통해 확신과 경험을 가지게 된 사실로 검증되었다. 그들이 한 번 성공을 맛본 후에는 중력을 이용한 맑은 물 공급 시설 공사를 감당할 준비가 되어 있었다.

14. 가능한 대로 지역사회 개발 해법들을 다른 지역 사람들에게도 전파해서 기존 사업의 효용성을 증대시켜야 한다.

한 개발 사업에서는 지역사회 보건요원으로 훈련받은 한 여성이 남편과 함께 다른 지역으로 이주했다. 2년 만에, 이 여성은 새롭게 이주한 지역에서 30명의 여성들을 지역사회 보건요원으로 훈련시켰고, 이들 중 5명을 훈련자로 만들었다. 새로운 사업을 실시할 때마다 이전 사업에서 얻은 교훈을 참고했다.

15. 외부 도우미들은 직접 일하는 사람 혹은 지도자가 아니라 용기를 주는 사람, 촉매자, 상담자, 훈련자, 비전을 주는 사람, 함께 배우는 자의 역할을 해야 한다. 지도자들은 가르치기도 하지만 기꺼이 배우기도 해야 한다. 그들은 동등한 관계이지, 단순히 주는 자 혹은 받는 자가 아니다. 훌륭한 개발 사역자는 돕는 사람, 그 지역사회를 섬기는 사람이다.

첫 사업에서 우리는 일하는 사람들이었지 배우는 자들이 아니었다. 그 경험으로부터 배운 것은 우리가 만약 배우는 자로 출발했다면 프로그램이 훨씬 더 든든한 기초 위에 설 수 있었을 것이라는 사실이다. 사람들은 자신들이 언제나 받기만 하는 사람들이 아니라 줄 수도 있다는 사실을 알고 있다.

16. 개발 사역이 지속적으로 일어나고 새로운 프로그램에 대한 흥분이 사라진 이후에도 개발이 잘 진행되기 위해서는 많은 인내와 시간이 필요하다. 초기에는, 변화를 일으키기 위해 들어온 외부 기관이 일을 시작하고 지역사회는 받는 입장이다. 그러나 어느 정도 시간이 지나서 외부 지원이 끊어질 때쯤이면 이 상황은 역전되어야 한다. 개발이란 스스로를 의지하게 하는 여러 가지 작은 일과 요소들의 연속이다. 개발 사업을 성공적으로 이끄는 단 한 가지 요소란 없는 법이다.

우리는 어느 지역사회에 들어가서 주민들로부터 신뢰를 얻는 기간이 약 9개월 내지 1년이 걸린다는 것을 알았다. 훈련은 그 후에야 비로소 시작할 수 있다. 오랜 기간 동안 함께 살고, 같이 먹고, 교제하면서 사람들과 함께 지내야 한다. 이 과정을 절대 서두르지 말아야 한다. 만약 이 과정을 서두르면 영구적인 변화가 일어나기 어렵게 된다. 어느 한 지역에서 우리는 너무 일찍 사람들에게 책임을 지게 했다. 그 결과 1년 반 동안 서로를 쳐다보며 상대방이 일을 시작해 줄 것을 기대했지만 아무 일도 일어나지 않았다.

훈련자들이 그 지역을 떠난 뒤에도 프로그램이 지속적으로 진행되기 위해서는 최소한 5년이 걸린다. 5년 동안 주어진 지역에서 지속적으로 사업을 진행할 필요는 없지만, 전체적으로 일정한 기간을 두고 정기적으로 방문하고 훈련시킬 필요가 있다. 지역 주민들이 점점 더 많이 책임을 지게 되면 훈련자들의 영향력은 점점 줄어들 것이다.
17. 개발할 때 사람을 몇 개의 분야로 나눌 것이 아니라 사람을 총체적으로 다루어야 한다. 사람이란 영, 혼, 육을 가진 사회적 존재이다.

제3세계 대부분의 국가들에서는 정통적으로 사람의 육체적인 건강은 영적인 세계의 영향을 받는다고 믿어왔다. 그러므로 육신적 자아와 영적인 자아는 분리되는 것이 아니다. 한 개인 안에 있는 영과 육은 하나이며 분리될 수 없는 것이다.
18. 만약 외부 훈련 팀이 들어온다면 그들은 공통된 경험을 가진 사람들이어야 한다. 가능하다면 이들은 함께 훈련받아서 자신들의 역할이 무엇인지 이해하고, 프로그램을 운영하는 철학, 목표, 방법들을 함께 배우는 것이 좋다.

팀원들이 서로 다른 경험을 가지고 있으며 동일한 기준의 틀이 없을 때는 사역 실천 과정에서 혼란이 야기된다는 것을 알게 되었다. 이런 이유 때문에 우리는 3단계 훈련 프로그램을 만들었고 각 단계마다 다음 과정으로 들어가기 위한 준비 과정을 가르치고 있다. 그래야 훈련 팀이 이미 배운 것을 먼저 실천하고 다음 단계에 필요한 훈련을 받게 된다.

기독교식 훈련의 성공 요인들

1. 훈련이 실시될 때는 언제나 제일 낮은 수준으로 시작하는 것이 최선의 방법이다. 마을 사람들의 평균 수준보다 높은 교육을 받은 사람들을 선발해서 훈련시키는 것은 좋지 않다.

   부후구에서 사업을 시작했던 어떤 기관은 중학교 졸업 학력자들을 선발해서 훈련시켰다. 이것은 우리가 실제로 원하는 것보다 높은 수준으로 훈련시켜야 한다는 의미였다. 우간다의 안보 상황 때문에, 안전을 위해 이 사람들은 자기 마을로 돌아가서 거기에 머물러 있었다. 그러나 평화가 회복되었을 때 우리는 직장 때문에 지역 사회 보건 요원들을 잃기 시작했다. 그래도 그들은 훌륭한 현지 훈련자들을 양성해냈다.

   마찬가지로 우리는 교육을 받지 못한 사람들을 지역사회 보건요원으로 훈련시키는 것을 달가워하지 않았다. 케냐의 리테인(Litein) 프로젝트 중 두 군데에서는 절반 이상이 문맹이었다. 교육 과정에서 우리는 이 사람들이 가정을 방문할 때 이웃들에게 무엇을 해야 하며 무엇을 전해야 하는지를 가르칠 수는 있었지만, 이 사람들은 자신들이 배운 것을 이웃들에게 전수할 수 없다는 사실을 알게 되었다. 이것은 영적인 부분에 있어서도 마찬가지였다. 글자를 읽지 못하는 사람들은 하나님의 말씀을 읽지 못하기 때문에 영적인 성장이 아주 느렸다. 우리는 기본 교육을 위해 녹음 테이프와 녹음기를 마련했으며, 다른 사람들을 훈련할 때도 이것들을 사용하라고 했지만, 이런 방식은 비용이 많이 드는 반면 효과는 별로 좋지 않았다.
2. 지역사회 보건요원들을 훈련시킬 때, 그들이 특별한 임무를 수행하도록 가르치는 것이 중요했다. 그러므로 훈련 교재는 반드시 기본적으로 알아야 할 내용을 담고 있어야 하며, 이런 내용을 담고 있어야 학생들이 성공적으로 배울 수 있게 된다. 우리는 학생들에게 지식을 가르치는 것뿐 아니라 직접 실천하도록 하는 것을 목표로 삼고 있다.

따라서 우리는 지역사회 보건요원들이 배운 내용 중 요점만 특별히 정리해 놓은 작은 그림책을 사용할 수 있도록 가르친다. 그림책에서는 건강 교육 내용 뿐 아니라 영적인 내용도 포함되어 있다.
3. 역할극, 노래, 시범 보이기, 이야기, 모델링(modeling) 등을 사용하여 참여를 독려하는 훈련 방식을 채용해야 한다. 우리는 참여식 학습의 가치를 확신하고 있기 때문에 모든 강의안은 다음과 같은 내용에 맞추어 작성한다.

   a. 사역에 필요한 지식

   b. 지식과 기술을 함께 습득할 수 있는 방법

   c. 임무를 수행하기 위한 학생의 잠재 능력에 대한 실제적인 평가

훈련을 다룬 장에서 검토한 것처럼 문제도출형 접근법을 사용함으로써 학급 안에서 학생들의 참여를 유도할 수 있다. 가정에서의 사람들의 참여는 육신의 건강 및 영적인 건강에 관한 문제를 담고 있는 그림이나 그림책들을 사용하여 이루어질 수 있다.
4. 비록 훈련자 입장에서는 다른 주제들이 더 중요하다고 느끼더라도, 그들에게 최우선적인 주제들을 먼저 훈련시키는 것이 가장 좋다.

주민들의 필요와 무관하게 우리 생각에 중요하다고 생각되는 주제들을 가지고 시작하면 주민들은 배우고 싶은 생각이 별로 없을 것이다. 또한 지역사회 보건요원들에게 너무 많은 내용을 훈련시키면 배우는 사람들이 여러 주제에 대해 조금씩 알게 되어 정말 중요한 주제에 대해서는 충분히 알지 못하는 결과를 초래한다. 그러므로 과목 수를 줄이고 사람들이 아주 필요하다고 느끼는 주제들을 집중적으로 가르쳤을 때 좋은 결과를 얻는 것을 보았다.

5. 훈련자들이 살면서 가르치는 모든 것을 배가시키도록 교육하는 것이 아주 중요하며, 이렇게 배운 사람들이 다른 사람들을 훈련시키고 그들이 또 다른 사람들을 훈련시킬 수 있어야 한다. 만약 배운 것을 전수하지 못한다면, 보기 좋은 '전시용' 훈련 프로그램은 생겨날지 모르지만 전체 마을에 거의 영향을 미치지 못하게 될 것이다.

작은 그림책들을 개발한 가장 중요한 이유는 프로그램이 잘 전달되고 배가되는 효과를 높이기 위해서이다. 지금은 몇 가지 내용을 보완하고 분량을 늘린 필름 스트립(film strip)을 사용하고 있지만, 이것이 교육의 주된 수단은 아니다. 오히려 우리는 마을 사람들이 쉽게 재생산할 수 있는 그림들을 많이 사용하고 있다. 그래야 문맹자들도 내용을 하나도 빠뜨리지 않고 이웃들에게 전할 수 있을 것이다.

맨 처음 사용한 책은 조잡한 나무 모양의 것이었지만, 이것도 지역사회 보건요원들이 효과적으로 의사소통하기에 충분했다. 이 소책자들은 나중에 어느 정도 교육을 받은 지역사회 보건요원들이 사용하게 되었으므로 개정을 거듭하고 내용을 추가했다.

기독교 프로그램의 성공 여부의 평가는 사람들이 배운 것을 실천하고, 예수 그리스도를 위해 사는 개인의 삶에 변화가 있는지 여부를 기준으로 삼아야 한다. 이렇게 변화된 사람들은 자신들이 배운 것을 다른 사람에게 가르쳐 그들의 생활도 변화되도록 해야 한다. 디모데후서 2장 2절이 이런 과정을 잘 요약해 주고 있다. 이런 방식을 통해, 지역사회가 내부로부터 영적으로 그리고 육적으로 변화하는 것이다. 이렇게 변화된 지역사회는 다른 지역에 영향을 줄 것이며 나아가서는 국가뿐 아니라 전 세계가 예수 그리스도에 의해 변화될 것이다.

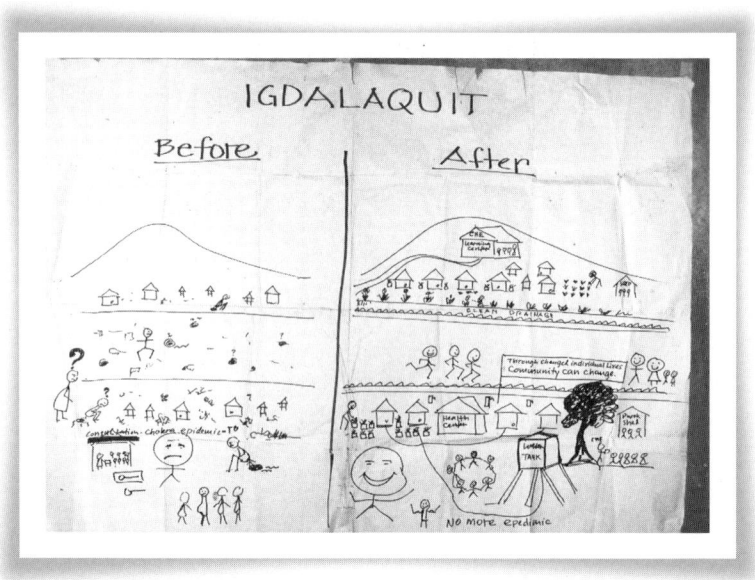

필리핀 익다라쿳 마을의 변화

제6장

지역사회 보건선교 프로그램을 이루어 가는 사람들

나단(Nathan)은 마을 모임이 끝난 후 아주 기분이 좋은 상태로 집에 돌아왔다. 그는 아내인 메리(Mary)에게 다음 금요일에 사람들을 모아서 르오부고르지(Rwobugorge) 마을에 양질의 식수를 공급하기 위해 식수원 보호 사업을 시작할 계획이라고 말했다.

메리는 물을 길으러 멀리까지 걸어가지 않아도 된다는 생각에 그 계획에 대해 흥분하며 재미있어 했다. 그러나 그보다 더 중요한 것은 가족들이 좋은 물을 먹을 수 있게 된다는 사실이었다. 지역 사회 보건 요원들이 며칠 전에 메리에게 나쁜 물로 인해 발생하는 질병에 대해 가르쳐 주었기 때문에 메리는 깨끗한 물이 얼마나 중요한지 이미 알고 있었다.

나단의 집을 방문했던 사람은 '지역사회 보건요원(Community Health Evangelists)'이라고 알려진 건강 사역자들 중 한 명이었다. 바로 이 사람들이 깨끗한 우물을 만들 것을 논의하기 위해 지역 사람들을 모아 마을 회의를 소집한 것이었다.

나단과 메리가 이야기하고 있는데, 이웃 아주머니인 사래(Sarah)가 찾아왔다. 사라 아주머니는 지역 사회 보건 프로그램에 대한 나단의 질문에 어느 정도 대답할 수 있는 사람이었다. 그녀의 오빠인 햄(Ham)이 '보건 위원회(Health Committe)'의 위원이고, 조카인 로버트(Robert)는 보건요원이었기 때문에 사라가 그 정도는 할 수 있었다.

사라는 자기 가족들이 어떻게 해서 지역사회 보건 팀에 가담하게 되었는지에 대해 흥미 있는 이야기를 들려 주었다. 오빠인 햄은 위원회 위원들을 위한 영성 훈련에서 도전 받고 자신의 삶을 예수님께 재헌신했다.

나중에, 지역사회 보건선교 훈련 팀이 다른 사람들에게 그리스도를 어떻게 전할 것인지 가르쳐 주기 위해 위원들과 함께 가정을 방문했다. 한번은, 사라의 할아버지 집을 방문했는데 할아버지가 기도하고 그리스도를 개인의 구주로 영접했다. 엄청나게 변해가는 할아버지의 모습을 바라보는 모든 마을 사람들이 놀라움을 금치 못했다!

로버트라는 사라의 조카가 있었다. 로버트는 고등학교(seconrary)에서 하나님에 대해 공부했지만 아직 복음에 대해 매우 반대하는 마음을 가지고 있었다. 훈련 팀이 로버트의 집을 방문하여 그리스도를 영접하라고 도전했지만, 로버트는 비판적이며 냉소적이었다. 그러나 몇 개월 후 그는 하나님의 말씀과 할아버지, 삼촌 햄의 삶에서 도전받았다. 그 해 9월에 그는 그리스도를 영접했으며 그의 삶은 놀랍게 달라졌다! 로버트가 지역사회 보건요원으로 훈련받는다는 자체가 아주 효과적인 간증거리가 되었다.

교회로부터 두 분의 손님이 지역사회 주민의 건강 증진을 도울 목적으로 그 지역에 1년 동안 방문했었다고 설명했다. 이들은 사업을 관장할 수 있도록 먼저 위원회 위원들을 훈련시켰고, 다음으로 다섯 마을에서 온 14명을 지역사회 보건요원으로 훈련시켰다. 이들은 모두 자원 봉사자들이었다.

여기에서 우리는, 지역사회 보건선교 프로그램을 실시함에 있어서 훈련받고 사역해야 할 중요한 세 부류의 사람들이 있음을 보게 된다. 이 세 그룹 모두가 매우 중요하다. 만약 한 그룹이라도 소홀히 여긴다면 프로그램은 난관에 봉착하게 될 것이다.

훈련 팀

훈련 팀은 프로그램을 시작하는 그룹이며 일반적으로 외부에서 들어온다. 각 훈련 팀에는 2~4명으로 구성되며 간호사, 보건교육가, 교사, 농업 전문가, 영양사, 수자원 개발가, 위생사 등으로 구성되는 것이 이상적이다. 최소한 한 명은 간호사이면 좋겠지만 모두가 의료인일 필요는 없다.

팀원 모두가 자국민이면 제일 좋다. 만약 외부인이 있다면 동일한 숫자의 내국인이 있어야 한다. 처음부터 그 지역 사람이 훈련 팀에 들어있다면, 외부 훈련자들이 떠날 때 그 프로그램을 맡을 준비가 잘 이루어질 것이다.

외부 훈련자들의 생활 방식은 최대한 현지인과 비슷하도록 해야 한다. 그렇지 않으면 외부인들이 떠난 후 현지인 훈련자들이 자신들도 외부 훈련자들과 같은 수준으로 살아야 한다고 착각하고, 그렇게 살기를 기대하면서 인위적으로 여건을 만들 위험이 있기 때문이다.

훈련 팀원들은 동일한 개념을 가지는 것이 중요하기 때문에 각 팀은 일주일이 소요되는 설명회를 9개월 내지 15개월에 걸쳐 3회 실시해야 한다. 대원들은 영적인 내용과 지역사회 보건 및 개발 원리, 평가법, 성인 교육법, 지역사회 보건선교 프로그램의 기초 사항에 대해 훈련받아야 한다. 만약 팀에 외부인이 있다면, 이들은 현지 문화에 동화되기 위해 처음 2주 내지 4주를 현지인 가정에서 보내야 한다. 처음 6개월 동안은 문화와 언어를 배우는 데 집중하고 지역사회의 참여 의식을 고취시키며, 주인 의식을 함양시키도록 노력해야 한다. 그들은 또한 지역사회의 가장 시급한 문제가 무엇이며, 지역사회에서 현재 사용 가능한 자원이 무엇인지 인식할 수 있도록 도와야 한다. 우리의 궁극적인 목표는 훈련받는 지역사회 보건요원들 중에서 훈련과 프로그램 운영을 맡을 만한 사람을 찾아서 가능한 한 조기에 프로그램이 토착화되어 그들 손에 의해 사역이 확산될 수 있도록 하는 것이다. 우리는 어떤 단체든지 단독으로는 전국적으로 육신적인 건강 및 영적인 건강 상태를 이룩할 수는 없다는 사실을 깨달았다. 그러므로 우리가 하는 일을 다른 단체들도 할 수 있도록 훈련시켜 주고 싶다. 우리는 각 나라에서 2~4명의 사역자들이 감당할 수 있는 시범 사업을 실시할 계획이다.

훈련 팀의 자세는 프로그램 성공 여부에 결정적인 역할을 한다. 그러므로 우리는 다음의 사항들을 제안한다.

1. 어느 누구도 강의 내용, 진행 과정에 대해 모든 해답을 가진 사람은 없다. 일부 중요한 요소들을 간과하거나 우리가 중요하게 생각하는 것이 실제로는 별로 중요하지 않는 경우도 있다.

2. 개발이란 위험 부담을 안고 있는 사업이다. 실수할 수도 있고 때로는 실패할 경우도 있다. 실패를 통해 배울 것이 있다면 실패는 나쁜 것이 아니다. 그러나 실패가 자아상에 손상을 주지 않도록 해야 한다.

3. 문제에 접근하고 그 문제를 풀어갈 때 창조적이며 꾸준한 태도를 유지해야 한다. 포기하지 말아야 한다. 흔들거리거나 때로는 걸려 넘어질 수도 있지만, 다시 일어나 전진해야 한다.

4. 반응이 즉각적으로 나오지 않는다고 사람을 포기하면 안 된다.

개발 팀이 보기에는 중요한 것들도 지역 일꾼들에게는 그렇지 않은 경우도 있다.

5. 급하게 결론을 내리지 말아야 한다. 처음 생각과 가정(假定)에 대해 시험하고 또 시험해야 한다.
6. 어떤 상황에서는 진실인 것이 다른 상황에서는 아닐 수도 있다고 해서 그것으로 일을 포기하는 구실을 삼아서는 안 된다.
7. 변화는 좋은 것이다. 변화를 두려워하지 말라!
8. 긍정적인 태도를 가지라. "당신은 내 사정을 몰라!"라고 말하면서 부정적으로 되기가 쉽다.
9. 개발자의 역할은 일을 촉진시키고 이야기를 들어주며, 새로운 생각을 제공하는 것이지 다른 사람들 위에 군림하는 것이 아니다.

지역사회 보건위원회

재생산이 가능하고, 잘 전수되며, 사역이 지속되는 차원에서 지역사회 보건선교 프로그램이 성공하기 위한 열쇠는 프로그램이 외부 단체에 기반을 두는 것이 아니라 그 지역사회에 기반을 두어야 한다는 것이다. 프로그램은 반드시 지역사회의 여론을 주도하는 사람들과 지도자들로 구성된 지역 위원회의 의견과 통합되어야 한다.

위원들은 성숙한 사람들로 교육, 정치, 기업, 농업, 및 사회 개발 같은 사회 각 분야를 대표하는 존경받는 사람들이어야 한다. 이상적인 위원회 규모는 7명에서 13명이다. 의사 결정 과정을 부드럽게 하기 위해서는 홀수로 하는 것이 바람직하다.

훈련 팀은 지역사회 보건요원으로 지원한 사람들을 제자화하고 훈련시키는 데 상당한 시간을 할애해야 한다. 대부분의 지역사회 개발 프로그램에서 위원회 조직을 가지고 있지만 그들을 훈련하는 데 시간을 사용하지는 않는다. 이것 때문에 많은 프로그램이 실패로 끝난다.

지역사회 보건요원들과 함께 위원회 위원들을 위해서도 가능한 많은 시간을 투자해서 훈련시키고 제자화하는 작업을 실시해야 한다. 이것은 많은 시간이 소요되는 작업일 수도 있으므로 단체를 정기적으로 훈련시키기 위해서는 미리 계획을 세워야 한다. 위원회의 핵심 인물들을 선정해서 제자로 삼아야 한다. 이 사람들 중에서 프로그램을 토착화시키고, 프로그램을 자체적으로 운영하는 핵심 인물이 배출되는 것이다.

위원들이 지역사회 보건요원들을 선발해서 훈련시키기 전에 임시 지역사회 위원회 위원들도 반드시 훈련을 받아야 한다. 위원회 훈련을 수료한 후, 마을이나 지역사회에서 최종적으로 위원회 위원들을 선발한다. 이들을 위한 훈련 내용에는 자신들의 일을 어떻게 이끌고 갈 것인가에 대한 규칙 제정뿐 아니라 기본적인 전도 훈련, 지역사회 보건선교의 개념, 바람직한 결과를 이루어내기 위한 모델 가정, 계획 세우는 방법, 위원회의 역할, 책임, 사업 감독법에 대한 기본적인 내용들이 포함되어 있다.

위원회의 기능은 다음과 같다.

- 지역사회의 필요, 계획, 예산을 분석하고 요구사항의 우선순위 결정에 참여한다.
- 위원회 훈련에 참가한다.
- 지역사회 보건요원을 선발한다.
- 지역사회 내에서 보건 요원들의 사역을 지도 감독한다.
- 프로그램이 지역사회의 요구를 충족시킬 수 있도록 지속적으로 평가하고 고쳐 나간다.
- 지역사회 보건요원들과 함께 가정을 방문하여 그들의 사역을 살피고 격려한다.
- 지역사회와 지역사회 보건요원들 사이의 의사소통을 중재한다.
- 프로그램에 포함될 영적인 내용을 승인해 준다.

프로그램이 방대할 경우에는 몇 개의 지역 위원회를 감독할 운영 위원회가 필요한 경우도 있다. 보통 운영 위원회는 각 지역 위원회에서 두 명씩 선발된 사람들로 구성된다. 자신들의 지역 위원회를 섬기는 것 이외에 다음 사항에 대해 책임을 지고 있다.

- 지역사회 보건선교 훈련을 계획하고 운영한다.
- 지역사회 보건선교 훈련 과정 결정에 참여한다.
- 지역 간의 사역을 중재한다.
- 지역 위원회를 격려한다.
- 훈련 팀과 지역 위원들 간의 대화를 중재한다.
- 지역들 간에 의견 교환을 촉진한다.

어떤 일이 발생하기 전에 미리 생각해야 할 중요한 요소는 '위원회를 어떻게 운영할 것인가?' 하는 문제이다. 이것은 그 위원회에 가장 적절한 규칙들을 정해 놓아야 달성될 수 있다. 이런 규칙에는 다음 주제들이 포함되어야 한다.

- 어떤 임원들이 필요하며, 그들의 임무와 책임은 무엇인가?
- 얼마만큼 자주 임원들과 위원들을 선출할 것인가?
  이들의 임기는 겹치게 할 것인가?
- 얼마나 자주 위원회를 소집할 것인가?
  매주 혹은 매월 같은 날에 모일 것인가?
- 위원장은 특별 모임을 소집할 수 있는가? 있다면, 어떻게?
- 모든 회의 내용을 기록할 것인가? 한다면 누가, 어떻게?
- 만약 위원이 회의에 여러 번 결석하면 어떻게 할 것인가?
  교체할 것인가? 한다면 어떻게?
- 위원회의 의사 결정 정족수는?
- 모임은 어디서 할 것인가?
- 어떤 주제를 다룰 것인가?
- 지역사회 보건요원들도 회의에 참여시킬 것인가?
- 지역사회 보건요원들을 어떻게 정기적으로 감독을 할 것인가?
- 공식적 보고를 받을 것인가? 한다면 어떻게, 얼마나 자주 할 것인가?
- 지역사회 보건요원들이 자신의 임무를 수행하지 않으면 어떻게 할 것인가? 어떤 형태의 훈육법을 사용할 것인가?
- 지역사회 보건요원들이 가정을 방문할 때 누가 동행할 것이며, 얼마나 자주 방문하게 할 것인가?
- 지역사회에서는 지역사회 보건요원들에게 어떻게 보상하며 무엇으로 수고에 대한 대가를 치를 것인가? 돈 아니면 표창장?

위원회 위원들이 모두 거듭난 그리스도인이어야 하는 것은 아니지만 그들에게 복음을 전하기 위해 많은 시간을 할애한다. 위원회에 거듭난 신자가 많을수록 프로그램이 더 확고해진다는 것을 경험적으로 알고 있다. 사업이 시작되는 시점에서 시간을 잘 활용해서 전도해야 한다.

위원회 위원들도 보수 교육 차원에서 훈련을 계속 받아야 한다. 결과적으로 이들은 배가 운동을 일으키기 위한 성경 공부와 훈련에 필요한 인적 자원이 된다. 그러나 모든 위원들이 이런 수준에 도달하고 싶어 하지는 않는다. 우리는 신실하고, 일할 수 있고, 배울 자세가 되어 있으면서 계속 봉사하고자 하는 사람들을 찾고 있다. 외부인이 떠난 후에 이들이 프로그램을 총괄해야 하기 때문에 우리는 바로 이런 사람들에게 시간과 노력을 집중 투자해야 한다.

대부분의 지역 개발 프로그램은 위원회 구조와 관련이 있다. 그들은 외부인들이 떠난 후에도, 사업이 지속될 수 있도록 위원회가 프로그램에 주인 의식을 가지도록 애쓰고 있다. 위원들이 주인 의식을 가지도록 훈련하고 격려하는 데 많은 시간과 노력을 기울인다. 위원회가 주인 의식을 가지도록 하는 것이 사업을 성공적으로 이끌기 위한 과정 중에서 가장 어려운 일이다.

지역사회에서 선출된 위원회는 우리에게 어떤 사람들이 프로그램의 지속성을 보장해 줄 잠재력을 가진 사람들인지 확인하고, 함께 일하게 해 주는 구조적 장치를 제공해 준다. 그러므로 어떤 프로그램에서든지 위원회란 유용하며 필수적인 조직이다.

한 가지 중요하게 지적할 위원회의 문제점은 종종 그들이 자신의 임무가 무엇인지 완전하게 이해하지 못한다는 사실이다. 그러므로 사업 초기에 위원들을 훈련시키는 것이 매우 중요하다. 또 다른 문제는 대부분의 경우 위원들이 자신의 일을 장기적인 것으로 보지 못한다는 점이다. 그들은 프로그램을 계획하고, 지역사회 보건 요원들을 선발하고, 다음 훈련에 참여하는 것이 자신의 일이라고 생각한다. 이렇게 되면 위원들의 일하고자 하는 동기가 줄어들게 된다.

이 문제에 대한 해결 방식은 첫 번째 지역사회 보건요원 훈련이 끝남과 동시에 임무가 종결된 사람들로 위원회를 결성하는 것이다. 그 후 지역사회 보건 요원들이 하는 일을 감독하기 위해 영구적인 위원회를 결성한다. 내용은 다소 차이가 있더라도 두 위원회 모두 훈련이 필요하다.

임시적인 위원회를 만든 후 영구적인 위원회를 결성하는 것은 두 가지 면에서 도움이 된다. 첫째, 영구적인 위원회에 참여할 그리스도인들을 발견하고 훈련시킬 시간을 벌게 해 준다. 둘째로, 지역사회가 프로그램 내용을 파악하는 데 시간적 여유를 제공해 주고, 위원회 위원들을 더 잘 선발하도록 도움을 준다.

위원회의 임무 수행 능력을 향상시키기 위한 또 다른 접근법은 정상적인 위원 훈련을 마친 후, 지역사회 보건요원들을 금방 선발하지 않는 것이다. 위원들이 가시적으로 자신들의 가정을 변화시킬 항목들에 대해 위원들에게 추가로 훈련을 실시한다. 예를 들면, 구덩이식 화장실 건립, 접시 말리는 선반 만들기, 우물 보호 시설 만들기 같은 것들이다. 그래야 이들이 경험한 것을 훈련시킬 수 있고 동시에 마을 사람들에게 본을 보여줄 수 있게 된다.

위원회 위원들이 그리스도에게 돌아오도록 하거나, 기존 신자들을 성경 공부에 참여시켜 성장하게 하고, 우리가 만든 자료들을 사용하여 그들을 제자화하는 시간도 있어야 한다. 이런 과정을 통해 그들은 육적인 모델뿐 아니라 영적인 모델도 될 수 있는 것이다. 이것은 초기 위원회 훈련 이후 약 3개월 내지 6개월이 걸리는 과정이다. 이 접근법은 케냐의 아항고(Ahango) 지역 사업에서 우리가 사용했던 방법으로 성과가 있는 것으로 나타났다.

짧은 기간에 나타나는 가시적인 결과와 사업의 지속을 위한 장기적인 잠재적 가능성 사이에 균형을 유지하도록 해야 한다. 단기적인 결과는 훈련 팀의 직접적인 지도력에 의해 얻어질 수 있다. 그러나 사업의 장기적 지속성은 위원회가 사업을 자기 것으로 만들 때 가장 잘 이루어질 수 있다. 위원회의 통제하에 얻어지는 장기적인 지속성은 대부분의 개발 사업에서 단지 잠재적인 것으로 관찰되었다. 그래서 "지속성이 단지 잠재적인 것이라면 과연 그것을 위해 이런 노력을 기울여야 하는가?"라는 질문이 나온다.

위원회와 함께 사역할 때 우리가 중점을 두어야 하는 것은 위원회 조직보다는 위원들이라는 것을 강조하고 싶다. 우리의 목표는 지역사회 보건선교 프로그램을 통해 개인의 삶이 변하는 것을 목도하는 것이다. 위원들도 예외가 아니다. 이들은 지역사회로부터 존경받고, 그 지역 지도자들로 알려져 있기 때문에 그들의 삶이 변한다면 그 지역사회에 큰 영향을 주게 될 것이다.

이것은 지도자들 중 단 몇 명이라도 비전을 품고 계속해서 프로그램을 위해 일한다면 이 사업은 지속될 수 있다는 것을 의미한다. 우리는 위원회 조직이 장기적으로 지속될 수 있을 것인지에 대해 지나치게 염려하기보다는 외부 훈련 팀이 떠난 후, 지역사회 보건요원들이 자신과 같은 사람들을 지속적으로 양성할 수 있을 것인지에 대해서 관심을 가져야 한다. 비전을 가지고 훈련받은 사람들이 비록 소수일지라도 그들이 지역사회를 대표하기 때문에 보건요원들을 격려하며 지도할 수 있을 것이다.

지역사회 보건요원들

대부분의 지역사회 보건 프로그램에서 총력을 기울이고 있는 보건 요원 자원자들은 사역에 있어서 결정적으로 중요한 역할을 하고 있다. 전통적인 지역사회 보건사업에서는 전문인들에게 중점을 두었으며 이들이 마을 사람들을 훈련시키기 위해 모임을 주선한다. 그러나 이런 일을 하기 위해서는 전문가들이 더 많이 필요하지만 실제로 일할 수 있는 사람은 많지 않다는 사실을 인식해야 한다. 그러므로 도움이 필요한 농촌지역의 많은 사람들에게 다가갈 더 효과적인 방법이 필요하다. 이런 이유 때문에 지역사회 보건요원들이 지역 주민들에 의해 선발되어 훈련을 받는 것이다. 보건요원들을 선발하기 위한 일반적인 자격 조건들은 다음과 같다.

- 지역사회에 뿌리를 내리고 거주하는 25세 이상의 성인 남녀.
- 지역사회로부터 존경받고 지역사회에서 선출된 사람.
- 그 지역에서 공부한 사람. 대부분의 프로그램에서는 자신들의 언어로 읽고 쓸 수 있어야 한다.
- 신뢰를 받을 만큼 충실하고 열심히 일하는 사람.
- 생업을 가진 일반적인 자원자 (자기 토지에서 일하는 사람).
- 건강한 가정을 원하고 배운 것을 실천할 의지가 있는 사람.

일단 지역사회가 이런 사람들을 지역사회 보건요원으로 선발하고 훈련시키면 그들이 할 일은 다음과 같다.

- 자신들이 배운 것을 가족들과 함께 자기 집에서 실천할 것. 즉 자신들이 배운 것을 본으로 보여줄 것.
- 건강한 지역사회를 위해 무엇이 필요하며 그 지역에 어떤 자원이 있는지 조사하고 지도를 그릴 것.
- 모든 훈련 프로그램에 헌신적으로 참여할 것.
- 건강한 삶을 추구하고, 질병을 예방하며, 풍성한 그리스도인의 삶의 모델을 보일 것.
- 기쁜 마음으로 자원하고 자신들이 하는 일에서 무엇을 얻을 수 있을까 지나치게 염려하지 말 것.
- 자신들이 배운 영적 육적 진리를 나누기 위해 정기적으로 이웃을 방문할 것.
- 적절한 방법으로 많은 사람들을 가르칠 수 있을 것.
- 지역사회가 독립적으로 실시하는 사업을 착수하고 조정할 것.
- 개인별 및 단체별로 전도하며 제자 양육을 실시할 것.
- 이런 방식으로 배운 사람들이 또 다른 사람들을 가르칠 수 있도록 교육할 것.

지역사회 보건요원은 프로그램의 심장이요 핵심이다. 그들은 행동하는 사람들이며, 자기 이웃들의 삶을 현실적으로, 정서적으로, 영적으로 그리고 사회적으로 일대일 접촉을 통해 변화시키는 사람들이다. 그들은 일주일에 6~8시간을 할애하여 20~30 가정을 방문하는 자원봉사자들이다. 이 사람들을 통해 배가 운동이 일어난다. 먼저 개인들의 삶이 변하고, 이들이 또 다른 사람들을 변화시키고, 결국에는 지역사회를 내부에서부터 외부로 변화시키는 변화가 일어날 것이다.

이 세 그룹 모두 지역사회 보건선교 프로그램에서 독특하고 중요한 역할을 하고 있다. 이들 중 어떤 그룹의 독특한 역할을 감소시키거나 제거하는 것은 전체 프로그램을 약화시키는 결과를 초래한다. 모든 그룹이 지역사회 보건선교라는 몸의 중요한 지체들이다.

동남아시아 한 지역의 CHE 요원들

제7장

지역사회 보건선교 프로그램 설명

건기가 다가오면서 우물의 수위가 점점 낮아졌다. 우물은 더러워지고 냄새가 나기 시작했다. 결국 이 우물은 가축에게 물을 먹이는 곳으로 전락했다. 이 우물을 식수로 사용한 주민들은 구토와 설사병을 앓기 시작했다. 마침내 한 여성이 아이의 울음소리를 듣다못해 남편에게 불평하며, "해결할 수 있는 방법이 없을까요?"라고 이웃들에게 물었다. 그들은 문제에 대해 토론한 후 지역사회 보건위원회에 제안하기로 결정했다. 이 이야기를 들은 사람은, "무슨 일을 할 수 있을지 토론하는 위원회를 소집하도록 의장에게 요청해 보지요."라고 말했다.

의장은 위원회를 소집했고, 그들은 문제에 대해 논의했다. 가축들에게 물을 충분히 먹이고, 마을 사람들을 위해서 맑은 물을 확보할 방법이 분명히 있을 것이라고 결론을 내렸지만 어떻게 해야 하는지 확신이 없었다.

그리고 그들은 안전한 물을 얻는 방법에 대해 훈련받았다는 지역사회 보건요원을 불렀다. 지역사회 보건요원은 모든 사람들이 물을 끓여먹는 것 이외에 이처럼 큰 문제를 어떻게 다루어야하는지 자신이 없다고 말했다. 위원들은 물을 끓여 먹는 것으로는 만족하지 못했지만, 다른 방법을 아는 사람이 마을에는 없다는 것을 깨달았다. 그래서 그들은 옆 마을에 있던 지역사회 보건선교 훈련 팀에게 도움을 요청했다.

훈련 팀은 지역 위원들, 지역사회 보건요원, 지역 지도자들과 함께 우물을 찾아갔다. 우물을 자세히 살피고 나서, 수질 개발에 경력이 있는 훈련자 중 한 사람이 수원지를 보호하는 방법에 대해 설명했다. 그리고 그 훈련자는 마을 사람들과 위원들과 함께 수원지를 보호하기 위해 계획을 수립하고 그것을 실천했다. 한 사람이 이 일에 아주 흥미가 있어서 매우 열심히 일했고 여기에 용기를 얻은 마을 사람들이 함께 모여 두 층의 물 저장 시설을 계단식으로 만들기 시작했다. 위층에는 사람들이 먹을 물을 저장했고, 아래층의 물과 위층에서 아래로 흘러나오는 통로의 물은 가축들을 위해 사용했다. 한 사람의 열정과 헌신으로 인해 그 사업은 신속하게 완성되었고, 그 결과 그 지역에 만연했던 설사병은 그치게 되었다. 마을 사람들은 사업의 핵심적인 부분을 감당했기 때문에 모두들 기뻐했다.

그 후 지역사회 보건요원으로 훈련받기 위해 마을 사람 12명이 선발되었다. 이들 중 5명은 그리스도인이었고, 7명은 아니었다. 그들 중 한 사람은 모슬렘이었고, 두 명은 정령 숭배자였고, 4명은 '교회 다니는 사람'이었다. 훈련받는 동안 다섯 명이 그리스도를 개인적으로 주님으로 영접했다.

그리스도인이 되지 않은 사람들은 훈련 도중에 탈락했다. 교회에 출석하기는 했지만 개인적으로 하나님을 영접하지 못한 사람은 전 과정을 수료한 후에 오직 육체적인 내용만 가르쳤고 그것도 자기 가족들과 친척들에게만 전했다. 그리스도를 개인적으로 알고, 그분의 인도를 받으며 살기를 원하는 사람들은, 영적 및 육적인 진리를 모두 가르쳤다. 그들은 사람들을 예수님께로 돌아오게 했으며, 그렇게 하는 방법을 다른 사람들에게도 가르쳐 주었다. 이들은 소그룹 성경 공부 모임을 인도했고, 이 모임에서 공부했던 일부 사람들은 자신들이 직접 소그룹 성경 공부 모임들을 만들어 가르치기도 했다.

훈련 팀이 다른 지역에서 프로그램을 시작하려고 할 때, 두 가지 중 하나를 선택해야 하는 경우가 있었다. 한 지역에서는, 사람들이 자신들의 삶을 변화시키기 위해 아무것도 할 수 없다고 생각하고 일을 시작하려는 의지가 없었고 거듭난 그리스도인들도 거의 없었다. 사람들은 거의 연합하지 못했고 존경받는 지도자도 없었다. 그들은 지역사회 보건선교에 대해 별 흥미가 없었다.

두 번째 지역은, 이미 잘 보호된 우물 다섯 개를 가지고 있었다. 그래서 훈련 팀은 스스로 노력하려는 열망이 강한 둘째 지역을 택했다. 이 사업은 아주 성공적이었다.

개요

위의 내용은 지역사회 보건선교를 통하여 무슨 일이 일어나고 있는지를 보여 주는 본보기이다. 모든 사업은 서로 다르고 얻어지는 결과도 서로 다르지만, 개발 사업에 영적인 사역이 통합되어 있는 것을 알 수 있다.

아래에 기술한 프로그램은 진료소에서 치료 활동을 하고 있는 사람들에게는 일반적으로 잘 맞지 않는 내용들이다. 프로그램의 전체적인 내용을 정리해 보자.

1. 2~4명의 훈련자들로 구성된 팀은 지역 교회와 협조하여 지역사회의 필요를 분석하고 지역사회 보건위원회를 설립한다. 이 위원회는 전통적인 농촌 교육을 받은 사람들을 일꾼으로 선발한다. 훈련 팀원들이 가질 전문 기술들의 구성은 간호, 공중 보건, 농업 기술, 위생, 영양, 사회사업, 교육 중 어떤 조합도 무방하다.
2. 지역사회 보건요원 훈련생들은 훈련받는 지역에 걸어서 올 수 있는 거리의 2~5개 마을에서 12~18명을 선발하는 것이 좋겠다. 훈련 과정은 일주일에 1~2일간씩 수업하여, 모두 40~50시간을 이수하도록 한다. 수업 내용의 반은 지역사회 보건에 대해 가르치며 나머지 반은 영적인 것에 대해 가르친다. 모든 수업 내용은 전수 가능해야 한다. 즉 배운 학생들이 다른 사람들에게 가르칠 수 있어야 하며 그 사람들이 또 다른 사람들에게 전달할 수 있어야 한다.

3. 지역사회 보건선교를 배운 학생들은 마을에 돌아가서 배운 것을 이야기, 토론 혹은 시범을 보이는 방식으로 전수할 수 있어야 한다. 그들의 주된 역할은 가정에서 가르치고, 지역사회 보건사업을 도우며, 영적으로 사역하는 것이다.
4. 지역사회 보건요원들은 자원 봉사자들이어야 하지만, 일부 경우에는 지역사회 보건위원회에서 보수를 주기도 한다. 이 경우 지급되는 보수에 대해서는 지역사회에서 책임져야 한다. 지역사회 보건요원들의 수고에 대한 훌륭한 보상 방법은 요원들에게 물건을 주거나 어떤 서비스를 제공하는 방식이 있다. 마을 사람들이 마련할 수 있는 방법으로 사례해야 보건요원들이 돈을 보고 일하는 사람들로 전락하지 않을 것이다.
5. 약품이 없는 지역이라면, 보건요원들이 기본적인 약품을 주민들에게 보급판매하거나 아니면 위원회의 감독하에 조그만 마을 약국을 운영할 수도 있을 것이다.
6. 지역사회 보건선교 프로그램이 한 지역에서 시작되면 이어서 인근 지역으로 확산된다. 지역 주민당 사역자들의 수가 많아지도록 하기 위해 추가되는 요원들이 훈련받게 된다. 지역사회는 훈련에 필요한 시설, 음식, 그리고 명목상의 훈련비를 마련하게 될 것이다.
7. 외부 훈련 팀에 의해 훈련받은 보건 요원들 중에서 3~6명을 선발하여 외부 훈련 팀을 대체하는 것이 목표이다. 이들 현지 훈련 팀은 인접 지역으로 프로그램을 확산할 것이다. 그들은 마을 사람들이 마련한 기금으로 훈련 사역비를 지급 받는 전임 사역자들이 될 것이다.
8. 개별적인 사업 자금은 가능한 한 그 지역에서 마련해야 한다. 그러나 자금이 충분하지 못한 경우에는, 지역사회 보건사업에 관심이 있

는 국내 단체들로부터 자금을 마련할 수도 있다. 외부에서 지원되는 자금은 사업을 '일으키는' 용도로만 사용하는 것이 좋을 것이다.

프로그램 운영 지침

영적 건강

각 프로젝트가 목표로 삼는 지역은 그리스도가 선포되고 사람들이 그리스도에게로 돌아오는 일들이 풍성하게 일어나야 한다. 복음을 들은 사람들을 양육하고, 제자 훈련을 시켜서 믿음 안에 굳게 서도록 해야 한다. 이들을 훈련시켜 다른 사람들을 위해 동일한 일을 하도록 파송해야 한다. 훈련의 결과로 다른 사람의 영혼을 구원하고, 그들을 양육하고, 훈련하여 파송하는 사역을 감당하는 보건 요원들이 많이 일어나는 것이다.

훈련 목표 중 하나는 보건 요원 모두가 결국에는 소그룹을 만들어 기도하고, 성경 공부하며, 훈련하고, 그 지역에 복음을 전할 전략을 연구하는 것이다. 그리고 일 년 안에 이들 소그룹에 속한 모든 사람들이 소그룹을 또 만들어서 동일한 일을 하는 것이다.

지역사회 보건요원 선발 기준

마을 건강 문제의 대부분은 여성들이나 5세 미만의 어린이들에게서 발생하므로, 어린이를 데리고 있는 어른들은 다른 마을 여성들에게 훨씬 더 잘 접근할 수 있다. 그러나 문화적 가치에 의해 부여되는 존경심 때문에 프로그램에서 남성이 차지해야 할 자리가 따로 있다.

일반적으로 지역사회 보건요원들은 최소 25세 이상으로서, 기혼자, 성숙한 자, 건강한 자, 그리고 지역사회에서 존경받고 또 다른 사람을 존경할 줄 아는 사람, 정서적으로 안정된 사람, 지역사회에 대한 지식이 있는 사람, 쉽게 좌절하지 않는 사람, 유머 감각이 있는 사람, 침착하게 들을 줄 아는 사람이어야 한다. 그들은 지역사회 활동에 참여하는 본을 보여주고 있으며, 훈련받은 후 이 일에 헌신하고 또 그 일을 수행할 여건이 되는 사람이어야 한다. 이들은 지위나, 보수, 특권의식을 바라보지 않고 자기 마을을 발전시키고자 하는 강렬한 열망으로 훈련에 참여해야 한다. 마지막으로 그들은 기꺼이 훈련받을 자세가 되어 있어야 하며, 개발 분야뿐 아니라 영적인 면에서도 주도적인 역할을 감당할 마음이 있어야 한다.

지역사회 보건선교 교육 수준

지역사회 보건요원들은 가능한 한 낮은 수준에 맞추어 교육해야 한다는 것이 우리의 견해이다. 우리가 지나치게 높은 교육을 받은 사람을 요원으로 선발했을 때, 교육을 더 많이 받은 사람일수록 더 높은 수준으로 가르쳐야 한다는 사실을 발견했다. 이런 경우 이들은 마을 사람들이 알아듣기 어려운 수준으로 가르치려고 하는 경향이 있다. 우리는 그 지역사회에서 평균 수준의 교육을 받은 사람들을 보건요원 훈련생으로 선발할 것을 권한다. 왜냐하면 이들이 교육 수준이 높은 보건요원들에 비해 마을을 떠날 가능성이 적고, 고향에 남아있는 경우가 더 많기 때문이다.

그러나 대부분의 훈련자들은 중등 교육 정도는 받아야 한다. 불행하게도 많이 교육받은 사람일수록 섬기는 기회를 찾기보다는 보수나 지위를 기대하는 경향이 있다. 반면에 교육을 덜 받은 사람은 나이가 좀 많은 경향이 있지만, 단순히 봉사하겠다는 일념으로 자기 마을을 위해 섬기겠다는 열망이 더 강한 편이다. 보건요원들은 어느 정도의 교육을 받은 사람들이 가장 좋지만 문맹자들도 성공적으로 훈련시킨 경험이 있다. 그러나 이들을 훈련시키기 위해서는 단순한 방법으로 접근해야 하기 때문에 훈련 수준이 다소 낮아질 위험이 있다.

지역사회 보건요원 교육 과정

지역사회 보건선교 교육 과정의 주된 목표는 사람들을 훈련시켜 그 일을 하도록 하는 것이다.

가르치는 내용은 요원들이 일을 잘 감당하기 위해 꼭 배워야 할 것을 기준으로 선택해야 한다. 우리의 목표는 학생들이 이론적으로만 배우는 것이 아니라 자신들이 배운 것을 실천하도록 하는 것이다. 교육 과정은 지역사회가 피부로 느끼는 필요를 최대한 채워줄 수 있는 것이어야 한다.

교육 과정은 일반적으로 다음의 세 부분으로 나누어진다.

- 필수 과목 : 업무를 잘 수행하기 위해 학생들이 반드시 배워야 하는 것.
- 일반 과목 : 업무를 수행하기 위해 필요하지만 필수 과목만큼 중요하지는 않은 것.
- 선택 과목 : 배우면 좋겠지만, 일을 하는 데 꼭 필요하지는 않은 것. 일반적으로 이 과목들은 훈련생들에게 지나치게 많은 정보를 제공하므로 이것을 가르치는 것은 현명하지 못하다.

학생들이 꼭 배워야 할 내용만 가르친다

새로운 팀이 신속하게 훈련을 시작할 수 있도록 도와주는 준비된 교안을 가지고 있는 것이 중요하다. 이런 교안들은 특정 지역의 사정에 맞게 수정되어야 할 것이다. 참여하는 교육법에 근거해서 교육 계획을 세워야 한다. 지역사회 보건선교 교육계획에서는 지역사회 보건요원들이 반드시 알아야 할 내용들을 다루어야 한다. 배워두면 좋겠다는 정도의 내용들은 다루지 말아야 한다. 대부분의 수업은 한 시간 단위로 시행되지만, 계획된 시간에 매이지는 말아야 한다. 때로는 길게 혹은 짧게 할 수도 있다.

보건요원 훈련

항상 그런 것은 아니지만, 그리스도인들이 지역사회 보건요원이 되는 것이 좋다. 한 번에 12명에서 20명을 넘지 않는 수의 훈련생들을 교육하는 것이 바람직하다. 사업 목표 지역의 중심부에서 훈련을 실시해야 하며 보내려고 하는 지역에 도보로 갈 수 있는 거리이면 더욱 좋다.

인구 350명에 보건 요원 1명, 혹은 인구 150~350명, 혹은 20~40가구당 전임 사역자 1명이 가장 적당한 비율이다. 효과적인 훈련을 실시하기 위해서는 가정 방문, 역할극, 이야기 방법, 노래, 시범 보이기, 그리고 토론 같은 방법을 통해 훈련생들이 적극적으로 참여하도록 해야 한다. 훈련생과 훈련자가 함께 가정을 방문하는 것은 매우 중요하다. 각 훈련생들과 함께 가정을 방문하면서 2~3일을 보내는 것이 훈련생들의 신뢰도를 높여주고 사역의 성공 가능성을 크게 향상시킬 것이다.

초기 훈련은 매주 1~2일씩, 모두 40~50일로 이루어진다. 매일 영적 주제 한 가지와 일반적 내용 한 가지를 통합해서 가르친다. 오락 시간,

친교 시간, 그룹 활동 시간도 들어 있다. 이 훈련기간 동안 모든 훈련생이 최소한 2~3일간 가정을 방문하도록 계획해야 한다. 초기 훈련이 끝나도 지역사회 보건요원들은 더 많은 주제들에 대해 일주일에 하루 혹은 한 달에 이틀 계속적으로 교육을 받아야 한다. 그리고 훈련에서는 그 지역의 공통적인 문제를 집중적으로 다루어야 한다. 지역사회의 문제가 무엇인지 파악하기 위해서는 간단한 사전 조사 및 사후 조사가 이루어져야 한다. 지역 조사에서는 특정한 문제들을 중점적으로 다루어야 하며, 그렇게 해야 주민들이 달라진 결과를 속히 볼 수 있게 되어 프로그램에 대해 긍정적인 인식을 가지게 된다. 지역사회 보건요원들을 격려하고 도와서 그들이 관심을 가지고 시범적으로 시행하는 특정 개발 사업이 성공할 수 있도록 해야 한다.

지역사회 보건요원들이 다른 사람에게 가르칠 수 있을 만큼 교육 내용들을 깊이 이해하도록 해야 한다. 우리는 여러 가지 주제들을 피상적으로 가르치는 것보다 몇 가지 주제를 깊이 있게 가르치는 것이 더 중요하다는 것을 깨달았다. 흔히 지역사회 보건요원들은 여러 가지 문제들을 다룰 수 있도록 다양한 주제들을 가르치려고 한다. 그러나 이렇게 하면 지역사회 보건요원들은 어느 한 주제에 대해서도 자신 있게 가르칠 만큼 충분하게 이해하지 못하게 되므로 장기적인 면에서 볼 때 이것은 좋은 방법이 못된다. 분명한 것은 자신들이 모르는 내용을 가르칠 수는 없다는 사실이다.

지역사회 보건요원들이 훈련 과정을 이수하려면 다음 몇 가지 사항들을 충족시키도록 하는 것이 중요하다. 이 조건들에는 교육 내용 이해와, 실제적인 기술 습득, 그리고 개인의 삶과 가정의 변화를 포함시켜야 한다. 졸업장을 받기 위해 달성해야 할 항목들에 대한 점검표를 배부해야 한다.
 그 점검표에는 다음의 사항들이 들어갈 수 있겠다.

> - 배정 받은 가정들을 방문하여 서로 다른 건강에 관한 내용들을 가르치는 것.
> - 지정 받은 가정을 방문하고 서로 다른 영적 주제에 대해 가르치는 것.
> - 몇 가지 활동을 시범적으로 보여주는 것. 예를 들면 경구 수분 공급액 제조법, 인디안 옥수수 속대를 사용한 옴 치료법, '건강으로 가는 길' 활용법 등등.
> - 시범적으로 자신들의 가정을 변화시키는 것. 즉, 구덩이식 화장실 건조 및 사용, 야채 밭 만들기, 돌출형 화덕 만들기 등이다.
> - 훈련자들에게 시범 보이고 건강 교육에 관한 교재 및 영적인 그림 교재를 사용하여 다른 사람들에게 몇 번 이상 설명하는 것.
> - 성경 묵상 시간을 가지는 것, 성경 공부 회원이 되는 것, 성경을 암송하는 것.
> - 기본적인 영적 가르침에 대해 이해한다는 것을 보여줄 것.

 이런 자질을 가졌다는 것은 곧 지역사회 보건요원이 프로그램에서 요구하는 영적인 측면과 육적인 측면 모두를 갖추어 가고 있다는 것을 보증해 준다. 그리고 주님을 영접하지 않은 사람 혹은 영적인 일을 하고 싶어 하지 않는 사람들을 가려내는 데 도움이 되기도 한다.
 초기 훈련을 수료한 사람들에게는 지역사회 보건요원이라고 인정하는 증명서를 수여하며, 그들은 그 지역 지도자들과 주민들로부터 인정받게 된다. 그들은 교육 실습생 신분으로 일 년간 봉사할 수도 있고, 그 동안 자신들이 배운 것을 실천하며 더 많은 지식을 얻을 수도 있다. 그러고 나서 위원회의 요구 사항을 충족시키면 '중견 지역사회 보건요원'으로 임명받을 수도 있다.

예상외로 탁월하고 선천적인 재능을 가진 지역사회 보건요원들을 발견하면 이 요원에게 모든 훈련 과정과 행정을 맡기고 훈련 팀은 새로운 다른 지역으로 이동할 수도 있다.

자질을 인정받은 지역 주민이나 공무원들을 훈련자들로 활용할 수도 있다. 그러나 그들이 지도력을 무시하거나 프로그램의 전체적인 방향을 변경시키지 않도록 주의를 기울여야 한다.

지역사회 내에서 보건요원들의 역할

지역사회 보건요원들의 일차적인 역할은 지역사회의 건강을 증진시키는 사람으로서 자립을 강조하며 영적인 사역을 감당하는 것이다. 훈련을 마친 후, 지역사회 보건요원들은 주민들에게 그리스도를 전하고, 자기 마을의 현실적인 여건들이 눈에 띄게 달라지는 모습을 보고 싶은 열망으로 가득 차 있어야 한다.

지역사회 보건요원들은 가정을 방문하면서 대부분의 시간을 사용해야 할 것이다. 보건요원들은 한 곳에 앉아서 사람들이 찾아오도록 기다리지 말아야 한다. 주민들은 또한 보건요원들이 개인 생활이나 가정에서 배운 대로 사는지 보고 싶어 한다.

지역사회 보건요원들은 자신들이 가르치는 대로 삶으로써 다른 사람의 본이 되어야 한다. 예를 들면, 지역사회 보건요원들은 자신의 아이가 설사할 때 경구용 수분 공급액(ORS)을 직접 먹여야 하고, 구덩이식 화장실을 만들고 그것을 사용해야 한다. 보건요원들이 그렇게 하지 않으면서 어떻게 주민들이 그렇게 하도록 기대할 수 있겠는가!

게다가, 지역사회 보건요원들은 지역사회 프로젝트를 추진하는 데 필요한 인적 자원들이어야 한다. 이것은 요원들이 주민들을 도와 돌출형 화덕을 만들고, 땅을 파서 구덩이식 화장실을 만들고, 식수원을 보호하도록 그들을 지도해야 한다는 것을 의미한다. 그들은 훈련을 받았고 지역에서 필요로 하는 기술들을 가지고 있기 때문에 지역 주민들을 도울 수 있는 것이다.

그러나 그럼에도 불구하고 지역사회 보건요원들은 지역사회 보건사역이 영적인 사역으로 일어나도록 섬기는 프로그램이라는 사실을 항상 인식하고 있어야 한다. 전도와 제자 훈련은 지역사회 보건선교의 개발 사역에 서로 얽혀 있어야 한다. 또한 보건요원들이 지역사회의 지원을 받고 책임 있게 일하기 위해서는 적절한 형식과 절차를 밟아서 지역사회와 실행 위원회에 정기적으로 보고하는 것이 절대적으로 필요하다.

자원 봉사자와 보수 받는 보건요원 비교

경험에 의하면, 지역사회 보건요원들이 시간제로 자원 봉사하는 것이 제일 좋다고 믿는다. 이들이 보수를 받을 때, 몇 가지 현상들이 일어난다. 보수를 받는 요원들은 주민들의 삶이 변하는 것을 보고자 하는 열망보다 자신들이 받는 급료에 더 관심을 쏟을 위험이 있다. 그들은 주민들을 위해 무엇을 할 것인가를 생각하기보다 그 이면에 숨겨진 '자신들에게 주어지는 대가'를 더 기대하게 된다.

만약 기금이 외부 기관에서 들어온다면, 지역사회보다 외부 기관이 프로그램을 통제하게 될 것이다. 또한 외부 자금 때문에 사람들이 그 사업을 자신들과 상관없는 일로 보게 될 것이다. 심지어 지방 정부에서부터 자금이 온다 해도 결과는 마찬가지이다. 말할 필요도 없이 전국적인 차원의 지역사회 보건 프로그램에 필요한 자금은 어떤 비정부 기구에게도 주지 말아야 한다.

만약 지역사회 보건요원의 급료가 지역사회에서 나온다면, 사업 자금을 모금하기 위해 약국에서 약을 팔아서라도 자금을 마련하려고 할 것이다. 이렇게 지역사회에서 치료약을 팔게 되면 프로그램은 예방보다는 치료 차원으로 넘어가게 된다.

이에 대한 대안으로 지역사회가 보건요원들을 위해 '어떤 형식의' 급료를 마련할 수 있을 것이다. 즉, 이웃 사람이 보건요원의 텃밭을 갈아주거나 보건요원 가족을 위해 음식을 마련해 줄 수도 있다.

어떤 마을에서는 집집마다 매월 일정액의 기부금을 내는 방식으로 요원들의 보수를 성공적으로 지급한 경우도 있다. 어떤 경우에는 이 기부금이 그 지역 월 평균 수입의 1%의 절반에 이르는 경우도 있었다. 이것은 문화적으로 볼 때 미국에서 선지급된 건강 보험금을 받는 경우와 같다고 볼 수 있다. 마을 사람들은 추수한 농작물을 판 금액에서 작은 퍼센트의 액수를 지역사회 보건기금으로 기부하거나 기금 마련을 위해 특별한 행사를 할 수도 있다.

어느 지역에서 보건요원들이 보수를 받아야 한다고 결정했다. 처음에 지역사회 보건요원 훈련이 종료될 때까지는, 프로그램을 시작한 단체에서 반을 지급하고, 나머지 반은 지역사회에서 충당한다고 말했다. 그리고 훈련이 종결된 후에는 지역사회가 전체적인 책임을 졌다.

총 6개월간의 훈련기간 동안, 지역사회가 자기 몫의 기금을 한 번도 마련하지 못했다. 나중에 그들은 지역사회에서 약품을 판매한 수익금에서 보건요원들의 보수를 지급하겠다고 결정했다. 약품을 판 값에서 요원들의 보수를 지급하고 필요한 약품을 구매한다는 조건하에 처음에는 외부 기관에서 약품을 공급했다. 위원회는 6가지 간단한 약품에 대해 공정한 판매가를 결정했다.

그러나 약품을 판 돈으로 약품을 재구매하고 보건 요원들의 보수를 주기에 충분한 기금이 마련되는 경우는 한 번도 없었다. 결국 진료실에서 얻은 수익으로 요원들에게 적은 보수를 줄 수밖에 없었다.

진료소 및 약품 보관 장소

가능하다면 치료 의학의 개념은 부차적인 것이 되어야 한다. 많은 나라에서는 지역사회 내에 치료 시설이 미비하여 치료 의학이 불가능하다. 지역사회 보건이 효과를 발휘하기 위해서는 지역사회 보건 프로그램에서 감당할 수 없는 중환자나 심하게 다친 사람들을 위한 환자 후송 체계가 갖추어져 있어야 한다.

우리가 강조하는 것은 개인적인 접촉의 기회가 많고 지역 주민들에 의해 배가 운동이 일어날 수 있으면서 지역사회에 넓게 기반을 둔 지역사회 보건 사역이다. 건강관리란 예방과 치료가 균형을 이룬 상태로 영적인 틀 안에 들어 있어야 한다.

그 지역에 가용할 만한 진료소가 없다면 후원 단체가 건강 센터 설립을 도울 수 있다. 그러나 이런 식의 접근은 예방·재생산을 지향하기보다는 오히려 치료·전도 지향적으로 되기 때문에 진료소 설립은 최후의 수단으로 이루어져야 한다.

진료소가 있는 지역에서 지역사회 보건사역을 시작하는 것도 좋은 시도이다(대개의 경우 큰 교단에서는 병원이나 진료소를 가지고 있다). 만약 지역사회 보건선교 프로그램이 교회 사역의 일부로 통합된다면, 그 근처에는 이미 진료소가 있는 경우가 많다.

만약 진료소를 꼭 세워야 한다면, 진료소 건물과 기숙사를 비롯해서 진료소에 필요한 모든 자원을 가능한 한 그 지역사회가 조달해야 한다. 만약 건물을 지어야 한다면 건축에 필요한 땅과 인력 및 현지에서 조달 가능한 자재들을 그 지역사회가 공급해야 한다.

현지 간호사, 조산사 및 직원들의 월급은 지역사회에서 책임져야 한다. 진료비와 약값으로 진료소의 운영비를 충당해야 하며 가능하다면 예방 사업을 위한 기금도 마련하면 좋겠다.

어떤 이유로든지 약품을 마련해야 한다면, 다만 아스피린, 클로르퀸, 기생충 약, 빈혈 약, 안약, 소독약 같은 약품들만 고려해야 한다. 환자들은 위원회에서 결정한 약값을 지불해야 하며 모든 약품들은 수입하기보다는 국내에서 정부로부터 혹은 교회나 개인 회사들로부터 구입해야 한다.

새로 시작하는 프로그램에서 우리는 보건요원들에게 약품을 공급해 주지 않는다. 그러나 보건요원들에게 간단한 약품들의 용량과 사용법을 적절하게 가르쳐서 주민들이 가게에서 구입한 약품들을 정확하게 제대로 사용할 수 있도록 가르치게 한다.

지역사회 참여 유도

재생산할 수 있고 확산 가능한 프로그램이 확립되었다 하더라도, 지역사회 보건요원들이 훈련을 마치고 훈련자들이 떠나면 사역이 더 이상 지속되지 않을 수도 있다. 그러므로 처음부터 지역사회가 참여하고 헌신하는 것이 사업의 지속성을 유지하는 열쇠이다. 동시에 지역사회 헌신 여부의 열쇠를 쥐고 있는 것은 보건 위원회이다. 지역사회 위원회는 그 사업이 외부 단체의 것이 아니라 자신들의 것으로 간주해야 한다.

'내부인'과 '외부인' 모두가 그 사업을 지역사회의 자산으로 보아야 한다. 외부 기관의 이름은 지역 사업체 아래에 두어야 하며, 지역사회 주민들이 전적으로 참여하여 그 사업의 목적을 달성해 나가야 한다.

사업의 주인 의식을 갖기 위해 눈에 보이는 단기적인 성과와 장기적이며 잠재적인 결과를 모두 추구하면서 균형을 이룰 수 있어야 한다. 주인 의식을 가지기 위해서는 위원회가 필요하다. 위원회의 위원으로서 비전을 품고 이 사업을 지역사회의 것으로 만드는 데 영향력을 끼칠 수 있는 사람을 찾는 것이 관건이다. 위원회 위원으로 선발되었다는 것은 이미 지역사회에서 지도자들로 인식되어 있다는 의미이다. 위원들의 삶이 변하여 마을 사람들에게 영향을 주어 다른 사람들도 변화될 수 있도록 노력해야 할 것이다.

지역 위원회에서 영향력을 발휘할 수 있는 사람이 사업에 대해 비전을 품고 그 사업을 이끌고 나가도록 해야 한다. 이 사람은 사업이 성공할 수 있도록 시간을 집중적으로 투자해야 한다. 프로젝트를 이끄는 사람은 외부 사람이 더 이상 관여하지 않더라도 그 프로젝트가 굴러가도록 해야 한다. 이런 사람을 빨리 찾을수록 사업 추진에 대한 동기 부여가 쉬워진다.

지역사회의 헌신을 얻어내기 위한 열정과 동기 부여가 매우 중요하다. 이렇게 하기 위해서는 사회 참여도가 높고 성과가 눈에 보이는 프로젝트를 초기에 실시해야 한다. 예를 들면 마을에서 중요한 우물이나 수원지를 보호한다든지, 눈에 잘 띄는 곳에 구덩이식 화장실을 만드는 것, 영향력이 있는 여성의 집에 돌출식 화덕을 만드는 것들이다. '예수' 영화를 보여 주면서 흥미를 자아내거나 사역에 있어서의 영적인 측면의 중요성을 보여줄 수도 있다.

지역사회 보건선교 프로그램을 장기적으로 정착시키기 위해서는 많은 시간이 필요하다. 지역 사람들이 독립적으로 사업을 실시하게 되기까지는 5년에서 10년이 걸린다. 그러나 처음 단계에서 잘 정착되면, 나중에 뿌리내리는 데 문제가 많지 않을 것이다.

건강한 모범가정 표창

몇몇 지역사회 보건선교 사역에서 가정들의 노력에 보답하는 의미에서 '건강한 모범가정 표창'이라는 시상제도를 도입했다. '건강한 모범가정 1호' 표창은 다음의 15가지 조건 중 최소 5가지를 충족시키는 가정에 수여했다. 그리고 '건강한 모범가정 2호' 표창은 15가지의 기준 중에서 10개를 충족시키는 가정에 수여했다. 이 기준에는 건강에 관한 것과 영적인 것이 모두 들어 있다.

이 상은 자신들의 가정을 영적으로, 육적으로 개선하려고 노력한 가정들을 인정해 주는 표시이다. 이 상으로 인해 지역사회 보건요원들뿐 아니라 일반 가정 사이에서도 건강을 위한 경쟁(Healthy Competition)이 고조되었으며, 어떤 요원들은 자신이 맡은 가정이 하나라도 더 표창을 받게 하려고 경쟁하기도 했다.

건강에 관한 기준들	영적인 조건
구덩이식 화장실	그리스도를 개인적으로 알기
쓰레기 구덩이	다른 사람에게 그리스도를 전하기
경구 수분 공급액 제조 및 사용	성경 공부 그룹 인도하기
그릇 건조대	성경 공부 그룹에 속하기
고인 물 없애기	사람들을 그리스도에게 인도하기
화덕 개량	성령 충만한 삶을 살기
잡초 없애기	
어린이 예방 접종 실시	
야채 밭 만들기	
어린이 영양상태 양호	
집 주변 환경 정리	
깨끗한 식수 저장 시설 갖추기	

최근에 우리는 충분히 준비되지 않은 상태에서 지역사회 보건요원들을 선발하는데 서두르지 말고 천천히 시작하라고 점점 더 강조하게 되었다. 선정된 마을의 사람들이 건강 위원들을 선출하기 전에 지역사회 보건선교에 대해 분명하게 이해할 필요가 있음을 깨닫고 나서 우리는 '**소개 세미나**'라는 이름의 준비 단계를 하나 더 추가했다. 다음에 지역사회 보건선교 사역을 시작하는 단계를 설명하겠다.

외부인의 도움

외부인들이 도울 수 있는 것은 지역사회 보건선교 프로그램이 시행되도록 동기를 부여하고, 프로그램이 성취될 수 있도록 지원하는 정도에 지나지 않는다. 새로운 프로그램이 확고하게 정착된다면, 외부인들은 다른 지역으로 (보통 동일한 부족) 이동한다.

모든 훈련자들이 현지인이면 제일 좋다. 그러나 훈련 팀에 외부인이 있다면, 동역하는 교회로부터 보수를 받는 같은 수의 내국인이 있어야 한다. 외부인들은 한 팀에서 5년 이상 머물지 말아야 한다. 그 후에는 전적인 교회의 책임하에 사업이 운영될 것이다.

결혼한 부부를 한 단위로 간주해서, 한 훈련 팀에 외부인이 두 단위를 넘지 않는 것이 적절하다. 외부인이 많을수록, 현지인들이 압도당할 것이다. 결혼한 부부가 훈련 팀에 있다면, 두 명의 남자 혹은 두 명의 여자가 있어서 훈련시킬 동안 같은 방을 사용하며 아주 친밀한 관계를 유지하도록 해야 한다.

훈련 팀에 외부인이 두 명 있는 것은 너무 적다. 만약 한 명이 떠나거나 휴가를 가면 나머지는 홀로 남게 되기 때문이다. 우리는 여러 명의 독신들과 일했지만 일부가 결혼함으로써 팀의 분위기가 흐트러졌다. 위에 기록된 내용들은 아프리카에서 사역한 대학생 선교회의 경험을 토대로 한 것들이다. 사업 도중에 다섯 명이 결혼을 해서 떠났고, 그냥 떠나는 사람도 있었는데 이동이 있을 때마다 사역에 지장을 초래했다.

외부인들은 한 지역에서 최소 3년, 가능하면 5년 동안 머물러 있도록 헌신하는 것이 중요하다. 사역 도중 사람들이 너무 자주 바뀌면 사역이 어려워진다.

외부인들로 구성된 팀에 전문 기술직을 가진 사람들이 있어야 되는가 하는 것은 별로 중요하지 않다. 이보다는 이들이 직능적인 재생산과 영적인 재생산을 이룩하고자하는 욕망을 얼마만큼 가지고 있느냐 하는 것이 더 중요하다. 그리고 외부 훈련자들은 개발 사역이나, 어느 지역을 자신들의 사유 재산인 것처럼 느끼지 말아야 한다. 그것은 주민들의 것이라고 간주하고 자신들은 프로그램이 시작되게 하는 촉매자라는 사실을 깨달아야 한다. 외부 훈련 팀은 성숙한 그리스도인들로 이루어지는 것이 매우 바람직하다. 팀 중에 최소한 한 사람은 해외 사역의 경험이 있고, 나머지 사람들은 언어 습득 능력이 탁월한 사람들이면 이상적이라고 하겠다.

훈련자들은 스스로 기능을 발휘하기 위해 다소 독립적일 필요가 있다. 그러나 너무 독립적이어서 다른 사람들로부터 배울 수도 없고 함께 일할 수도 없을 정도이면 안 된다. 그들은 지역사회 보건선교의 특징이 그런 것처럼 유연하고, 강한 적응력을 가지고 살아갈 능력이 있어야 한다. 훈련자들은 전수해 줄 수 있는 어느 정도의 기술을 가지고 있어야 하며 외딴 시골에서도 기꺼이 지낼 마음이 있어야 한다.

훈련자들은 함께 일하는 사람에게 건강 및 영적인 재생산을 일으키는 사역을 하고자 하는 욕망이 있어야 한다. 마지막으로, 그들은 기꺼이 훈련받을 마음이 있어야 하고 또 지역사회의 참여도가 높아지면서 상대적으로 영향력이 감소될 팀의 일원으로서 기꺼이 일할 마음이 있어야 한다.

사역적인 차원에서 보면, 높은 수준의 교육을 받은 훈련자가 실제적인 훈련을 받은 사람들보다 항상 더 큰 몫을 하는 것은 아니다. 예컨대 지역사회 보건선교 프로그램에서 의사들은 일반적으로 의료 자문관이나 정부와의 접촉 창구 같은 제한된 역할밖에 하지 못한다.

장기적인 차원에서 가르치는 일에 만족하는 의사들은 그리 많지 않다. 실제로 그들은 높은 수준의 내용을 가르칠 수 있기 때문에 낮은 수준의 것을 가르치는 것이 그렇게 바람직한 일은 아니다. 의사들은 수년 동안 환자를 치료하도록 교육을 받았기 때문에, 그 역할을 하지 못하게 되면 비록 그들이 지역사회 보건에 많이 헌신했다 하더라도 일반적으로 만족을 느끼지 못한다.

의사들은 치료 의학을 실천할 수 있는 병원(건강 피라미드의 제일 상부 구조)에 있는 것이 가장 좋다. 건강관리 피라미드의 중간층(건강관리 센터)은 간호사들이 있는 곳이므로 여기도 의사들이 있을 곳이 아니다. 실제로 높은 수준의 훈련을 받은 간호사나 조산사들도 예방적인 차원보다는 치료적인 차원에 관심이 더 많은 경향이 있다. 그러므로 주의 깊게 선발해야 한다.

지역 프로그램 확산과 현지 토착화

훈련 팀은 일 년에 지역사회 보건선교 자원자들을 최대한 두 개 마을까지 훈련시킬 수 있다. 주민 수에 비례하여 적절한 수의 보건선교 자원자를 얻기 위해서는 각 마을에 훈련생들을 위해 최고 세 개의 독립된 훈련 과정을 둘 수 있겠다. 특히 첫 해에는 매월 이틀간의 보수 교육 과정이 있어야 하고, 다음 해에는 분기별로 3일씩 훈련시켜야 한다.

모든 지역사회 보건선교 훈련에서는 2~5개의 마을이 참가할 수 있다. 참가하는 마을은 훈련 장소에서 반경 5~9km 이내에 있어야 한다. 그러므로 각 훈련 팀은 한 해에 반경 15~30km 이내에 있는 12~24개의 마을에서 일을 할 수 있다.

훈련 팀은 목표로 삼는 8개의 마을에서 첫 번째 훈련생들과 함께 훈련을 시작해야 한다. 동시에 다른 위원회와 함께 인접한 제2차 지역 4~8개 마을에서 준비 작업을 실시할 수 있다.

두 번째 그룹에서 훈련이 진행되고 있는 동안, 제3의 인접 지역에 있는 새로운 마을 위원회와 함께 준비 작업을 시작할 수 있다. 두 번째 마을에서 훈련이 끝나면, 첫 번째 마을에서 추가된 보건요원들을 훈련시키기 위해 처음 그룹에게 새로운 과정의 훈련을 시작할 수 있다. 그리고 나서 필요하면 주민 수에 비례하여 적절한 비율의 지역사회 보건요원들을 얻기 위해 세 번째 과정의 훈련이 시행될 수도 있다.

매번 훈련 과정에서는 훈련자로 키울 3~4명의 명석하고 재능 있는 지역사회 보건 요원들(중등 교육을 받은)을 선발해야 한다. 훈련자가 될 이 훈련생들은 통역하며 시범을 보이면서 도움을 줄 것이며, 훈련자로서 어떻게 섬겨야하는지에 대해 추가로 훈련을 받게 된다. 세 번째 과정의 훈련에서, 그들은 실제적인 훈련에 참여하고 보건 위원회와 함께 사역하게 된다. 그리고 그들은 지역사회 보건선교 프로그램을 자기 것으로 만들어서 이것을 접해 보지 못한 새로운 인접 지역으로 가지고 갈 것이다.

처음의 훈련 팀은 한 과정을 마치기까지 현지인 훈련 팀이 새로 결성된 보건 위원회와 함께 일하는 것을 돕기 위해 한 사람을 남겨둔다. 그리고 팀의 나머지 사람들은 새로운 사역지를 개척하기 위해 이동한다.

최고의 훈련자가 되기 위해 교육받고 있는 후보자들 중에서, 그 다음 수준의 훈련자가 될 사람들을 선발할 수 있다. 그들은 주민들이나 특정 지역에 시범을 보일 최초의 팀이 될 것이다. 50~200개 마을에 소요 경비를 적절히 배분하고 모든 마을에서 모은 총액에서 일부를 떼어내서 프로그램이 확장되는 만큼 요원들의 월급을 올려주고 늘어나는 경비를 충당하는 방법을 사용해야 한다. 이렇게 해야 프로그램이 그들의 것이 되며 재정적으로도 자립하게 될 것이다.

지역사회 보건요원들을 훈련시키는 현지인 훈련자들은 전임 사역자여야 한다. 이들은 자신들이 섬기고 있는 지역과 새로 섬길 지역 실행 위원회의 지도하에 일하게 될 것이며 마을 주민들이 마련한 기금에서 월급을 받게 될 것이다. 이 자금은 마을 기금 마련 방법(스와힐리어로 하람비스)에 의해 마련되거나 혹은 주민들의 추수 농작물 판매 금액에서 일정한 액수를 헌납하는 방법으로 마련될 것이다.

이 기금으로 훈련자들의 월급과 운영 경비를 충당하고 내부 기금에 의해 프로그램이 운영되는 길을 마련하게 될 것이다. 소요 경비를 여러 마을에 분담시킨다면 각 마을의 부담금이 적어질 것이다.

지역사회 보건선교 조정자를 통한 전국적인 확산

지역사회 보건선교를 전국적으로 확산하는 데 중요한 역할을 담당하는 사람은 **지역사회 보건선교 조정자(Coordinator)**이다. 이 사람은 한 프로젝트에서 일하면서, 지역사회 보건선교의 개념이 전국적으로 퍼져나가는 것을 보고 싶어 하는 전임 사역자로서 전국을 여행할 수 있는 사람이어야 한다.

그의 역할은 지역사회 보건선교 프로그램을 도입하고 싶어 하는 여러 다른 단체들이 훈련을 받을 수 있도록 일 년에 몇 차례 훈련자 훈련 프로그램을 유치하고 이미 훈련을 받은 사람들이 실시하는 사역지를 방문하여 그들을 격려하는 것이다. 또한 프로그램 시행 과정에서 제기되는 질문에 대답하고 문제를 해결하기 위해 토론해야 한다.

조정자는 훈련을 통해 사업의 기본적인 개념을 얻을 수 있기 때문에 훈련은 아주 중요하다. 그러나 조정자가 진정으로 무엇인가를 배우게 되는 것은 개인적인 문제들이 하나둘 해결되는 정기적인 방문을 통해서이다. 조정자는 이미 성공한 여러 프로젝트들을 통해 얻은 좋은 생각들을 서로 나누어야 한다. 그러므로 사역을 실시하는 사람들이 매년 함께 모여 서로 서로 배우는 것이 서로를 위해 유익하다.

사역 대상 지역 선정과 함께 일할 교회를 선정할 때는 조정자의 도움을 받아야 한다. 그리고 조정자는 훈련 팀에 가담하여 최종 사역지를 선정하는 과정에 참여해야 한다. 그는 훈련팀이 성공 가능성이 제일 큰 지역을 선정하도록 조언해야 한다. 또한 그는 전국적으로 시행되는 지역사회 보건선교 사역의 대변인이며 정부 요인들과 교회 사역자들과 함께 일해야 한다. 지역사회 보건선교에 있어서 강조할 내용은 지역사회가 주인 의식을 가지고 스스로 관리한다는 것이다.

지역사회에 기반을 둔 보건선교 사역의 시행 방법

아래의 도표는 지역사회 보건선교의 상호 관계를 보여 주며 지역사회에 기반을 둔 정상적인 지역사회 보건선교 프로그램을 간단히 복습하는데 도움을 줄 것이다.

어떤 지역에서 프로그램을 시작함에 있어서, 권역 책임자는 그 지역에서 비전을 심어주기 위한 모임(Vision Conference)을 주선할 주요 인물과 접촉한다. 전국 각지에서 온 의사, 목사, 농업 전문가, 선생님들과 다른 전문인들에게 지역사회 보건선교를 소개하기 위한 3일 일정의 모임에 오도록 초청한다. 훈련기간 동안 우리는 이 선교의 비전을 이해하는 핵심 인물을 찾아내고 이들에게 국제 의료 대사 선교회(현 Life Wind International)의 지도하에 지역사회 보건선교 프로젝트를 시작

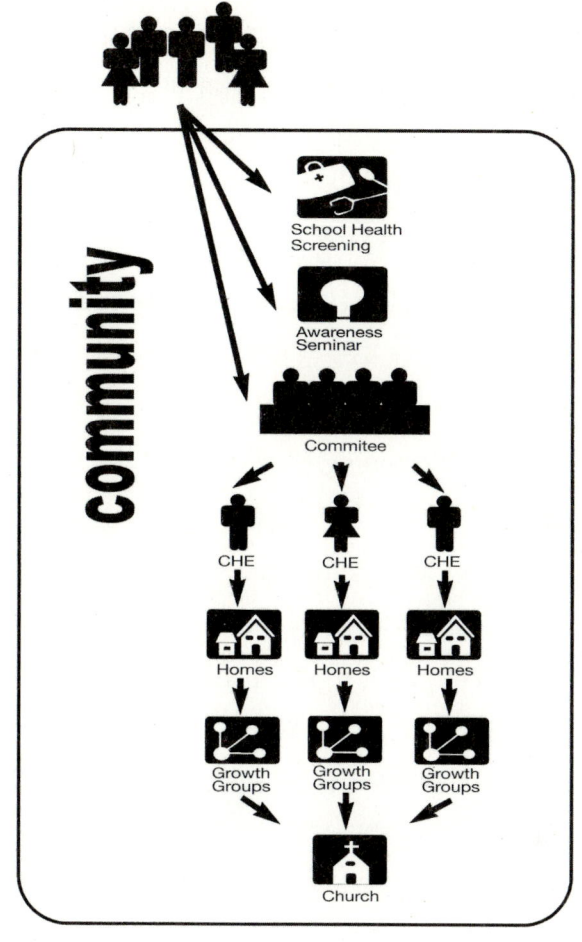

하도록 도전한다.

  이들 중에서 팀 리더와 팀원이 될 사람을 찾는다. 그리고 그들은 권역 책임자가 인도하는 첫 단계의 훈련자 훈련을 통해 훈련자로 훈련받는다. 훈련 팀의 역할은 지역 위원들과 지역사회 보건요원들에게 동기를 부여하고, 가르치고 지도하고, 조언하고, 상담하는 것이다.

일단, 훈련자들이 훈련을 마치면, 그들은 지역사회 보건선교를 시작할 가장 좋은 마을을 선정하기 위해 여러 마을들을 방문한다. 이들은 (나중에 설명하겠지만) 프로젝트 계획 서식을 사용하여 서로 다른 지역사회의 정보를 입수한다. 그리고 그들은 적절한 지역사회를 평가하고 선택하기 위해 지역 선정 양식을 사용한다.

팀이 사역할 마을을 선정하면, 그들을 지역사회 보건선교 사역을 실시할 수 있도록 도전한다. 그들은 6개월 내지 9개월 기간 동안 그 마을에 있으면서 비전을 나누면서 시간을 보낸다. 그들은 또한 학교 건강 검진(School Health Screening)을 실시하고 경각심 고취 소개 세미나(Awareness Seminar)를 개최한다(둘 다 나중에 설명할 것이다).

이런 도입 과정을 밟는 목적은 지역사회가 사역을 책임지고 이끌어갈 보건 위원들을 선출하도록 지도하기 위해서이다. 위원들이 선정되면 훈련 팀은 위원들의 역할이 무엇인지 훈련시킨다. 일단 위원들이 훈련을 마치면, 위원회에서는 보건요원들을 선발하고 훈련 팀은 이들도 훈련시킨다. 지역사회 보건요원들은 자신들을 감독하며 격려하는 역할을 맡은 위원들에게 사역에 대해 보고하게 될 것이다.

그리고 지역사회 보건요원들은 이웃 가정들을 방문하면서 영적으로, 육적으로 자신들이 배운 것을 나누게 될 것이다. 그리스도를 영접한 가정들은 지역사회 보건요원들이 인도하는 신앙 성장 소그룹에 합류하게 된다. 만약 그 지역에 교회가 없다면, 교회를 시작할 목사님을 파송해 주도록 교단에 요청한다. 몸이 아픈 사람들은 치료를 받기 위해 기존 의료 기관으로 후송한다.

효과적인 지역사회 보건선교 프로그램을 위한 목표

1. 프로그램의 일차적인 목표는 영적으로, 육적으로 자신과 동일한 사람들을 만들어낼 수 있는 성령 충만한 지역사회 보건요원 훈련자를 지속적으로 배출하는 것이다.
2. 지역사회 보건선교 프로그램은 지역 교회 지도자들의 전적인 책임 하에 지역 교회의 기존 구조에 통합되어야 한다.
3. 사역이 정착된 이후부터는 전적으로 현지인이 프로그램을 주도하고 가르쳐야 한다.
4. 최초 훈련 팀이 떠난 후, 이 사역은 현지 훈련 팀을 통해 인근 지역들로 확산되며 지속되어야 한다.
5. 이 사역의 운영 자금은 해당 지역에서 조달해야 한다.
6. 마을 사람들은 이 프로그램을 자신들의 것으로 간주해야 한다.
7. 지역 건강 지수가 최소 50% 이상 분명하게 개선되어야 한다.
8. 약품과 기타 필요한 물건들은 그 지역에서 구입해야 한다.
9. 지역 주민 수에 비례한 적절한 수의 보건선교 자원자들이 있어야 한다. 주민 350명당 시간제 보건 요원 1명이 적당하다.
10. 지역 주민들은 자신들의 건강에 대해 스스로 책임지고 건강을 관리할 것을 받아들여야 한다.

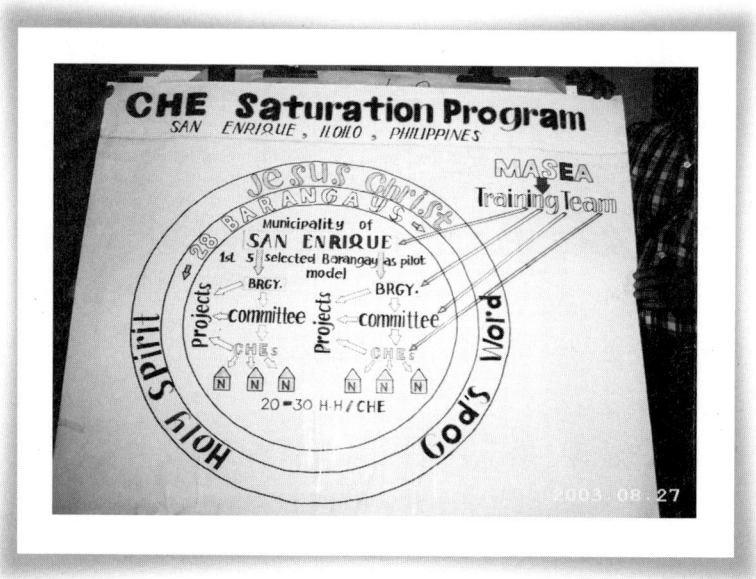

현지 지역 실정에 맞춘 CHE 프로그램 설명

제8장

훈련 프로그램과 자료들

플로렌스(Florence)는 22명의 다른 보건요원들과 함께 지역사회 보건선교 훈련반에 있었다. 교실에서 플로렌스는 이 훈련이 기존의 다른 훈련과 무엇이 다른지 생각했다.

교실에 있는 대부분의 사람들은 마을 주민들이었고, 그녀와 같이 모두 초등학교 졸업 학력자들이었다. 모두 서로 얼굴을 볼 수 있게 둥그렇게 앉아 있었다. 서로의 얼굴을 볼 수 있다는 것은 서로의 말이 모두에게 중요하다는 느낌을 주는 자리 배치였다. 선생님도 앉아 있었다.

대부분의 수업은 학생들의 연극에서 시작되었다. 이 역할극은 그 마을에 있는 문제들을 소재로 다루고 있었다. 연극이 끝나면 선생님이 앉아 있는 학생들에게 역할극에서 다룬 문제에 대해 어떻게 생각하며, 그 문제를 풀기 위해 무엇을 할 수 있는지 질문했다. 때로는 지역사회 보건요원들의 대답이 틀리거나 부분적으로 맞는 경우도 있었지만, 선생님은 절대로 이들의 의견을 무시하지 않고 오히려 정중하게 고쳐 주었다. 그러나 대부분의 해답은 지역사회 보건요원들에게서 나왔다.

문제에 대한 토론이 끝난 후, 그들은 토론에서 배운 것을 실행하는 일에 플로렌스와 다른 지역사회 보건요원들을 동참시켰다. 때로는 그들이 함께 우물을 보호하는 작업을 함으로써 마을 주민들이 깨끗한 물을 마실 수 있게 되었다. 그 결과 오염된 물 때문에 발생하는 설사병이 마을 어린이들에게 더 이상 발생하지 않게 되었다. 혹시 설사를 하는 아이들에게는 특별한 치료 용액을 만들어 주었다.

그 후 그들은 배운 것을 복습하면서 그 동안 공부했던 내용들이 들어 있는 작은 그림책을 사용하는 방법을 배웠다. 이 그림책에서는 발생한 문제의 원인에 대해 살피고, 이 문제를 가정에서 어떻게 해결하며, 문제가 심각해질 경우 언제 의사를 찾아가야 되는지에 대해 가르쳐 주고 있었다. 이 그림책은 또한 문제를 어떻게 예방할 수 있는 지에 대해서도 보여 주었다.

그들은 가정을 방문하여 자신들이 배운 것을 이웃과 친구들에게 이야기하면서 이 그림책을 사용하였다. 이 그림책에는 육신적인 건강 뿐 아니라 영적인 건강에 관한 이야기도 다루고 있었다.

흥미 있는 또 한 가지 사실은 거기에 영적인 교훈이 들어있다는 사실이었다. 육신적인 건강에 관한 주제마다 영적 건강에 대한 의미를 담고 있었다. 사람들은 개인적 차원에서 어떻게 그리스도를 알 수 있는지, 그리고 순간순간 자신들의 삶을 어떻게 통제할 수 있는지에 대해 배웠다. 그리고 나서 그들은 이런 흥미로운 이야기를 다른 사람들에게 말하는 방법에 대해서도 배웠다. 많은 훈련생들은 처음부터 자신의 삶을 그리스도에게 헌신했다.

영적인 가르침들이 육신적인 건강과 연결될 때, 마을에서는 분명한 변화가 일어났다. 사람들은 영적으로 육적으로 더 건강해졌다. 다른 사람들을 가르친다는 것은 얼마나 흥미로운 일인가! 그렇다. 이것은 플로렌스의 마을에서 행하신 진정한 하나님의 역사였다.

성인 교육

지역사회 보건선교 프로그램에서는 관련된 모든 사람들을 교육하는 것이 중요하다. 훈련 프로그램은 모든 사람의 필요를 충족시키도록 개발되어야 한다. 그리고 성인들을 교육할 때는 성인 교육 원리를 사용해야 한다. 어떤 어른들은 초등학교 저학년의 학력을 가졌는가 하면 일부 어른들은 대학 수준의 교육을 받은 사람도 있다. 그러므로 주민들의 필요를 충족시키면서 기독교 원리들에 근거한 훈련 프로그램을 개발하는데 기반이 되는 성인 교육 원리에 대해 살펴보는 것이 중요하다.

대부분의 교육 이론에서는 교육의 궁극적인 목적이 인간의 지식을 한 세대에서 다음 세대로 전달하는 것이라고 믿고 있다. 알려진 대부분의 교육 원리들은 강제로 참석해서 공부하는 어린이 교육 이론에 근거를 둔 것들이다.

어른들의 가치관과 견해는 어린이들의 그것과 상당히 다르다. 어린이들과 어른들의 특성을 비교하면 다음과 같다.

어 른	어 린 이
독립적이다	의존적이다
다양한 경험이 있다	제한된 경험뿐이다
알고 싶은 욕망 때문에 배운다	강제로 배운다
선생님과 대등하다	선생님보다 못하다
스스로 결정할 수 있다	스스로 결정하지 못한다
현재를 위해 배운다	장래를 위해 배운다

어 른	어 린 이
문제 중심적이다	주제 중심적이다
교육 수준이 다양하다	교육 수준이 같다
일하기 위해 배운다	진보할 것을 기대하며 배운다
관찰을 통해 배운다	기계적인 암기로 배운다
이유를 알고 싶어 한다	이유를 알고 싶지 않다
감정을 숨긴다	감정을 드러낸다
경험과 가르침을 통합한다	통합하지 못한다
실패를 두려워한다	실패에 개의치 않는다
반복을 싫어한다	기꺼이 반복한다
변화를 싫어한다	실험을 좋아한다
정신적인 훈계가 필요하다	육체적인 훈계가 필요하다

학습 과정

학습이란 순환 과정으로 설명할 수 있다.

- 우리는 이미 알고 있는 지식에 새로운 지식을 추가한다.
- 우리는 옛 지식과 새로운 지식을 알게 된다.
- 우리는 옛 지식의 빛 안에서 새로운 지식을 분석하고 반추한다.
- 우리는 새로운 지식을 받아들일 것인지 거부할 것인지 결정한다.
- 우리는 결정한 대로 행동한다.
- 새로운 지식을 얻고, 그것에 대해 생각하는 순환의 과정을 거친다.

때때로 우리는 학습 순환 고리의 지름길을 찾아서, 의사 결정 과정 안에 있는 반추의 단계를 거치지 않고 지식에서부터 행동으로 직접 들어간다. 우리가 지식을 강제로 학생들의 머리 속으로 주입시키려고 시도할 때 이런 과정이 생략될 수 있다. 이것은 어른들을 가르칠 때 가장 큰 문제가 될 수 있다. 왜냐하면 어른들은 '강제적인 주입'을 거부하기 때문이다. 주입하는 방식으로는 어른들에게 지식 전달하기 힘들다. 성인에게서 진정한 학습이 일어나려면, 우리는 그들이 새로운 지식과 과거의 지식을 모두 배우고, 반추하고, 결정하고, 마지막으로 그 지식에 의거해 행동하도록 도와야 한다.

교육 방법

교육 방법에는 여러 가지 방법들이 있다. 〈건강 교육 계획〉(Health Education Planning)이란 책의 저자는 다음의 16가지 교육 방법을 소개하고 있다.

1. 강의법은 정보 및 영향력 있는 의견을 전해 주고 말로 전달되는 메시지를 통해 생각을 자극한다. 배우는 사람은 수동적이다. 우리 프로그램에서는 이 방법을 아주 제한적으로 사용하고 있다.
2. 개인 교습법은 통상적으로 보면 일대일 상담과 같은 방법이다. 지역사회 보건에서는, 가정 방문에서 실시하는 방법이다. 이것은 학습자 개인의 필요에 근거한 개인화된 학습법이다. 우리 프로그램에서는 이 방법을 널리 사용한다. 이 방법이 농촌 개발에 가장 유용한 방법이라고 믿는다.
3. 대중 매체 활용법은 라디오, 텔레비전, 신문, 잡지나 게시판들을

통해 다수의 사람들에게 전달하는 방법이다. 내용을 전달받는 청중들은 메시지를 전달받기 위해 아무 노력을 하지 않아도 메시지가 전달된다.

4. 시청각 교재 사용법은 대중 매체 사용법과 유사하지만, 전달 범위가 교실로 제한되어 있으므로 다른 교육 방법을 보완하거나 강화하는 수단으로 사용된다. 이런 방법에는 카세트테이프, 차트, 포스터, 도표, 필름, 영화 및 슬라이드가 있다. 우리는 작은 그림책을 개발했는데, 개인적인 학습에서뿐 아니라 그룹 교육에서 이 방법을 널리 사용하고 있다.

5. 프로그램화된 학습법은 이미 준비된 순서대로 교재를 보여 주는 교육 도구, 프로그램화된 교재와 컴퓨터들을 통해 배우는 방법이다. 보통 농촌에서는 이 방법을 사용하지 않는다.

6. 교육 TV 사용법은 전체 학급에게 자신들이 제작한 교육 프로그램을 보여 주는 방법이다.

7. 기술 개발법은 생각을 행동으로 옮겨지는 능력을 개발하기 위한 실행 위주의 방법이다. 이 방법에서는 과정, 시행 방법 등을 시범을 보이면서 설명하고, 학생들이 그것들을 실습할 기회를 준다. 소책자 사용법을 가르칠 때뿐 아니라 실제적인 기술을 가르칠 때 이 방법을 아주 많이 사용하고 있다.

8. 모의실험 및 게임법은 실제적인 삶의 상황을 만든다. 이것은 역할극, 사례 연구, 연극 및 게임의 형태를 취한다. 우리는 역할극의 형태로 이 방법을 널리 사용하고 있다.

9. 질문 학습법이 강조하는 것은 문제 해결을 통한 독립적인 생각과 이해이다. 우리는 연극 후 토론의 주제로 사용할 내용을 가지고 역

할극을 만들어 공연하면서 이 접근법을 활용한다.
10. 또래 그룹법은 결정을 내리기 위해 토론하는 것을 목표로 삼는 방법이다. 이 방법은 개인들 사이에서 장기적으로 동기 부여를 촉진하는 방법이다. 우리는 문제를 내포한 역할극을 보여준 후 이 방법을 두 번째 단계로 사용한다. 게다가 우리는 소그룹 토론법을 활용한다.
11. 모델 제시법은 훈련의 최종 결과로 선생님을 닮아가도록 하는 방법이다. 이것은 특별히 훈련자와 훈련생이 함께 가정을 방문할 때 효과가 있다는 것을 발견했다.
12. 행동 변경법에서는 자극에 의해 유발되는 반응을 임상적으로 조건화한다. 우리의 프로그램에서는 이 방법을 사용하지 않는다. 왜냐하면 이 방법은 성경적이 아닌 세속적인 이론에 근거를 둔 것이기 때문이다.
13. 지역사회 개발법은 전체 지역사회에서 스스로를 발전시키기 위한 목적으로 기술, 능력, 이해력을 개발할 것을 강조한다. 이것은 지역사회를 조직화하는 방법으로 농촌 상황에서 특별히 효과가 있다. 우리도 이 방법을 어느 정도 사용하고 있다.
14. 사회 활동법은 지역사회를 조직화하는 것으로 집단 안에서 이익을 얻지 못하는 사람들이 자기 몫을 주장하기 위해 조직하는 것이다. 이것은 인본주의와 해방 신학에 근거를 두고 있기 때문에 우리는 이 방법을 사용하지 않는다. 파울로 프레리(Paulo Freire)와 데이비드 워너(David Werner)의 업적들은 이 방법 위에 세워진 것들이다.
15. 사회 계획법은 전문가들의 통제하에 일어나는 변화와 전문가들의

논리적인 생각을 통해 사회 문제를 풀어 가는 과정이다. 이것은 도시 계획이나 사회 복지 정책 자문을 할 때 정부와 지역사회 보건 계획가들이 사용하는 방법이다. 이 전문가들은 농촌 지역에 살지 않으며, 제시하는 내용이 시골 사람들에게 기술적으로 높은 수준의 것이기 때문에 우리는 이 방법을 사용하지 않는다.

16. 유기적 개발 방법은 그룹 역동을 통해 조직 내에서 나타나는 계획된 변화를 실행하는 것이다. 인도의 비하르(Bihar)에서 J. M. 히레데로(Heredero)는 계급 사회에서 이 방법을 사용하여 좋은 성과를 거두었지만 우리는 이것을 사용하지 않는다.

세속적인 성인 교육 및 개발 이론

세속적인 개발 교육 분야에서 대부분의 개발 단체가 추종하는 유명한 두 인물은 파울로 프레리(Paulo Freire)와 데이비드 워너(David Werner)이다. 우리는 그들이 가지고 있는 일부 기본적인 철학에 대해서는 관심을 가지고 있다. 일반인들에게 그들의 기본 사상을 알려줌으로써 사람들이 맹목적으로 그들의 제안을 받아들이지 않기를 바란다. 그러나 그들이 제시하는 방법들 중에는 개발 교육에 유용한 것들이 상당히 있다.

파울로 프레리

성인 교육의 선두 주자인 파울로 프레리 박사는 자신의 교육 프로그램을 개발하는 과정에서 해방 신학 및 인본주의 개념을 사용하고 있다. 그는 사람들이 엘리트에 의해 억압받고 있다고 믿는다. 억압하는 것들에는 전형적인 선생들과 그들이 사용하는 방법도 포함되어 있다. 이런 교육에서는 선생님들이 지식을 학생들의 머리 속에 저장했다가 시험 때에 끄집어내기 때문에 이것을 '저축법(Banking Method)'이라고 설명했다. 프레리에 의하면 이는 학생들의 창의성을 무시하는 방법이다.

그는 한 사람이 객관적으로 다른 사람을 착취하거나 어떤 사람이 자신의 자존심을 확인하는 것을 방해하는 모든 상황을 억압이라고 믿고 있다. 억압받는 사람들이 할 수 있는 가장 위대하고 인도적인 임무는 자신을 해방시키고 압제를 푸는 일이다. 이 억압은 단순히 상황 그 자체뿐 아니라 그 상황에 대해 억압받는 자들이 감지하고 있는 개념까지 포함하는 말이다. 이런 철학은 교육의 자연주의적 견해에서부터 나온 것이다. 그는 교육의 목적은 물질세계에 적응하는 사람을 만들어내는 것이라고 말한다. 과학적 사실과 행동을 통해 배운다는 점을 가장 많이 강조한다. 압제자들을 전복시켜야 한다는 주제는 칼 마르크스(Karl Marx)로부터 나왔으며, 그는 이것을 교육의 자연주의적 철학에 접목시켰다. 우리 그리스도인들은 이것이 성경의 가르침과 일치하지 않는다고 믿는다. 하나님은 개인적 삶의 변화에 관심이 있으시며, 사회 체제를 폭력으로 전복시키지 않으면서 사회를 내부에서부터 변화시키시는 분이다.

프레리는 민중 계층에서 변화를 가져오는 방법으로 '의식화(concientization)'라는 말을 만들었다. 그는 가난이란 대중들로부터 자신의 기득권을 지키려는 소수의 사람들(지주들) 때문에 나타나는 현상이라고 강조했다. 가난을 퇴치할 수 있는 유일한 길은 가난한 사람들이 지배자들에 의해 조건적으로 길들여진 사고방식에서 스스로를 해방시키는 것뿐이다. 철학과 기술에 대한 그의 가르침은 성인 교육에 있어서 참여하는 기법의 핵심 요점이 되었으며 이것은 동아프리카 지역에서 널리 사용되고 있다. 그의 이론에 의하면 전통적인 교육은 다음과 같은 방식들을 통해 억압하는 사회 형태를 강화시킨다.

- 선생님은 가르치고 학생들은 배운다.
- 선생님은 모든 것을 알고 학생들은 아무것도 모른다.
- 선생님은 생각하고 학생들은 수동적으로 생각하게 된다.
- 선생님은 말하고 학생들은 듣는다.
- 선생님은 훈계하고 학생들은 훈계 받는다.
- 선생님은 선택하고, 그 선택을 옹호하는 반면 학생들은 따른다.
- 선생님은 행동하고 학생들은 선생님의 행동을 통해 행동하는 것에 대해 상상한다.
- 선생님이 수업 내용을 선택하고 (아무것도 모르는) 학생들은 그것을 받아들인다.
- 선생님은 직업적인 권위와 풍부한 지식에서 오는 권위를 혼동한다.

그는 전통적인 교육에서는 선생님들이 학생들에게 수업 내용을 암기시키는 방식으로 교육이 이루어지므로 학생들은 선생님들에 의해 지식적으로 채워지는 그릇에 불과하다고 믿는다. 선생님들이 그릇을 완벽하게 채우면 채울수록 그는 더 훌륭한 선생님이 된다. 그러므로 교육이란, 저장하는 사람의 역할을 맡은 선생님이 학생들이라는 저장 창고에 지식을 저장하는 행위라는 것이다.

그러나 우리는 학생들도 학습 과정에 적극적으로 참여할 필요가 있으며, 학생들이란 선생님이 정보를 쏟아 붓는 용기가 아니라고 생각한다. 학생들은 생각하는 과정뿐 아니라 행동에 있어서도 참여해야 한다. 선생님들이 압제자라는 명제에 우리는 동의하지 않는다. 기독교 교사들은 자신들보다 더 높은 존재들을 위한 중재자들이다. 그들은 사람이 하나님의 형상으로 만들어진 합리적인 존재라는 사실에 합당하게 기술과 사실 그리고 자질들을 습득하도록 돕는다.

교육에 있어서 프레리는 문제도출형 접근법을 활용했다. 그는 학생들이 알아차릴 수 있는 문제를 주제로 한 역할극이나 그림을 사용하여 수업을 시작한다. 선생님은 전체 학급이 관찰한 내용을 가지고 문제가 무엇이며, 그 문제를 해결하기 위해 무엇을 할 수 있는가에 대해 토론할 수 있도록 작은 그룹을 만든다. 학생들은 스스로 문제를 파악하고, 이미 알고 있는 지식을 사용하여 문제를 푼다. 이런 식으로 학생들은 사람들이 문제를 어떻게 해결하는지 평가하는 능력을 개발한다.

그러므로 학생들은 세상이 정지해 있는 장소가 아니라 역동하는 현실임을 알게 된다. 사람이란 완성을 향해 만들어져 가는 과정에 있는 불완전하고, 미완성된 존재라는 사실을 확인하게 된다.

이 방법은 개인의 자존심을 재확인하고 학생 자신이 알고 있는 바로 그 지점에서 시작하기 때문에 우리는 문제도출형 접근 방법에 동의한다. 학생들의 지식이 어느 분야에서 강하고 어느 분야에서 약한지를 알고 그 지식의 바탕 위에 무엇을 어떻게 건축할 수 있는지 찾는 것이 좋은 방법이다.

문제를 내포한 접근법의 첫째 임무는 선생과 학생을 둘로 나누는 이분법을 폐기하는 것이다. 알고 있는 사람(선생)과 모르는 사람(학생) 사이를 더 이상 구분하지 말아야 한다.

프레리는 학생들이 배워야 할 지식은 그들 안에 다 있다고 믿는다. 필요한 내용은 그들에게서 나올 것이며 그렇지 않으면 알 필요가 없는 것들이다. 즉 절대적 지식이란 없다는 것이다. 선생님의 역할은 촉매자, 도우미이며, 학생들에게 지식을 단순하게 제공하는 사람은 아니다. 선생님도 학생들과 함께 배워야 한다.

우리는 학생과 선생님이 함께 배운다는 것에는 동의하지만, 그래도 학생들에게 전수해 줄 지식은 선생님이 더 많이 가지고 있다고 믿는다. 한 세대에서 다음 세대로 반드시 전수되어야 할 절대적인 지식이 있는 법이다. 선생님은 전수자의 역할을 해야 한다.

한 세대에서 다음 세대로 전수하고, 믿는 모든 사람이 삶으로 실천해야 할 절대 진리가 담긴 책이 성경이다. 그리스도인인 우리는 세상의 실제 모습을 알 수 있으며, 세상에 대한 진리는 관찰할 수 있고, 접근할 수 있다는 확신 위에 가르쳐야 한다.

데이비드 워너(David Werner)

데이비드 워너 박사는 라틴 아메리카의 지역사회 보건분야에서 넓은 독자층을 가진 작가이다. 그는 인본주의와 해방 신학을 자신의 교육 기법에 통합했다. 교육을 많이 받지 못한 성인들을 훈련 대상으로 삼는다는 점에서 그의 신념은 프레리와 비슷하다. 워너는 사람들이 건강에 대해 배우고, 스스로 자신들의 건강을 증진시키도록 하는 것에 관심이 있다.

대부분의 지역사회 건강 프로그램들은 워너가 저술한 〈의사가 없는 곳에서〉(Where There is No Doctor)와 〈건강 사역자 학습 지침서〉(Helping Health Workers Learn)를 중요 참고서로 사용하고 있다.

대부분의 훈련 교재들은 탁월한 기술 습득 및 교안 작성에 도움이 될 뿐 아니라 훈련을 실시하는 데도 많은 도움이 된다.

〈건강 사역자 학습 지침서〉에서는 배움에 대한 세 가지 접근 방식을 비교하고 있다. 첫 번째는 전통적인 자세로서 변화에 대해 저항하면서 현재 상태를 유지하려고 하는 방식이고, 두 번째는 사회가 필요로 하는 부분을 충족시키기 위해 사람들을 변화시키려고 하는 방식이다. 세 번째는 사람들의 필요를 충족시키기 위해 사회를 변화시키려는 자유분방한 방식이다.

워너는 서로 다른 21가지 항목을 사용해서 이 세 가지 접근법을 비교했다. 감성을 자극하는 용어와 틀을 사용함으로써 워너는 자유로운 접근법이 사람들을 가장 효과적으로 교육하는 길임을 주장하고 있다. 그는 부정부패와 불평등에 대해서 사회 구조를 개혁하여 적극적으로 반대할 것을 주장하고 있다.

워너와 프레리에 의하면 일방적인 강의법은 가르치는 사람이 학생들을 조종하기 때문에 교육상 잘못된 접근 방법이다. 참여하는 교육 방법도 잘못 사용할 경우에는 강의법만큼이나 학생들을 조종할 수 있다고 믿는다.

세상적 개념의 개발과 성경적 개념의 개발에 대한 보다 더 완벽한 연구가 필자와 돈 메이어스(Don Myers)에 의해 이루어졌으며, 1986년 〈투게더〉(Together)라는 잡지 7-9월호에 참여론자들은 "그리스도인인가?(Are Participants Christians?)"라는 제목으로 게재되었다.

교육에 대한 기독교적 접근

교육에 대한 워너의 세 가지 접근법이 불완전하다고 믿기 때문에 우리는 소위 '기독교적 변화(Christian Transformation)'라고 부르는 네 번째 접근법을 추가했다. 이것은 그리스도인들이 주창해야 하는 대안이다. 가장 중요한 차이점은 "누가 이 일을 주관하는가?", "왜, 그리고 누구를 위해서 이 모든 일들을 하는가?" 하는 것이다. 이에 대한 답은 바로 예수 그리스도이다.

기독교적 성인 학습 지침	
기능	기독교인의 내적 변화
목적	변화된 개인이 다른 사람을 변화시키고 그들이 사회를 내부에서부터 변화시킨다.
전략	개념들을 배워 변화된 사람들은 그것을 전수할 수 있고, 배가시킬 수 있으며, 재생산할 수 있어야 한다. 개인의 내적인 변화가 결국 외적 변화로 이어져서 다른 사람에게 영향을 미쳐야 한다.
외도	그리스도를 통한 자유. 외적인 변화로 이어지는 내적인 변화
일반적 접근	하나님 중심. 세상에는 배워야 할 절대 진리가 있지만, 학습자들은 학습에 직접 참여한다.
미치는 영향	개인과 사회에 변형. 사람들이 하나님의 인도하심하에서 자신들의 삶을 더 잘 조절할 수 있는 방법을 찾도록 돕는다.
학습자와 사람에 대한 견해	기본적으로 하나님 안에서 능동적이다. 책임질 수 있고 스스로 감당할 수 있다. 하나님의 자녀로서, 사람은 최고의 가치를 가진다. 육신적인 필요가 채워지고 존경 받을 권리가 있다.

기독교적 성인 학습 지침

선생님에 대한 학생의 견해	하나님의 말씀에 근거한 신뢰와 육신적 및 영적으로 변화된 사람들로 간주한다.
학습 내용을 결정하는 사람	지역사회에서 선생님과 학생들이 함께 일하지만 반드시 배워야 할 항목이 있는 법이며, 여기에는 영적인 내용이 반드시 포함되야 한다.
주된 학습법	능동적 – 모든 사람이 참여한다. 훈련자들과 함께 가정을 방문하면서 실습할 때 훈련자들이 하는 것을 보고 배우는 것뿐 아니라 직접 행동하고 토론하는 과정을 통해 배운다.
교육 방법	주관식 답변을 요구하는 개방식 질문을 사용하므로 대부분의 해답이 참석자의 경험에서 도출되지만, 반드시 짚고 넘어가야 할 내용도 있다. 역할극, 드라마 및 삶의 체험을 활용하는 방식으로 학습한다.
지식의 흐름	학생과 훈련자 상호간에 지식을 교환할 뿐 아니라 학생들끼리도 서로 생각을 교환한다.
학습 영역	인생 – 하나님의 말씀으로 검증되고 가정에서 실천한 것을 다루기 때문에 교실이 바로 삶의 현장 그 자체이다.
학급 크기	보통 15-20명 정도. 수시로 5-7명의 작은 그룹으로 나누어 토론한다.
주로 다루는 중요한 주제 및 개념들	통합적인 지역사회 개발. 그리스도를 통해 얻은 인간의 존엄성. 하나님 안에서의 자신감. 본이 되는 삶(배운 대로 실천함). 건강에 관한 주제들. 하나님의 말씀, 그리고 이 말씀이 삶에 어떻게 연관이 되는지. 지역에 있는 자원을 활용하는 방법. 교육법 및 새로운 기술에 대해 다룬다.
좌석 배열	학습자들은 둥그렇게 둘러앉아서 같은 눈높이를 유지하고 서로 얼굴을 볼 수 있도록 한다. 아무도 높은 자리에 앉지 않는다. 이것이 토론과 상호 작용을 촉진시킨다.
참석 동기	학생들은 스스로 원해서 참가하며, 그들의 삶과 관련 있는 내용들을 배운다. 그들이 교실에서 제안한 내용들이 그 자리에서 받아들여진다.

기독교적 성인 학습 지침	
그룹 상호 작용	협조적 - 학생들이 서로 돕는다. 먼저 이해한 사람들이 나머지 사람들을 돕는다. 학생들과 함께하는 개방식 교육법을 위한 게임과 기술들이 훈련자들이 학생들에게 기대하는 내용을 보여 준다.
시험	아이디어가 분명하게 표현되는지, 교육법이 제대로 사용되는지 본다. 점수는 없다. 먼저 깨달은 사람이 나머지 사람들을 돕는다.
평가	학생 및 훈련자들에 대한 평가는 단순하고 지속적이며 지역사회에서 이루어진다. 목적은 나타나는 현상을 개선하는 것이다.
수료증 수여	열심히 배우는 사람들을 격려하고 후원하는 보조적 행위이다.
훈련 후 관리	건강 사역자들은 하나님의 인도하심을 따라 지역사회를 책임진다.

변화된 한 사람이 다른 사람을 변화시키고, 그 사람은 또 다른 사람을 변화시킬 수 있는 그런 '변화된 개인'을 만들어 내는 것이 기독교 교육의 목표여야 한다. 이런 개인의 변화된 삶은 가정의 변화 및 지역의 변화로 이어지고, 궁극적으로는 사회 전체의 변화로 파급되는 것이다. 그러나 외적인 변화에 앞서서 예수 그리스도에 기초를 둔 내적인 변화가 반드시 있어야 한다.

세상에는 한 세대에서 다음 세대로, 한 사람에게서 다른 사람에게로 전수해야 할 절대적인 진리들이 있다. 성령님은 우리의 보혜사이시지만, 하나님의 말씀과 기도 및 교제와 간증의 시간을 가짐으로써 그분이 역사할 수 있는 분위기를 조성한다. 성경 및 훈련된 기독교 교사들이 우리의 지도자이다.

학생들도 하나님이 창조하신 무한한 가치를 지닌 존재이므로 학생들을 교육 과정에 적극적으로 참여시켜야 한다. 토론의 여지를 남겨두는 대화 방식이 아주 중요하지만 세상에는 토론을 통해 분별해야 할 여러 가지 정보들이 있다. 행동을 통한 학습도 중요하지만 지적인 자극도 중요하다. 전달된 정보를 반추하는 것은 온전한 학습을 위해 결정적으로 중요한 과정이다. 그리고 여러 가지 교수법을 사용하는 것이 중요하다. 우리는 훈련 프로그램에서 여러 가지 방법을 사용하고 있으며 훈련의 효과를 향상시키기 위해 흔히 사용하는 주요 전략의 일부를 소개하고자 한다.

우리의 훈련에서는 훈련자와 학습자를 연결하고, 학습자들이 적극적으로 참여할 것을 강조한다. 이것을 통해 지역사회 보건요원들이 배운 것을 실천하고 맡은 일을 잘 감당하게 된다. 배우는 사람들이 이미 가지고 있는 전통적인 지식 위에 새롭게 제시된 지식들을 추가시키도록 하는 것이 우리의 소망이다. 학생들은 새로운 지식을 분석하고 반추한 결과로 얻어진 지식에 근거해서 행동을 결정하게 되는 것이다. 이런 결정을 통해 학습자들은 능동적으로 행동하게 되는 것이다.

위의 과정을 완성하기 위해서는 학습자 중심의 훈련을 실시해야 하며, 학습자들이 스스로 해답을 발견하도록 도와야 배운 것이 행동으로 연결될 수 있다. 학습자들에게 문제를 제기함으로써 이 과정을 강화시킬 수 있으며 그들이 이미 가지고 있는 경험 위에 새로운 지식을 쌓아가도록 도와줄 수 있는 것이다.

훈련자는 모든 교육 방법과 자료를 학습자에게 전수해 주어야 한다. 학생들은 작은 그림책을 사용하여 배운 것들을 요약하고 복습할 뿐 아니라, 그림책을 사용하여 배운 지식을 정확하고 빠짐없이 다른 사람에게 전수하게 된다(이에 대해서는 나중에 설명할 것이다).

훈련자 및 훈련생들에 의한 모델

프로그램을 개발하는 데 있어서 결정적으로 중요한 요소는, 훈련생들이 존경하는 훈련자를 모델로 삼아 닮아 간다는 사실이다. 예수님과 예수님의 제자들은 함께 살면서 인생의 아픔과 경험을 서로 나누었다. 그들은 지속적으로 상호 관계를 유지하며 지냈다. 제자들은 모든 상황과 사람 및 사건에 대한 예수님의 반응을 관찰했다.

사람을 개발한다는 것은 훈련자와 훈련생을 포함한 모든 사람들 사이에서 일어나는 인간 상호 관계의 역동적 과정을 말하는 것이다. 이 과정은 실제적인 삶의 광범위한 경험들을 통해 개발된다. 훈련자들은 단순히 정보를 전달하는 통로가 아니라 이루고자 하는 결과에 대한 모델이 되어야 한다. 모델을 보여 주는 것은 '영향을 주는' 과정에서 결정적으로 중요하며, 이 과정은 사람의 태도와 가치관의 변화를 유발시키는 데 반드시 필요한 과정이다.

모델을 보여 주는 과정은 지역사회 보건 프로그램에서 훈련자와 훈련생이 함께 가정을 방문할 때 나타나는 과정이다. 여기서 훈련생과 훈련자는 가정이라는 틀 안에서 발생하는 상황에 대해 어떻게 반응하며, 그것을 통해 무엇을 가르치는지 서로 관찰하고 나중에 그 상황에서 배운 것과 일어난 일에 대해 토론하게 된다. 훈련자가 위원회 위원들과 가정을 방문했을 때에도 동일한 과정이 일어날 수 있다. 효과적인 모델 학습을 위해 필요한 것들을 살펴보면 다음과 같다.

- 훈련자와 훈련생이 장기적으로 자주 만날 것.
- 따뜻하고 사랑하는 관계를 가질 것.

- 내부 감정과 생각을 노출시킬 것.
- 훈련생은 여러 가지 상황과 환경에서 훈련자들을 관찰할 것.
- 훈련자들은 표현하는 가치관이나 행동에 있어서 일관성을 유지할 것.
- 훈련자들은 자신의 신념과 행동이 일치할 것.

훈련자들과 지역사회 보건요원들은 훈련 상황에서 가르치고 배운 것을 각자 자기 집에서 실천해야 한다. 만약 자신들이 가르친 것을 실천하지 않는다면 사람들은 프로그램에 대한 신뢰감을 가질 수 없을 것이다.

학습자들의 필요 채우기

아래에서 지적하는 것들은 진정한 의미의 지식 전수 효과가 일어나도록 하기 위해 성인 학습자들의 필요를 채워주는 과정에서 고려해야 할 사항들이다.

- 학습 과정을 성공적으로 이수하도록 도와줌으로써 성인들의 자존감을 재확인한다.
- 학습의 파트너가 된다(다른 사람 위에 군림하는 것이 아니다). 이것은 교사와 학생과의 관계를 변화시킬 필요가 있다는 것을 의미한다.
- 배우는 사람들이 자신들의 학습 과정에 더 많은 책임을 지도록 도와준다.
- 학습자들이 논리적으로 자신들의 지식을 개발하도록 도우면서, 그들로 하여금 학습 순환 과정을 따르도록 한다.

- 학생들에게 기대하는 결과를 모델로 보여 주고 기대하는 변화에 대한 목표를 그리도록 한다.
- 사용해야 할 교재들을 간단하게, 현실적으로 만들어야 한다.
- 가능한 낮은 수준으로 훈련을 진행한다. 고등 교육을 받은 사람들을 지역사회 보건 요원으로 선발하는 것은 좋지 않다. 이런 사람들은 일자리를 찾아 도시로 나갈 가능성이 높다. 마을 평균 수준의 교육을 받은 사람을 훈련시키는 것이 최선이다. 이들은 훈련을 마친 후에도 마을에 남아 있을 것이다.
- 임무를 수행하도록 사람을 훈련시킨다. '꼭 알고 실천해야 할 것'들을 선택하여 가르침으로써 훈련생들이 단순하게 지식만 암기하지 않고 이를 이룰 수 있도록 해야 한다.
- 행동에 초점을 맞출 것 – 역할극, 노래, 시범 보이기, 이야기.
- 사람들이 이해하고 있는 지점에서 출발할 것. 학습자들이 이미 알고 있는 지식을 활용하는 소그룹 토론법을 활용하라.
- 훈련생들에게 우선순위가 제일 높은 주제들을 먼저 교육하도록 준비하라.
- 준비한 내용을 빠짐없이 전해 주도록 훈련자들을 훈련시켜서 그들에게 배운 사람들이 또 다른 사람들을 가르치고 그들이 또 다른 사람들을 가르칠 수 있도록 준비시켜라.
- 모든 사람들이 쉽게 이해하고 사용할 수 있는 자료를 활용하라. 훈련 지침서나 훈련 자료들은 단순해야 하고 가능한 많은 학습자들이 참여하도록 해야 한다. 작은 그림책들과 기타 도형식 보조 자료들을 사용하면 도움을 얻을 수 있을 것이다.

교육 기법

 교육 방법이라는 제목에서 나열한 원리들을 사용하는 여러 가지 교육 기법들이 있다. 이런 기술들의 일차적인 목적은 배우는 자들로 하여금 배우는 과정에 적극적으로 참여하도록 하는 것이다. 이런 기술들에는 강의, 이야기, 연극, 시청각 자료(그림, 필름, 영화, 융판, 칠판, 소형 차트), 노래하기, 카세트 틀기, 시범 보이기, 인형극, 게임, 모의실험, 사례 연구, 라디오 듣기, 그룹 토의, 관찰하기 등이 있다.

 아프리카 의학 연구 및 교육 재단(Africa Medical Research and Education Foundation)의 로이 쉐퍼(Roy Shaffer) 박사는 소위 **LePSA**라고 부르는 성인 교육 기법을 최초로 개발했는데, 이것은 여러 기술들을 통합적으로 사용하고 있으며 특별히 소그룹 토론법을 채택하고 있다. **LePSA**란 이 방법들의 첫 글자를 따서 만든 말이며 우리는 여기에 영적인 것(spirit)을 첨가하여 **S**를 추가한 **LePSAS**를 사용한다 (Le=Learner-Centered, P=Problem-Posing, S=Self-Discovery, A=Action -Oriented, S=Spirit Guided)

 Le는 **학습자 중심**(Learner-Centered)이라는 단어의 첫 글자이다. 선생님은 다음의 일을 한다.
- 학생들과 인사하고, 학생들을 편안하게 만들어 주어 학생들과 마음을 여는 시간을 가진다.
- 학생들의 이름을 불러 준다.

- 평등하게 학생들과 눈높이를 맞추어 앉는다.
- 토론 시간에 무엇이든지 말하도록 모든 사람을 격려한다.
- 학생들이 질문에 대답하도록 기회를 준다.

P는 **문제도출**(Problem-Posing)의 첫 글자이다.
- 특별하고, 해결 가능한 한 가지 문제를 가지고 시작한다.
- 자극적이며 분명한 방법으로 문제를 제시한다.
- 토론을 시작하기 위해 문제를 활용한다.
- 토론은 SHOWD라는 첫 글자로 표현되는 다섯 가지 질문을 필두로 시작한다.

> **S** – 무엇을 보았는가?(What do you See & hear?)
> **H** – 무슨 일이 일어났는가?(What is Happening?)
> **O** – 이것이 우리 마을에서 일어났는가?
>   (Does it happen in Our place?)
> **W** – 왜 그것이 발생했는가?(Why does it happen?)
> **D** – 이 문제를 해결하기 위해 무엇을 할 것인가?
>   (What will we do about it?)

- 문제를 가지고 토론을 시작하는 사람은 이 다섯 가지 질문을 통해 문제를 해결할 길을 보여 준다.
- 문제는 암시를 통해 가장 잘 표현할 수 있다. 해결책을 제시하지 않는 역할극이나 그림을 통해 문제를 암시할 수 있다.

S는 **스스로 발견하기**(Self-Discovery)를 의미한다.
- 학습자들은 선생님과 다른 학습자들에 의해 적절하게 대우받고 있다는 사실을 발견한다.
- 토론을 통해 학습자는 문제 해답의 실마리를 발견한다.
- 훌륭한 수업은 학생들로 하여금 '아하!' 라는 감탄사를 자아내게 만든다.

A는 **행동 지향적**(Action-Oriented)이라는 것을 의미한다.
- 훌륭한 교육은 사람들로 하여금 그렇게 행동하게 만든다.
- 그 행동을 통해 수업 내용에 숨겨진 문제를 해결할 수 있어야 한다.
- 학습자들이 문제에 대해 특별한 해결책을 찾았을 때 비로소 수업이 끝난다.

S는 **성령의 인도**(Spirit Guided)를 의미한다.
- 모든 가르침은 성령의 다스리심 아래에 있어야 한다.
- 세상에는 반드시 전수해야 할 절대적인 진리가 있다.
- 하나님께서 최종적인 권위를 가지고 계신다.
- 훈련자는 자극을 줄 뿐이다.
- 삶의 외적 변화가 일어나기 전에 내적 변화가 먼저 일어나야 한다.

우리의 강의 계획에 **LePSAS** 접근법을 사용하지만 교육 기술에 집착한 나머지 하나님의 인도하심을 따라 스스로 문제를 해결하도록 사람들을 돕는다는 목표를 망각하지 않도록 주의해야 한다. 이 교육 기법의 또 다른 잠재적인 문제점은 '소경이 소경을 인도' 하는 것 같은 일이 일어날 수도 있다는 것이다. 이렇게 되면 사람들은 무지함에 빠져 진리를 제대로 배우지 못하게 되는데 이것은 성령의 인도를 받아야 해결할 수 있는 문제이다.

훈련 프로그램

지역사회 보건선교 프로그램 개발은 지도력 있는 현지인 지도자, 훈련 팀, 지역사회, 지역위원회, 그리고 무보수 지역사회 보건선교 요원이라는 다섯 가지 요소를 필요로 한다. 우리는 이 모든 요소들을 위해 훈련 항목들을 개발했다.

1. 현지인 지도자 – 비전 훈련

이것은 그 나라의 기독교 기관의 지도자들과 개인들에게 국제 의료 대사 선교회와 지역사회 보건선교의 개념을 소개하기 위해 주최하는 모임이다. 이것은 국제 의료 대사 선교회가 경각심을 불러일으키고 지역사회 보건선교에 관심을 가지도록 하기 위해 통상 첫 번째 행사로 준비하는 것이다. 이 모임에서 나중에 국제 의료 대사 선교회의 간부가 될 몇 명의 핵심 지도자들을 세우는 것이 우리의 기도 제목이다. 또한 이 비전 세미나의 결과로 지역사회 보건선교 사업을 시작하는 데 관심이 있는 기관들이 표면으로 나타나기를 바라고 있다.

훈련은 총 18시간으로 3일에 걸쳐 실시되며, 훈련자 훈련(TOT Ⅰ)에서 다루는 항목들 중 많은 부분을 가르치게 된다. 프로젝트 리더들에게는 이 훈련을 거의 실시하지 않는다.

2. 훈련자들을 위한 3단계 훈련

훈련 팀을 교육하기 위해 3단계의 훈련 과정을 개발했다. 이 3단계 훈련은 모든 훈련자들이 동일한 지식적 배경을 가지고 동일한 배경을 형성하는 데 반드시 필요하다. 또한, 훈련자들은 이미 시행된 프로젝트를 통해 얻은 지식과 경험을 바탕으로 일을 시작할 수도 있다.

훈련 과정은 3단계로 나누어져 있으며, 각 단계 사이에 훈련생들이 배운 것을 실천하도록 구성되어 있다.

- **1단계 훈련 :** 개발 철학과 지역사회 보건선교를 어떻게 이해하고 시작할 것인가에 초점을 맞춘다. 영적으로는 전도를 강조하고 있으며 기독교인의 삶에 필요한 기본적인 메시지를 제시하고 훈련생들에게 4 영리 그림책과 '예수' 영화를 어떻게 사용할 것인지를 가르친다.
- **2단계 훈련 :** 교육 자료, 방법, 과정들을 개발하는 데 초점을 맞춘다. 여기서는 양육 소책자를 사용한 양육을 강조한다. 이 책의 내용은 기본적인 메시지를 복습하는 것이다.
- **3단계 훈련 :** 프로그램 평가, 사업 확장, 재생산 및 프로젝트 관리에 초점을 맞춘다. 이 단계에서는 제자 양육에 중점을 둔다.

1단계와 2단계 사이의 간격은 6개월 내지 9개월이 적당하며, 2단계와 3단계 사이는 4개월 내지 9개월이 바람직하다.

각각의 TOT Ⅰ, TOT Ⅱ와, TOT Ⅲ를 위한 33개 제목의 강의안을 개발했다. 교육 형태는 아래에서 설명할 것이다. 이 강의안은 전 세계에서 실시되는 모든 TOT 훈련에서 사용하고 있다(부록에 있는 TOT 강의 주제 목록을 볼 것).

3. 지역사회 소개 세미나(Awareness Seminar)

지역사회 주민들이 헌신하고 참여하기 전에 지역사회 보건선교 프로그램에 대해 철저하게 이해하는 것이 매우 중요하다. 지역사회의 이해가 높을수록 프로젝트의 성공 가능성이 더 높다. 개발의 총체적인 접근법의 일환으로 지역사회 보건선교에 대해 소개함으로써 사역 가능성이 있는 지역사회들이 가담하게 된다. 이 시간을 조직적으로 활용하여 지역 주민들이 그 지역사회에 대해 알고 있는 것들을 찾아내고 토론할 기회를 주어야 한다. 그리고 주민들이 지역사회에서 일어나고 있는 일들에 대해 토론할 수 있어야 하며, 동시에 지역사회 보건선교에 대해서도 배울 수 있어야 한다. 이런 일은 지역사회 진입·소개 세미나 과정에서 일어난다.

세미나의 목적은 개발에 대한 깨달음을 고취시키고, 지역사회 보건선교 프로그램을 통해 무엇인가를 해낼 수 있을 만큼 '성숙한' 사회를 찾는 것이다. 이렇게 성숙한 사회가 확인되면 지역사회는 최근에 무엇을 하고 있으며, 자신들에 대해 스스로 어떻게 느끼는지 잘 이해하게 된다.

4. 위원회 훈련

마을 위원회 위원들을 훈련시키기 위해 매일 3~4시간씩 교육하는 6일 과정의 훈련 과정을 개발했다. 초기에 위원들을 훈련시키지 않았을 때는 위원들이 자신의 역할을 이해하지 못하여 개발 프로그램 사역을 외부의 것으로 간주하고 있다는 사실을 발견했다. 우리가 위원들을 훈련시켰을 때 그들이 더 큰 책임감과 지도력을 발휘하여 훌륭한 사람들을 지역사회 보건 요원으로 선발한다는 사실을 알았다.

아래에 기록한 18개 항목들을 틀에 맞게 개발해서 위원 훈련에 사용했다(첨부된 '위원회 훈련 과정 개요'를 참고할 것).

- 지역사회란 무엇이며, 개발이란 무엇인가?
- 지역사회 보건선교 프로그램이란 무엇이며, 어떤 기능을 하는가?
- 위원회는 어떻게 결성하며, 어떤 식으로 운영할 것인가?
- 자원봉사 보건요원들의 역할은 무엇인가?
- 영적인 메시지를 어떻게 준비할 것인가?

5. 무보수 지역사회 보건선교 요원 훈련

과거에는 무보수 지역사회 보건선교 요원 훈련에서 데이비드 워더의 〈의사가 없는 경우〉(Where There Is No Doctor)와 AMReF의 엘리자베스 우즈(Elizabeth Woods)가 저술한 〈지역사회 보건사역자 안내서〉(Community Health Workers Manual)를 사용하여 현실적인 주제들에 대한 교과 과정을 개발했다. 영적 훈련을 위해서는 대학생 선교회에서 제작한 훈련 테이프와 교재들을 사용했다. 그러나 1985년 모든 프로젝트의 형태와 내용을 표준화하여 교육 계획을 수립했다. 역할극, 이야기, 노래, 시청각, 시범, 그룹 토론과 함께 참여하는 교육 기법을 사용하고, 토론을 시작하는 사람이 문제를 내포한 역할극을 강조하면서 LePSAS 접근법을 사용하였다.

지역사회 보건선교 훈련생들은 일반적으로 일주일에 2~3일씩, 40~50일 동안 그 지역의 중심이 되는 장소에 모여 훈련을 받는다. 그들은 매일 한 개의 현실적인 주제와 영적인 주제를 배우고 이웃집을 방문하여 배운 것을 실습한다. 초기 훈련이 완료된 후, 지역사회 보건요원들은 향후 12개월 동안 매월 3일씩 추가 훈련을 받는다.

지역사회 보건요원 훈련 교재

초창기에는 새로운 프로젝트가 시작될 때마다 훈련자들이 적절한 교재를 찾고 그것을 표현할 좋은 방법을 찾기 위해 많은 시간을 소비했기 때문에 우리는 강의 계획을 표준화해야 할 필요가 있음을 깨달았다. 이와 같이 시간을 낭비하는 과정을 없애기 위해 다섯 개의 프로젝트에 참가했던 훈련자들이 성인 교육 원리들을 사용하여 현실적인 내용 및 영적인 내용의 강의 계획을 표준화했다. 그 후 프로젝트마다 이 강의안을 사용하면서 검증하는 과정을 거쳤고 새로운 제안이 있을 때마다 그것을 기존의 강의안에 추가시켰다. 필요가 있을 때마다 강의 주제들을 추가시키고 교과 과정을 개정하는 작업을 실시했다.

우리의 훈련 자료에 들어있는 모든 강의안을 전부 사용한 팀은 하나도 없다. 보통은 지역사회의 필요에 맞는 주제들을 선별적으로 사용하게 될 것이다. TOT 훈련들을 통해 모든 훈련 자들은 배우는 사람들을 중심으로 교육할 것을 강조하는 성인 교육 원리를 접하게 되었다. 이것은 토론을 시작하기 위해 사용하는 '문제를 내포한 상황'들을 통해 학습자들이 이미 알고 있는 지식을 끌어내는 방법이다.

지역사회 보건선교 강의안에는 한 사람의 전반적인 삶의 영역에서 필요한 정서적인 건강, 육체적인 건강, 도덕적인 건강, 사회적인 건강, 그리고 영적인 건강에 대한 일련의 수업 내용이 들어있다(지역사회 보건선교 주제 목록을 참고할 것).

1. 강의안들

강의 형태는 학습자들의 다양한 참여 활동을 통하여 학습자들이 임무를 잘 수행하도록 도우면서 영적인 교육과 육체적인 교육을 통합하는 방향으로 꾸며져 있다. 그 내용은 다음과 같다.

우리는 육체적, 영적, 정서적, 사회적 주제들을 다루는 500개 이상의 강의안(2009년 현재 약 1,500개 강의안)을 개발했다. 학생들의 참여를 촉진시키기 위해 강의안은 다음과 같은 형태로 배열되어 있다(표본 강의안 참고).

A. **방법들** : 특별한 지식을 얻기 위해 당신은 어떤 방법을 사용할 것인가? 이런 방법에는 문제를 내포한 역할극과 그림들이 많이 포함되어야 하며 전체 토론을 시작할 때 이것을 사용해야 한다.

B. **지식** : 수업에서 참여자들로부터 어떤 지식을 도출하려고 하는가?

C. **시간** : 각 분야에 얼마 동안의 시간을 할애할 것인가?

D. **기술과 태도** : 교육에서 어떤 태도와 기술을 개발할 것인가? 혹은 변화시키려고 하는가?

E. **평가** : 학생들의 이해 정도와 태도의 변화 및 학습 상태를 어떻게

평가할 것인가?

F. 교재 : 수업에 필요한 학습 자료들은 무엇인가?

질병에 대한 '자원봉사 보건선교 요원' 교육 과목은 아래에 기록된 주제별로 한 가지씩 수업 계획을 세워 다음의 순서대로 제공한다.

> - 질병을 유발시키는 원인은 무엇인가?
> - 집에서 어떻게 치료할 것인가?
> - 전문 의사의 도움을 받아야 할 증상들은 무엇인가?
> - 질병을 어떻게 예방할 것인가?

2. 그림 소책자

학습 내용을 속히 터득하고 그것을 다른 사람들에게 설명해야 하는 보건선교 요원들의 필요 때문에, 케냐에서 실시한 리테인(Litein) 프로젝트에서는 육적인 주제와 영적인 주제들을 담은 소책자를 개발했다. 이 방법은 지역사회 보건 요원들이 새로운 내용을 말할 때 느끼는 두려움을 감소시키는 데 효과가 있었다. '문맹자들을 위한 4 영리 그림책'이 성공적으로 사용되는 것을 보고 글을 읽지 못하는 사람들을 위해 이 그림책을 개발하게 되었다. 이것은 글을 읽을 수 있는 사람들을 위한 4 영리 책을 모델로 삼았다. "만약 그림책이 전도에 성공적으로 활용되고 다른 사람들이 사용하도록 쉽게 전수할 수 있다면, 다른 영적인 주제나, 건강에 관한 주제들을 위해서도 동일한 개념을 사용할 수 있다."는 것이 우리의 철학이었다.

우리는 처음에 문장을 사용하지 않고 단지 막대 그림만 사용해서 건강에 관한 주제를 다루는 작은 그림책들을 개발했다. 이것을 3년 동안 사용한 결과는 상당히 성공적이었다. 그 후 다음의 주제들을 보강하여 그림을 다시 그렸다.

육적인 주제	영적인 주제
영양 상태	그리스도 안에서의 새로운 삶
어린이 급식	고백 : 죄 문제를 어떻게 다룰 것인가?
옴	그리스도인의 성장
예방 접종	그리스도인의 삶
감기	그리스도와 동행하는 생활
가족계획	성경 묵상
응급 조치	기도
안과 문제들	
설사	
기생충	
말라리아	

'기생충'과 같은 주제에 대한 교육 내용을 복습하는 데 이 책들이 사용되었다. 책들은 주제에 대한 개별적인 수업 내용과 동일한 순서로 편집되었다. 지역사회 보건선교 훈련생들은 설정된 상황에서 서로 서로에게 소책자를 사용하는 방법에 대해 연습한다. 작은 그룹에서 한 사람이 다른 사람에게 소책자를 가지고 설명하고, 나머지 사람들은 결과를 점검해 준다. 최소한 세 명의 이웃에게 소책자를 가지고 설명하도록 학생들에게 숙제를 주었다. 각 팀들에게 책의 내용을 현지어로 번역하여 자신들의 책을 만들 수 있도록 소책자를 영어로 만들어 주었다. 우리는 또

한 설명이 없는 그림을, 한 면에 4개씩 인쇄하고, 각 팀에서 투명 용지를 사용하여 설명을 추가하도록 했다. 그림을 그린다는 것은 시간이 많이 소요되는 작업인 동시에 어려운 일이므로 그림들을 복사하도록 하므로 전 세계적으로 그림을 사용할 수 있도록 상당한 융통성을 발휘했다.

지역사회 보건선교 성장 그룹 성경공부 모임

지역사회 보건요원들이 성경공부 그룹을 인도할 때 사용하는 그룹 성경공부 교재가 개발되었다. 인도자들은 이미 지역사회 보건선교 훈련을 받는 동안 다른 '성장 그룹'에서 이미 배운 사람들이다. 대학생 선교회가 필리핀에서 사용한 자료를 대학생 선교 본부로부터 입수하여 그룹 성경공부 교재를 만들었다. 과목별로 내용은 동일하게 만들었지만, 학습 방식은 선생님 중심이 아니라 학생 중심이기 때문에 수업 진행은 토론식으로 바뀌었다. 토론을 유도하기 위해 문제를 내포한 '스타터(starter)'를 시작으로 수업 시간이 열린다.

각 수업 시간마다 계획된 순서는 다음과 같다.

- 도착 후, 친교 시간을 갖는다.
- 성공 및 실패 한 것들에 대해 말하고, 개인 및 단체의 기도 제목을 찾는다.
- 개인 및 전체의 필요를 위해 기도한다.
- 성경 공부를 실시한다.
- 영성 훈련을 실시한다(사역 훈련).
- 육신적인 기술에 대한 훈련을 실시한다(다른 성장 그룹에서는 사용하지 않겠지만, 지역사회 보건선교 프로그램에서는 이것을 사용한다).

결론

학습자들의 적극적인 참여 여부가 프로그램 성공에 결정적으로 중요하다. LePSAS 접근법이 학습 계획에 반드시 포함되어야 하며 매 시간마다 훈련자들이 이 방법을 활용해야 한다.

교육은 반드시 학습자들을 중심으로 이루어져야 하므로 우리는 매 시간마다 학생들이 이미 알고 있는 지식을 스스로 발견하도록 돕는 방식으로 문제를 풀면서 수업을 시작한다. 이렇게 배운 지식이 성령의 인도하심을 따라 실천에 옮겨질 수 있도록 훈련해야 한다.

지역사회 보건요원들이 일관된 방식으로 담대하게 자신들이 배운 것을 표현할 수 있는 그들만의 방법을 가르쳐 주는 것이 매우 중요하다는 사실을 깨달았다. 이렇게 하기 위해 우리가 사용한 수단이 그림책이다.

상 – 그림책〈그리스도인의 성장〉,　하 – 그림책〈치아위생〉

제9장

접근 제한 지역에서의 지역사회 보건선교 모델

S.K 모랄(Moral) 목사님과 데이비드 라이(David Rai) 목사님은 큰 길에서부터 3.1km를 구불구불한 오솔길을 따라 걸어 올라가고 있었다. 인도 북부 지방의 뭉푸(Mungpoo)를 향해 가고 있었고 이미 6.4km를 걸었다. 7,100m 이상 높이의 히말라야 산 봉우리들이 구름 위로 모습을 드러내고 있었다. 잘 가꾸어진 대단위 차(茶) 밭 옆의 땅은 온통 울퉁불퉁하고 돌들이 많이 있었다. 가던 길을 멈추고 차밭의 한 건물 앞에 앉아 있는 사람에게 일하는 환경이 어떠냐고 물었다. 사람들은 차 농장에서 차를 따는 일을 하고 있는데, 여기서 받는 임금으로는 가족을 부양할 수 없다고 말했다. 일행이 뭉푸에 가까이 갈수록 나무를 거의 볼 수 없었다. 최종적으로 그들이 도착한 곳은 히말라야산맥 언저리에 있는 북인도의 마을로 한때는 복음이 전해지지 않았던 뭉푸라는 힌두 마을이었다.

모랄 목사님이 데이비드를 바라보며, "불과 4년 전에 이 마을이 어떠했는지 기억납니까?"라고 말을 건넸다. 데이비드는 고개를 끄덕이며 "우리가 이 마지막 산 정상에 올라왔을 때 볼 수 있었던 것은 약 25가구 정도의 허름한 양철 지붕을 가진 낡은 목조 건물뿐이었지요. 기온이 38도였던 9월 아침에 당신이 내쉬는 호흡이 안개처럼 되는 것을 볼 수 있었지요. 배가 볼록 나온 맨발의 아이들이 용변을 보기 위해 숲 속으로 달려나갔지요."라고 대꾸했다. 이어서 데이비드는, "모든 집이 좁은 땅 위에 지어져 있었지요. 연기가 가득 찬 좁은 공간에서, 돌 세 개 위에 솥을 올려놓은 채 음식을 만들고 있었던 것으로 기억합니다. 두세 마리의 닭이 집 안팎으로 들락거렸고 집 주변은 지저분했지요. 가장 가까이 있는 학교라고 해야 우리가 지나온 큰길에서 2km 이상 떨어져 있어서 아이들이 걸어 다니기에는 너무 멀었고, 게다가 아이들은 집에서 할 일이 많기 때문에 대부분 학교에 다니지 못했지요. 상당수의 어른들이 읽고 쓰지 못했기 때문에 글을 읽고 쓸 줄 아는 다른 마을 사람들로부터 불이익을 당하고 있었어요. 가장 가까운 저수지가 2km나 떨어져 있기 때문에 사람들은 항아리를 가지고 필요한 물을 길어와야 했지요. 먹고 씻기 위한 물을 길어오는 것도 힘들었기 때문에 정원은 방치해 둔 상태였지요. 한때는 저수지로부터 물을 공급하는 수도관이 있었지만, 파이프가 망가진 후로 수리하지 못했지요."라고 말했다. 모랄 목사님도 고개를 끄덕이며, "농작물이 성장하는 시기에 벼가 자라기에 적당한 양의 비가 오는 것을 제외하고는, 비가 너무 산발적으로 오는 것이 문제였지요. 야채를 재배할 공간도 충분하지 않고 재배할 시간도 없었지요. 다음 추수 때까지 먹을 충분한 쌀을 수확하는 것이 최고의 행복이었지요. 데이비드 당신도 알다시피 주민들이 모두 힌두교도여서 많은 신들을 섬기고 있었지요. 힌두교도라면 반드시 제사를 드리며 노여움을 달래줘야 하는 신들이 백만이 넘었지요. 뭉푸 마을에는 밝은 색으로 알록달록하게 칠하고 갖가지 꽃목걸이를 걸친 희한하게 생긴 작은 신들이 많이 있었어요. 마을 사람들은 음식을 먹을 때마다 떠돌아다니는 영혼들을 위해 마당에 음식을 조금씩 떨어뜨렸지요."

"맞아요."라고 데이비드가 대답했다. "나를 놀라게 했던 것은 그 마을에 만연한 패배의식과, '과연 우리가 무엇을 할 수 있을까' 하는 태도였습니다. 그들은 어떻게 하든지 지금보다 더 나은 상태로 내세에 환생하기를 바라고 있었지요. 그러나 신들을 화나게 한다면 내세에 개나 쥐로 환생할 수도 있다고 생각했어요. 그러므로 그들에게는 탈출구도 없었고 스스로를 개선할 방법도 없었습니다."

"그런데 처음으로 훈련받은 전도자 중에 렙차스(Lepchas) 가족이 있었는데, 그들은 지역사회 보건교육자(Community Health Educators)로 훈련받고, 자신이 배운 것을 이웃에게 가르쳐 주면서 뭉푸에 살 수 있었지요. 이들이 뭉푸에 정착하면서 자기 집 주변을 아주 깨끗하게 정리했고 나무 연료가 적게 들고 요리하기 편리한 입식 화로를 갖춘 부엌을 만들었지요. 이들 집에는 작은 닭장도 있고, 텃밭도 있어서 이것을 통해 아이들의 영양상태를 호전시킬 수 있었지요. 그뿐 아니라 별도의 화장실을 갖추고 있어서 다른 사람들처럼 기생충 질환이나 설사병에 걸리지 않았지요."라고 모랄 목사님이 회상했다.

모랄 목사님과 데이비드는 말없이 눈 아래에 펼쳐져 있는 마을을 내려다보았다. 극적인 변화가 일어난 것이었다!

렙차스 가족은 빗물 모으는 항아리를 만들어 양철 지붕 물받이 아래에 두어 산발적으로 비가 올 때마다 빗물을 받을 수 있었다. 이웃사람들이 이것을 그대로 흉내내어 그들도 산발적으로 내리는 빗물을 모을 수 있게 되었다. 렙차스 가족은 마을 사람을 모아 저수지에서부터 뭉푸 마을까지 이어지는 송수관을 가설했다. 이제 그들은 충분한 물을 가지게 되었고, 심지어는 채소밭에까지 물을 줄 수 있게 되었다. 많은 사람들이 렙차스 가족의 닭장을 모방해서 그대로 만들었고, 냄새도 나지 않고 파리도 없는 화장실을 지었다.

렙차스 가족은 글자를 읽고 쓰는 것을 배우고 싶어 하는 아이들과 어른들을 가르치기 시작했다. 어린이와 십대들에게 읽는 법을 먼저 가르치기 시작했으며 오늘날 뭉푸에는 4학년까지 가르칠 수 있는 학교도 있다.

이 가족들이 마을 사람들에게 그리스도를 전했기 때문에, 그 마을에는 25가구 중 23가구가 개인적으로 예수님을 영접하게 되었고 이제는 작은 교회가 서게 되었다. 한 가정이 이 곳에 와서 그 마을 사람들을 충분히 돌볼 수 있을 만큼 자신들의 삶을 내놓았기 때문에 마을 사람들에게는 성취한다는 것에 대한 감격이 있었고, 자신들도 건강한 삶을 살 수 있다는 용기를 가지게 되었다.

수년을 지나면서 지역사회 보건선교에 있어서 몇 가지 중요한 변화가 생겼다. 지역사회 보건선교에서 의문스러웠던 것 한 가지는 "지역사회 보건선교는 아프리카에서만 검증된 사역인가?" 하는 것이었다. 우리는 이제 이에 대해 자신 있게 이야기할 수 있다. 지난 4년 동안 지역사회 보건선교가 세계 전역의 많은 나라에서 실시되고 있으며 날로 번창하고 있다는 사실이 여기에 대한 대답이 될 것이라고 말이다.

핵심 가치들

나중에 설명하겠지만, 새로운 지역사회 보건선교 모델을 개발할 때 지역사회 보건선교에서 결코 양보할 수 없는 핵심 요소들이 있다는 것을 발견했다. 이들 핵심 요소는 지역사회 보건선교 사역의 연속성과 정체성을 유지하기 위해 필수적이다. 지역사회 보건선교는 주민들이 자신들이 배운 것을 이웃 사람들과 나누도록 훈련시키기 때문에 여전히 마을 전체를 목표로 삼고 있다. 국제 의료 대사 선교회에 의해 실시된 바와 마찬가지로, 지역사회 보건선교의 개념은 다섯 가지 사항으로 요약할 수 있다.

예방(prevention)

우리는 진료소를 통한 치료 목적의 의술보다는 가정 방문을 통해 달성할 수 있는 예방 의학에 더 높은 우선순위를 두고 있다. 진료소들이 건강을 뒷받침하는 역할을 하는 반면, 우리는 질병과 건강을 손상시키는 것을 피하는 예방 의학 차원의 교훈과 지식을 전달하고 있다. 그래도 건강 사역자들은 기본적인 건강의 문제와 병원이나 진료소로 후송해야 할 질병이 어떤 것인지를 구별하는 기술도 배운다. 예방 의학이란 사람들이 진료소나 병원으로 오도록 하는 대신 우리가 그들이 살고 있는 곳으로 찾아가는 것이다. 사람들은 육신의 보금자리인 가정에서 자신들의 필요를 충족시킬 수 있어야 한다. 적절한 예방법을 통해 질병의 80%까지 예방할 수 있다는 통계가 나왔다.

배가(multiplication)

우리는 예방적 건강 관리법을 가지고 가정을 방문하는 지역사회 보건요원들을 통해 의료 혜택의 기회를 늘리도록 노력하고 있다. 참여하는 방식의 훈련을 통해 보통 사람들이 건강에 대한 기본적인 지식을 배우도록 한다.

전인적(wholism)

육체적 · 정서적 · 영적 그리고 사회적으로 관심을 가지고 사람들을 섬길 때 비로소 그들을 총체적으로 그리고 전체적으로 섬길 수 있다고 생각한다. 구약 성경은 사람들이 자신들의 내적 존재와 평화를 이루고 주위 세상과도 평화를 이루는 상태를 '샬롬(shalom)'이라는 단어로 표현한다. 이것은 인간의 총체적 건강이라는 개념으로부터 나온 단어이다.

지역사회(community)

문제의 해결책을 외부에서 찾지 않고 지역사회 전체가 참여하여 문제를 해결할 것을 추구한다. 사람들에게 물고기를 직접 주는 것보다 물고기 잡는 방법을 가르치는 것이 더 효과적이라고 생각한다. 지역사회 안에서 그 지역의 문제가 밝혀지고 드러나는 법이다. 그러므로 프로젝트의 주도권은 그 지역사회가 가져야 한다. 연합된 주인 의식의 공감대를 통해 지역사회의 노력만으로도 지속적이고 길이 남는 변화를 기대할 수 있는 것이다.

문화적 적응(contexualization)

문화의 다양성과 건강 상황의 지역적인 차이가 존재하기 때문에, 지역사회 보건선교의 개념은 국제 의료 대사 선교회에 의해 실시된 바와 마찬가지로 각 지역의 상황에 민감하게 반응할 수 있어야 한다.

아프리카 모델로의 변화

국제 의료 대사 선교회의 프로그램과 대학생 선교회의 지역사회 보건선교 프로그램의 중요한 차이점은 나중에 외부인의 비중이 감소했지만 일부 내국인을 제외하면 대부분의 대학생 선교회 훈련자들이 외부인이었다는 사실이다.

국제 의료 대사 선교회 간부들의 약 99%는 현지인이다. 전 세계 3,500명의 간부들 중 단지 15명이 외부인이며, 이들 대부분은 국제 본부 사무실에서 일하는 현장 책임자들이다.

국제 의료 대사 선교회는 초기에 30개의 진료소 사역에 관여했다. 전략 수정의 첫 번째 우선순위는 국제 의료 대사 선교회 간부들을 지역사회 보건선교 개념으로 훈련시키는 것이었다. 이것은 우리 간부들과 함께 그들에게 지역사회 보건선교의 개념을 소개하는 것과 함께 훈련자 훈련 1단계 세미나(TOT Ⅰ)를 개최하는 것으로 이루어졌다.

미국 본부에 있는 권역 담당자(Field Director)들은 진료소 주변 지역에 지역사회 보건선교를 실시할 수 있도록 팀들을 돕기 시작했다. 각 지역마다 훈련 팀을 세워서 지역사회 보건선교를 시작할 마을을 선택하고, 그 마을에 들어가 위원회 및 보건 요원들을 훈련시키는 과정을 밟게

했다.

　우리의 목표는 진료소 주변 마을에 지역사회 보건선교 프로그램을 실시하는 것이었으며 이것이 완료되었다. 대부분의 진료소 주위 10~20개 마을에는 지역사회 보건요원들이 있다. 그러나 진료소가 없는 지역에서도 지역사회 보건선교 프로그램을 실시하고 있다. 어떤 지역에서는 마을 진료소를 원하는 곳도 있었다. 그러므로 국제 의료 대사 선교회는 주민들을 독려하여 자신들의 진료소를 짓게 하거나 기존 건물을 수리하고 필요한 의료진을 채용하도록 격려한다. 필요하다면 국제 의료 대사 선교회가 건물의 지붕을 마련해 주거나, 진료를 시작하기에 필요한 약품들뿐 아니라 꼭 필요한 몇 가지의 의료장비들을 위한 기금을 마련할 수도 있다.

　우간다(Uganda) 이르후루(Irhurru)에서 실시한 포트 포탈(Fort Portal) 프로젝트가 좋은 본보기이다. 이 프로젝트는 10km^2 이내 지역에 사는 30,000명을 대상으로 실시했다. 핵심 인물인 목사님 한 분이 스스로 일을 해결하는 것에 대한 비전을 가지고 있었다. 지역 주민들을 훈련자로 훈련시킨 후 외부 훈련 팀이 떠났다. 그 후, 그들은 주민들과 함께 흙벽돌로 진료소를 지었고 자원봉사자로 일할 사무원들을 모집했다. 그러나 이들은 보다 영구적인 진료소 건물을 원했기 때문에 목사님은 다시 사람들을 동원하여 시멘트 벽돌로 아름다운 진료소를 지었다. 최근에는 자신들이 마련한 기금과 자신들의 노동력으로 20개의 병상을 갖춘 보건 센터를 건립했다. 국제 의료 대사 선교회는 보건 센터의 지붕, 약품 일부와 기본적인 의료 장비를 제공해 주었다. 더욱이 목사님은 주위에 있는 40개 마을에서 사람들을 동원하여 지역사회 보건선교에 참여시켰다. 그는 지역 주민 100명을 지역사회 보건선교 요원으로 훈련시켰다. 이 사람들은 매월 50회씩 이웃을 방문했다. 각 마을마다 2~3명의 지역사회 보건요원들이 있었고 훈련은 6명으로 구성된 훈련 팀에 의해 진료소에서 실시되었다. 이것은 활발한 진료소 활동의 연장선상에서 실시한 지역사회 보건선교 프로젝트를 통해 지역 주민들이 자신의 건강을 스스로 책임지게 된 아주 좋은 본보기이다.

지역사회 보건선교에서 경험한 한 가지 발전적인 항목은 지역사회에 들어가는 방법에 대한 선택의 여지가 넓어졌다는 것이다. 지역사회 보건선교 프로그램이 성공하기 위한 기반은, 지역사회가 항상 그 프로젝트에 대해 주인의식을 갖는 것이다. 어떤 경우에는 더욱 좁은 범위의 목표를 지향해야 하는 경우도 있지만 우리의 궁극적인 목표는 지역사회 전체이다. 우리가 가장 선호하는 모델은 앞장에서 자세히 설명한 바와 같이 지역사회에 기반을 둔 것이다. 변형된 것들로는 교회에 기반을 둔 모델, 가정에 기반을 둔 모델, 그리고 정부의 일차 보건 공무원에 기반을 둔 모델이 있다. 마지막 두 가지 경우에 대해서는 다음에 설명하겠다.

접근 제한 국가에서의 사역

지역사회 보건선교는 복음을 가지고 총체적인 방식으로 지역사회에 다가갈 수 있는 유익한 전략을 제공한다. 이 전략은 몇몇 아프리카 나라들과 방글라데시, 필리핀, 그리고 중앙아시아에 있는 타지키스탄, 카자흐스탄과 우즈베키스탄 같은 이슬람 국가에서도 효과가 입증되었다. 지역사회 보건선교의 일반적인 사역들이 무슬림 마을에 들어갈 문을 여는 것이다. 우리의 전략에서는 그리스도의 사랑을 가지고 그들의 절실한 필요를 채워 주면서 사람들이 회심하도록 초청하는 영적인 부분을 강조하고 있다. 전략 중에는 사람들이 위협감을 느끼지 않는 범위 내에서 그리스도에 대해 질문하는 것도 허용하고 있다. 마을 주민들이 일정 기간 동안 복음을 듣고 반응할 수 있는 기회를 허락하시고, 그들에게 믿음을 선물로 주시는 분은 성령님이시다.

가끔, 전도자들은 주민들이 복음 선포에 즉각적으로 반응할 것을 기대하면서 '치고 빠지는' 접근법을 사용한다. 특별히 주민들이 이미 복음을 들었거나 하나님께서 마음을 감동시켜 예수 그리스도를 영접할 준비가 된 사람들이 있는 경우에는 이 방법이 효과적이다. 그러나 복음을 적대시하는 환경에서는 일정 기간 동안 성령님이 역사하실 수 있는 좋은 '분위기'를 조성하는 것이 공격적인 전도보다 훨씬 효과적이다.

적대적인 사회에 접근하기 위한 요점

힌두교도와 무슬림들이 기독교로 개종하는 데 필요한 몇 가지 중요한 촉진 인자들이 밝혀졌다. 개종자들은 대부분 다음과 같은 사람들이다.

- 그리스도인들이 자신을 위해 그리스도의 사랑을 베푸는 것을 보거나 체험한 사람.
- 성경을 읽는 사람.
- 그리스도인들과 장기간 토론하면서 영향을 받은 사람.
- 하나님으로부터 비전을 받은 사람.

- 자신들에게 없는 기쁨, 평안, 자유를 그리스도인들에게서 발견한 사람.
- 생명이 위협받는 상황에서 복음에 대해 마음을 여는 사람.
- 기적적으로 병이 나은 사람.

　복음을 반대하는 사회에서 사람들과 좋은 관계를 맺는다는 것은 절대적으로 중요한 일이며, 이것은 명목상의 그리스도인들이 있는 사회나 정령 숭배자들이 있는 사회에서보다 훨씬 더 중요하다. 그리스도의 사랑과 연민의 정을 보여 주기 위해 마을에서 많은 시간을 보내야 한다. 이 사람들을 대할 때는 어떤 경우에서도 그들을 있는 그대로 받아 주어야 한다.

　그리스도인이 된다는 것은 사회적으로 부정적인 의미를 내포하고 있기 때문에, 우리는 그들이 그리스도와 복음을 완전히 이해하기까지 단계적으로 천천히 움직여야 한다. 우리 모두가 공통적으로 알고 있는 것에서부터 시작하여 모르는 부분으로 나아가야 한다. 이런 사회에서는 권위가 최고의 가치를 가지고 있기 때문에, 새롭게 개종한 사람에게 강력한 권위를 가진 존재(Authority Figure)가 있다는 사실을 확실하게 해둘 필요가 있다.

　우리는 집단적 차원에서보다 개인적인 차원에서 예수 그리스도에 대해 이야기할 필요가 있다. 영적인 주제에 대해 기꺼이 토론하며 이야기할 사람들을 만날 것이라고 기대하면서 넓게 씨를 뿌려야 한다. 다른 사람들이 어떻게 하든지 상관하지 말고 영적인 주제들에 대해서는 논쟁을 피하고, 하나님의 말씀을 나누고 자신의 간증을 들려주는 것이 효과적이다. 간증이란 여러분 자신들의 체험이기 때문에 사람들은 여러분들의 간증에 대해서는 반론을 제기할 수 없다. 그러나 그들은 성경이 변질되었다고 믿고 있기 때문에 만약 당신이 성경을 가르치려고 할 경우 반론에 부딪히게 될 것이다. 그리스도를 알아 가는 사람들에게 가족의 반대를 초래하면서까지 짧은 시간 내에 외적인 변화를 보여 달라고 강요하지 말아야 한다.

이슬람적 상황에서는 개인들에게 하나님의 사랑을 가지고 이야기를 시작할 수 없다. 왜냐하면 개인적인 하나님, 사랑하시는 하나님이라는 개념은 이슬람 신학을 모독하는 것이기 때문이다. 그들은 죄 문제의 중심을 보지 않고 그것을 단지 무지나 망각으로 본다. 따라서 우리는 단계적으로 죄 문제에 대한 경각심을 불러일으켜야 한다. 무슬림들은 수치를 중요하게 간주하는 문화에 살고 있기 때문에 죄보다는 불순종에 대해 더 잘 이해하고 있다. 죄로 인한 절망적인 상태에 대해 무감각하다면 어떻게 구원에 대한 열망이 있을 수 있겠는가? 또한 애통하는 마음이 없다면 은혜에 대해 이야기할 수도 없다.

무슬림들의 개종은 대부분 사회적으로 불안한 시기나 사회적 전환기에 많이 나타나므로 무슬림들이 전환기에 들어가기를 기대해야 한다. 무슬림들은 도시에 많이 살고 있으므로 사역자들은 도시 사역에 초점을 맞추고 싶어 하며, 도시 지역에서 무슬림들이 전환기에 들어왔는지 집중적으로 살피고 있다.

우리는 코란에서 발견되는 토라(Torah)의 일부 내용을 활용하여 영적인 진리에 대해 무슬림들에게 이야기할 수 있다는 점을 발견했다. 창조에서부터 시작하여 인간의 타락, 죄, 그리고 희생과 속죄로 넘어갈 수 있다. 육적인 것과 영적인 것의 연결 고리(예컨대 옴·죄)를 사용하여 영적인 주제들을 가르친다. 우리는 사람들을 성경 안으로 안내하고 하나님께서 직접 그들에게 말씀하시도록 해야 할 필요가 있다.

철학의 관점으로 보면 모든 무슬림들은 평등하고 자유인으로 태어났다. 이론적으로 그들은 차별하는 것을 싫어한다. 그러나 실제적으로 무슬림 사회에는 차별이 매우 심하다. 만약 결혼한 여성이 그리스도를 영접하면 그녀는 남편에게 그리스도의 사랑을 전하는 증인의 삶을 살아야 하며, 자신의 믿음을 겉으로 고백하기 전에 남편으로부터 개종에 대한 동의를 얻어야 한다. 그러나 이런 종교들이 모두 생각만큼 공략하기 힘든 것은 아니다. 전도하기를 두려워하지만 않는다면 파고들 틈은 얼마든지 있는 법이다.

접근 제한 지역에서 일하기 위해 지역사회 보건선교는 어떻게 변형되었는가?

명목상의 이슬람 국가, 불교 국가 그리고 힌두교 국가들에 있는 전문 의료인들과 종교 세력들에게 더 잘 접근하기 위해 지역사회 보건선교에 많은 변화가 있었다. 예를 들면, 몽골, 북인도, 네팔, 타지키스탄, 우즈베키스탄, 카자흐스탄 및 아제르바이잔에서는 선교(Evangelism) 대신 교육(Education)이라는 단어를 사용해서 지역사회 보건선교를 지역사회 보건교육(CHE)이라고 한다. 그리고 사역자들을 지역사회 보건교육자(Educator)라고 부른다.

국제 의료 대사 선교회에서는 통합된 영적 및 육적 사역, 질병 예방에 대한 강조, 지역사회의 주인의식 고취, 그리고 각각의 요구 사항을 충족시키는 것을 자신의 지역사회 보건선교의 특징으로 삼고 있다. 우리의 목표는 여전히 모든 분야에서 재생산이 일어나게 하는 것이다.

역사적으로 이들 대부분은 이슬람 국가이지만 국민들은 이슬람에 대해 거의 아는 바가 없다. 그들은 정령숭배와 이슬람이 혼합된 무속

(folk) 이슬람을 믿고 있다. 그러므로 우리가 소개하는 첫 번째 영적 주제는 구약 성경과 몇 개의 비유에서 이끌어낸 인간의 도덕적 특성(정직, 연합, 사랑, 통합 등)에 근거해서 제작되었다(첨부한 도덕적 특성 주제 목록을 보라).

이런 도덕성에 대해 가르치는 내용은 성경에 근거를 두고 있는 것들이며, 좀 더 개방된 나라에서는 정상적인 영적 교육 시간에 지역사회 보건 요원들이 함께 배우는 주제들이다. 도덕적 특성에 관한 교육 내용을 통합하기 위해 위원 훈련과 소개 세미나에서 가르쳤던 영적 주제들에 대해서도 변화를 주었다. 영적인 기초를 다지면서 예수 그리스도와 연결시키는 토라(율법), 예언서 및 시가서들로부터 수업 내용을 구성한 교재를 사용하는 '구도자 성경 공부 모임'에 영적으로 열린 사람들을 초청한다(첨부된 탐구자 주제 목록을 보라). 성경을 시대별로 공부하면서 성경에 대한 이해를 쌓아간다. 사람들이 처음에는 거부할지도 모르지만 거기서부터 서서히 끌어내서 그리스도에게로 마음이 열려 가도록 조금씩 움직이는 것이다. 일반적인 영적 주제에 개방적인 무슬림이라 할지라도 예수의 복음에 대해서 반드시 열려있는 것은 아니다. 무슬림들은 구약의 기록을 인정하기 때문에 우리가 예언서와 시편에서 오실 메시아에 대한 내용이 들어있는 구절들을 발췌하여 메시아에 대해 이야기하면 그 개념에 상당히 익숙해 있다(첨부한 추구자 주제 목록을 보라).

이런 교육 내용들은 케냐 몸바사(Mombasa)에서 개발한 '100주간 동안 무슬림들에게 접근하도록 고안된 100 팜플렛' 시리즈뿐 아니라, NTM 부족 선교회(New Tribes Mission)의 '든든한 기초(Firm Foundation)' 시리즈에 근거해서 제작된 것들이다. 상기 자료들과 접근법은 성경을 연대별로 접근하여 필요한 성경적 기초를 쌓는 것이기 때문에 불교 및 힌두교 지역에서도 효과가 있다.

개별적으로 복음에 대해 알고 싶어하는 사람들이 그리스도에 대한 연구 과목을 이수했을 때 결단의 시간이 주어진다. 긍정적으로 반응한 사람은 국제 의료 대사 선교회에서 실시하는 정상적인 양육 및 새 신자 성경 공부에 들어간다. 복음적 접근이 제한된 나라에서도 개방된 나라에서 실시하는 것과 마찬가지로 지역사회 보건선교 전략 교육 내용을 그대로 가르치는 것이 우리의 소망이다.

기타 지역사회 보건선교 모델들

지역사회에 기반을 둔(Community Based) 모델 이외에 다른 모델들도 있다. 어떤 모델을 적용할 것인가는 사회의 영적 개방 정도와 정부의 통제 정도에 따라 달라진다. 여러 모델 중 두 가지 모델에 대해 살펴보기로 하자.

가정에 기반을 둔 지역사회 보건선교 모델

가정에 기반을 둔(Family-Based) 프로그램은 본 장의 처음에 기술한 것과 같이 불신자 마을에 살면서 일하고 있는 기독교인 가정들로부터 만들어졌다. 이들 그리스도인 가정을 위한 훈련은 지역사회 보건요원이 되는 것과 훈련자가 되기 위한 것이 통합적으로 구성되어 있지만,

그들의 주 역할은 훈련자가 아니라 지역사회 보건 요원이다. 이들은 5일 동안에 35시간 실시하는 훈련을 두 번 받는다(도표 참조). 이들은 2주 동안 70시간의 훈련을 받는다. 첫째 주에는 훈련자 프로그램에서 12시간 동안 지역사회 보건선교 프로그램이 어떤 것인지에 대해 배운다. 그리고 23시간 동안 질병과 보건 요원의 중요한 역할들에 대해 배울 뿐 아니라 영적인 주제들에 대해서도 배운다. 둘째 주에는 18가지 의학적,

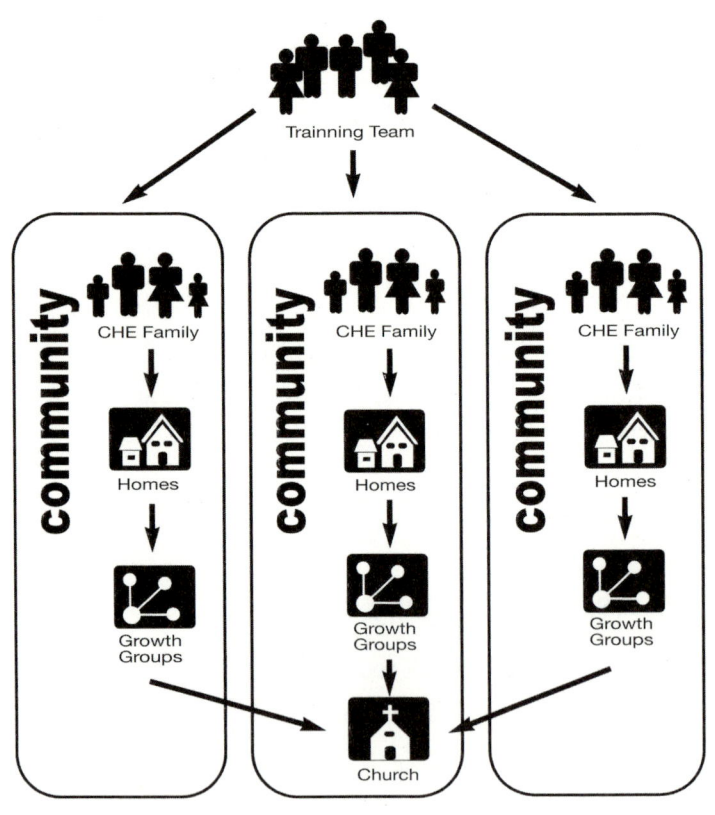

영적 그림책 사용에 대해 훈련한다. 여기에는 어떻게 그룹을 인도할 것인가 하는 것과 질병 인식에 대한 추가 훈련 및 치료와 예방에 대한 것도 포함되어 있다.

프로그램을 성공적으로 수행하기 위해 훈련에 참가하는 가정은 반드시 전적으로 헌신되고 성숙한 부부들이어야 한다. 일반적인 지역사회 보건선교 프로그램에서는 많은 전도 요원들이 훈련받지만 이 모델에서는 이 한 가정이 지역사회 전체를 섬기는 유일한 가정이다.

이 가정은 지역위원회의 감독 없이 그 곳에 있는 국제 의료 대사 선교회의 지도하에 기능을 발휘해야 한다. 일단 그들의 사역이 열매를 맺고 제자를 양성하면 그 부부는 훈련자의 역할을 맡아서 교회에 기반을 둔 지역사회 보건선교 프로그램을 시작하게 된다. 이 가정이 일할 새로운 지역 선정을 돕기 위해 우리는 진료 시간에 건강 교육을 함께 실시하는 이동 진료 팀을 운영한다. 가능하다면 밤에 '예수' 영화를 상영하도록 한다. 또한 학교 학생들에게 건강 검진을 실시하고, 학부모 모임을 소집하여 그 결과를 발표한다. 발견한 것 중 가장 심각한 건강 문제를 해결하도록 학부모들을 격려한다. 이렇게 함으로써 부모들이 자녀들의 전반적인 건강 문제를 해결하기 위해 적극적으로 참여하고 싶은 욕망을 가지게 된다.

사역을 시작하기 위해 선택된 마을에서 기독교인 가정은 어린이들과 십대 청소년을 위해 문맹 퇴치 프로그램을 열도록 한다. 그 가정은 지역사회 보건선교 요원처럼 활동하여 사람들을 그리스도에게로 인도한다. 그 가정이 이웃 사람들에게 사역을 시작할 때, 주민들이 관심을 가지고 더 많이 참여하게 되며, 결과적으로 많은 사람들이 그리스도에게로 돌아오게 된다.

그리스도인 가정은 지역사회의 유익을 위해 건강에 관한 주제와 주민들이 알고 있는 개념에서부터 출발한 영적인 주제들을 다루면서 교육하는 시간을 매주 가진다. 영적인 내용들은 인간의 도덕적 특성에 관한 공부를 주로 실시한다. 영적으로 열려있는 사람들이 있으면 '구도자 시대별 성경 공부'에 나오도록 초청한다.

어느 정도 사람들이 모여 교회를 구성하게 되면 교회에 기반을 둔 지역사회 보건선교 프로그램을 실시한다. 회심할 때부터 자기 교회 밖에 있는 세상을 바라보도록 훈련받은 신자들로 교회가 구성된다. 그들은 그리스도에 대해 이야기하고 육적 및 영적으로 통합된 사역의 중요성에 대해 배우게 된다.

구소련 정부 일차 보건 공무원(Feldscher) 모델

지역사회 보건선교의 중심 전략이 제3세계에서 개발되었으므로, 구소련과 동구권의 제2세계 나라들에 적용하기 위해서는 변형이 불가피했다. 그들의 건강관리 체계는 복잡한 소련 모델에 기반을 두고 있었다. 구소련의 정부 기획가들의 생각 저변에 깔려있는 것은 권력, 지도력, 계획 수립, 조직과 통제의 중앙 집중식 사고방식이었다. 이것은 개인이나 공화국이 독립적으로 무엇을 결정하지도 못하고 할 수도 없다는 것을 의미했다. 아주 철저한 권위주의적 조직이 70년 이상 지속되었다. 이것이 국민들과 모든 조직으로부터 주인의식을 앗아갔다.

국민의 95% 이상이 글을 읽고 쓸 수 있고 대부분의 공화국에서는 러시아어가 공식어였지만 오늘날 대부분의 공화국에서는 자신들의 고유 언어를 공식어로 재정립하고 있다.

중앙아시아 공화국들과 몽골을 포함한 구소련 공화국들의 건강관리

제도는 유사하다. 국민 수 대비 의료 전문 인력의 비율은 미국보다 더 높다. 실제로 의료 인력들이 남아도는 상태이다. 세계은행은 어떤 공화국에게 "경제적 지원을 받으려면 의사의 수를 40% 감소해야 한다."고 말하기도 했다.

국민 수 대비 의사의 비율이 이렇게 높음에도 불구하고 의료의 질, 특별히 시골 지역의 의료 수준은 서양 수준에 전혀 미치지 못하고 있다. 도시 지역에는 훌륭한 자질을 갖춘 의사들이 많이 있지만 의사의 40% 정도는 심전도를 제대로 판독하지 못한다고 했다. 중앙 집중식 일차 건강관리 제도와 마을마다 있는 건강 관리소와 함께 건강관리 하부구조는 상당히 방대하다. 건강 관리소에는 조산사나 일차 진료 공무원과 간호사들이 근무하고 있으며 기본적인 의료 기술과 간단한 장비를 사용하여 최소한의 의료 서비스를 제공하는 것에 중점을 두고 있다. 시설의 많은 부분이 낙후되어 있으며, 수돗물도 없고, 소독 장비도 열악하고, 심전도 장비도 없다. 한 병상이 차지하는 면적은 국제 수준의 반 정도이다.

일차 진료 공무원은 농촌 건강관리 제도의 심장과 같은 존재이다. 그들은 10년 동안의 기초 학력 과정을 이수한 후 2년간 의학 훈련을 받는다. 일차 진료 공무원(Feldscher)은 마을 보건소를 책임지고 있다. 이들은 각 마을에 배치되어 치료에 중점을 두고 있었다. 이들로부터 후송 받는 진료소에는 2명의 의사와 4명의 간호사 및 조산사들이 근무하고 있다. 그 다음 단계로 후송되는 곳은 지역 병원이다. 보통 12,000명이 거주하는 마을에 한 개의 지역 병원이 있는 것이 보통이지만 항상 그런 것은 아니다.

각 도에는 전문 병원도 있고 국가적 차원에서는 수도에 중앙 국립 병원과 최고 수준의 전문 병원들이 있다. 일반적인 일차 보건 관리의 개념은 전문가들이 일반인들에게 일방적으로 건강관리 서비스를 제공하므로 주민들은 수동적이 되고 지시를 따르지 않으면 불이익을 받게 된다. 반면에 지역사회 보건식 접근법에서는 사람들이 자신들의 건강에 대해 스스로 책임지고 적극적으로 참여할 것을 권유하고 있다.

제2세계 나라들 대부분에서 어린이들이 가지고 있는 중요한 건강상의 문제들은 설사병과 호흡기 질환이다. 겨울에 사망하는 어린이의

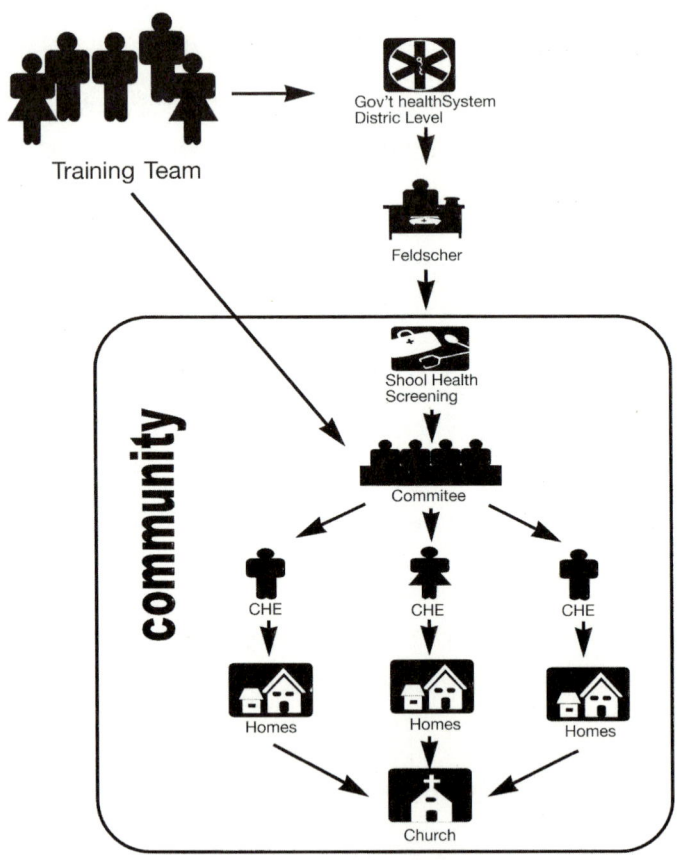

50% 정도가 호흡기 질환 때문이며 여름에 사망하는 어린이의 20% 정도가 설사병에 의한 것이다. 모든 여성의 50%에서 80% 정도는 철 결핍성 빈혈에 걸려 있지만 다행히 예방 접종률은 85%에 달한다. 최근에는 소련의 붕괴로 인해 2살 이하 어린이들에게 이 비율이 현저히 감소되었다. 이율배반적으로 예방 주사 접종률이 아주 높음에도 불구하고 예방 접종으로 예방할 수 있는 질병 특별히 백일해 및 홍역의 발병률이 높고, 부적절한 예방약과 미숙한 주사 방법으로 인한 간염의 발병률이 아주 높은 상태이다. 성인에게는 암, 심혈관계 질환과 고혈압이 많다. 미국에서는 평균 주민 7명당 한 명이 입원하는 데 비해, 독립국가 연합(CIS)에 속한 나라에서는 4명 중 한 명이 매년 입원한다. 결핵 환자가 50만 명으로 여전히 다수를 차지하는 질환이며 매년 10만 명의 새로운 결핵 환자가 발생한다. 살모넬라균에 의한 질병은 미국에 비해 3배나 높고, 파라티푸스와 장티푸스의 치사율은 미국보다 30배나 높다.

역사적으로 이슬람 국가인 중앙아시아 공화국에서는 공화제의 도입으로 인해 큰 용기를 얻은 가정들이 많이 있다. 예를 들면, 어떤 공화국에서는 여성이 5명의 자녀를 두면, 정부로부터 포상을 받고 8명의 자녀를 두면 더 큰 포상을 받는다. 출산 간격은 보통 18개월 이내이다. 이런 소외된 지역에서는 낙태가 가족계획의 주된 수단이며 일부 여성들은 일평생 3~4회 정도 낙태한다. 이슬람 신앙을 철저히 지키는 시골 지역에서는 이보다 좀 덜한 편이다. 구소련 체제하에서 전체 출산의 90% 이상이 전문 의료인의 도움을 받아 임산부 센터에서 출산했으며, 산모는 2주까지 입원할 수 있었다. 전체 신생아의 5~10%는 2.5Kg 이하의 저체중아이며 우유 보급소(Milk Kitchen)를 만들어 3살 이하의 어린이들에게 무상으로 우유를 공급하고 있다. 보급소에서 일하는 사람들이 공동체로부터 월급을 받았었는데 더 이상 그럴 상황이 되지 못하기 때문에 오늘날 대부분의 경우 이 제도가 무너졌다.

산모가 출산할 때 전문가들에 의해 도움을 받는 비율이 높음에도 불구하고 산모 사망률은 예상보다 높다. 아마 과거에 실시했던 낙태 때문이거나 아니면 빈혈 때문인 것으로 간주된다. 주산기 검진 및 태아를 위한 정기 검진은 한때 정부에서 강제로 시행했으며 산모가 예정된 날짜에 검진을 받으러 오지 않으면 의료인이 집으로 찾아가기도 했지만 이것 역시 폐지되었다.

독립 국가 연합들에는 많은 환경 문제들이 있다. 1950년대에 농작물의 소출을 늘리려는 열망이 대단했기 때문에 상당수의 사람들이 소련에서 인구 밀도가 낮은 지역으로 이주하여 많은 농작물을 수확했다. 목화는 우즈베키스탄과 카자흐스탄의 주요 농작물인데 이들 지역은 준 사막지이므로 아랄해(Arul Sea)로부터 물을 끌어다가 밭에 물을 공급하는 대량 급수 시설이 있었다. 해가 지나면서 아랄해의 해안선이 4.8km나 줄어들고 남은 물의 염도가 높아지게 되었고 이것은 기후뿐 아니라 토양 오염에도 큰 변화를 초래했다. 게다가 생산성을 향상시키기 위해 대량의 비료와 제초제를 사용했기 때문에 해가 지나면서 이것 역시 토양을 오염시켰고 그 결과 오늘날 생산량이 크게 감소되었다. 카자흐스탄에서는 핵폭탄과 수소폭탄 실험을 위해 핵 센터가 건립된후에 이로 인한 핵 오염으로 넓은 황무지가 생겨났으며, 불행하게도 많은 사람들이 아직도 그 지역에 살고 있다. 여기서 발생하는 재난의 규모는 체르노빌 때와 거의 맞먹을 정도이다. 게다가 수력발전을 하기 위해 산업용 대형 수력 발전소가 강 상류에 건설되었고 이 발전소의 폐기물들이 강으로 유입되어 하류에 있는 토지들을 오염시키면서 전 중앙아시아에 심각한 환경 문제와 생태학적 문제를 일으키고 있다.

이들 지역에서 무엇인가를 성취하기 위해서는 정부 건강 관리 체제 안에서 일해야 한다는 것을 알고 있었기 때문에 우리는 보사부(Ministry of Health)와 계약을 맺은 상태에서 일할 지역을 선정했다. 우리는 각 구역(District)에 한 개씩 20~40개 지역에 설치되어 있는 가장 낮은 수준의 의료 시설인 일차 진료 공무원 진료소(Feldscher Aid Post)를 목표로 삼았다. 구역(District) 수준이란 일하기에 적절한 가장 낮은 수준의 건강관리 상태를 보여 주는 곳이다. 구역 행정부와 맺은 계약의 일부로서 우리는 그 지역에 있는 일차 진료 공무원 근무지로부터 50~100명의 일차 진료 공무원과 간호사들을 재훈련시킬 것을 제안했다. 그들에게 '참여하는 교육법' 뿐 아니라 도덕적 가치에 대해서도 가르치며 지역사회 보건선교 전략의 자립적 접근 방식에 대해 소개했다.

일차 진료 공무원들은 그들이 일하는 지역사회를 움직여 주민들로 하여금 건강관리에 더 많은 책임을 지도록 만드는 장본인들로서 우리가 접촉해야하는 가장 중요한 사람들이다. 이 점 때문에 우리는 우리 사역에 가장 관심이 많고, 영적으로 열린 일차 진료 공무원들과 더 가까이 일하기 시작했다. 이 일차 진료 공무원들은 주민들이 문제를 발견하여 그것을 스스로 해결하도록 돕고 우리는 이 과정이 잘 이루어지도록 돕는다. 마을 일차 진료 공무원들의 도움을 받아 우리는 그 마을의 무보수 지역사회 보건 요원들을 훈련시키고 이들이 일차 진료 공무원들을 돕도록 하겠다고 제안했다. 이런 접근법을 사용하므로 그들이 가지고 있는 제도 안에서 일하지만 여전히 전반적인 지역사회 보건선교의 특징들을 살릴 수 있었다.

나중에 보건부에서 바람직한 결과를 확인했을 때 우리는 지역사회 보건 사역을 전국적으로 확산시키는 방법의 일환으로 참여식 교육법을 사용하여 전국적 차원에서 지역사회 보건 사역에 대해 국민들을 훈련시킬 것을 제안했다. 정부의 건강관리 공무원들은 자신들이 훌륭한 예방 및 건강 교육 프로그램을 가지고 있다고 믿고 있기 때문에 우리는 반드시 그들이 가정하고 있는 곳에서 출발하여 피부로 느끼고 있는 몇 가지 요구 사항을 채워 주어야 한다. 꼭 필요한 의료 장비, 소모품 및 의약품들을 가지고 올 수 있다고 제안한다. 이런 물건들은 그 나라 안에서 국제아동기금(UNICEF)과 국제보건기구(WHO)로부터 얻을 수 있으며, 우리가 이 기관들을 대신해서 특정 지역에 이런 것들을 전달해 주는 대리자로 선정될 수도 있다.

우리가 사용하는 영적 가르침에 대해서는 "이슬람 지역에서의 지역사회 보건선교의 변형(How CHE is Modified in Muslim Areas)"이라는 장에서 설명했다. 이 장에서 우리는 중앙아시아 공화국에 살고 있는 명목상의 무슬림에게 접근하는 제2세계의 접근법을 결합시켰다.

지역사회에 기반을 둔(Community-Based) 모델을 가지고 접근하는 것은 소련식 의료 체계 안에서 일할 때 지역사회 보건사역을 어디서 어떻게 시작해야 하는지에 대한 제2의 대안이었다. 이 모델에서 우리는 개개의 지역사회를 그 지역에 있는 실행 위원회를 통해 접근한다. 이것은 그 지역사회와 강력한 유대관계가 성립된 상태에서 사용할 수 있는 효과적인 방법이다.

루마니아에서는 보다 전통적인 모델을 사용하여 지역사회 보건선교 사역을 시작할 수 있었다. 동구권에서 가장 가난한 나라인 알바니아에서 우리는 통합 사역과 건강관리의 탁월한 모델이 될 크리스천 일차 진료소를 운영하고 있다. 알바니아에서는 외부에서 들어온 가정의 간호사 및 기독교식 의원을 운영하는 사무장으로 구성된 작은 팀을 활용할 것이다. 일단 진료소가 가동되면 주변 지역에 지역사회 보건사역이 실시될 것이다.

접근 제한 국가들에서 지역사회 보건선교는 가정 모델(Family-Based), 일차 진료 공무원 모델을 사용하여 성공적으로 정착되고 있다. 좋은 유대 관계를 수립한 일부 지역에서는 지역사회에 기반을 둔 (Community-Based) 모델도 실시하고 있다.

협약(Cooperative Agreement) 및 전략적 동맹(Strategic Alliance)

그 나라에 있는 기독교 전문 직업인들을 일으켜 세우기 위한 우리의 일반적인 전략이 접근 제한 지역에서는 어려움을 겪고 있다. 기독교 전문 직업인들을 거의 만날 수 없기 때문이다. 그러므로 우리는 종종 지역사회 보건선교 프로젝트를 시작할 외부인을 찾아야 하는 경우가 있다. 이렇게 하기 위해서 국제 의료 대사 선교회는 목표 국가에서 이미 사회단체로 설립된 기독교 비정부기구들과 협약(Cooperative Agreement)하는 방법을 고안했다. 이런 기구들은 협력에 관심이 있을 뿐 아니라 지역사회 보건선교 사역을 시작할 외부인들도 보유하고 있다.

전략적 동맹(Strategic Alliance)은 두 단체가 합병이나 흡수 통합 없이 함께 일하는 방법이다. 각자가 상대방을 도울 힘을 가지고 있으며,

두 기관이 힘을 합한 값은 산술적인 수치를 능가한다. 서로가 상대방의 일을 돕기 때문에 각자가 따로따로 일할 때보다 더 강한 힘을 발휘할 수 있다. 두 파트너가 함께 일해야 할 피치 못할 이유들로 인해 전략적 동맹이 제 역할을 할 수 있게 된다. 한쪽의 힘이 반드시 다른 쪽에 보탬이 되어야 상승 작용의 효과가 나타난다. 전략적 동맹의 결과 양쪽 모두에게 얻는 것이 있어야 하며 실제적인 활동에서 좋은 협력이 이루어져야 한다. 양쪽 파트너 모두가 가지고 있는 공동 목표와 특별하게 합의된 확실한 목표 사이에 강력한 연관이 있어야 할 뿐 아니라 이것이 각 파트너를 위한 성장의 기회가 되어야 한다. 최고 경영자 및 중간 경영자들은 동맹이 성공하기 위해 전적으로 헌신해야 한다.

국제 의료 대사 선교회의 협력 동의는 전략적 동맹의 전형적인 본보기이다. 간단한 동의 서한에 국제 의료 대사 선교회와 해당 기관이 서명한다. 협력 기관으로 볼 때는 그것이 자신들의 자금을 가지고 자기 주민들에게 실시하는 자신들의 프로그램이다. 협상할 필요가 없는 조항들을 제외한 나머지 모든 조항은 국제 의료 대사 선교회의 동의를 얻어 개정할 수 있으며, 분기에 한 번씩 분기별 보고서를 국제 의료 대사 선교회 측에 제출한다. 국제 의료 대사 선교회는 훈련 계획, 기타 자료들을 마련하고 권역 책임자(Field Director)는 그 프로젝트가 성공하도록 돕기 위해 일 년에 두 번씩 방문하여 자문에 응한다. 국제 의료 대사 선교회는 해당 기관의 핵심 인물들을 훈련시켜 훈련자로 만들어 이들이 자국민을 훈련시키고 프로그램을 확산시키도록 한다. 국제 의료 대사 선교회는 자신들의 여행 경비를 스스로 마련하며, 해당 기관에서는 국제 의료 대사 선교회 사역자들의 국내 체류비를 부담한다.

접근 제한 국가들에 있는 대부분의 개척 기관 대표들은 그 나라에 들어간 후 1~2년간 언어를 배운다. 그 나라에 머물기 위해서는 사회적으로 타당한 명분을 가지고 있어야 하므로, 많은 사람들이 대부분 영어를 가르치면서 거주한다. 그들은 교회를 세우고자 하는 마음이 있기 때문에, 이런 일을 하면서 시간을 보내는 것이 못마땅할 뿐 아니라 언어를 습득하기 위해서는 도시에 갇혀 살아야 한다.

지역사회 보건선교 사역은 이런 사람들에게 그 나라에 거주할 수 있는 명분으로서 지역사회 개발과 복음 전파를 진정으로 병행할 수 있는 수단을 제공하며, 그것은 또한 그들로 하여금 시골 지역에 살 수 있는 명분을 마련해 준다. 즉 주민들을 육적으로, 영적으로 도울 때 비로소 그 나라에 거주할 수 있는 합법적인 이유를 가질 수 있게 되는 것이다.

국제 의료 대사 선교회는 모두 선교 단체가 지역사회 보건선교 프로그램을 사용하도록 동원하는 대신, 육적인 것과 영적인 것을 통합하는 것에 관심이 있는 개별적인 프로젝트들을 찾고 있다.

협력 기관 팀이 가져야 할 특징들은 다음과 같다.

- 팀 리더가 대원을 직접 모집하기 때문에 이 팀은 팀 사역을 지향하며 팀 단위로 운영된다.
- 이런 팀은 개척지에서 사역하므로 안정된 나라들에서보다 대원들이 더 독립적이다.
- 이런 팀들은 그 나라에 들어가서 정착하고 사람들을 쉽게 만날 수 있는 시골 지역으로 갈 방법을 찾는다.
- 일반적으로 이런 기관들은 본부에서 사역비를 마련해 주지 않기 때문에 그들 스스로 후원자를 개발해야한다.

이런 단체에서 일하는 대부분의 사람들은 전통적인 개념의 교회 개척을 생각하고 있기 때문에 이들로부터 지역사회 보건선교를 추진할 팀을 모집하는 것이 최선이라는 사실을 알았다. 지역사회 보건선교를 하기 위해서는 육적 및 영적인 것이 통합된 접근법을 사용하고자 하는 마음가짐이 필요하다. 또한, 프로젝트를 실시하기 위해서는 5,000~10,000달러의 기금이 필요한데 이 자금은 각 기관이 외부 단체들로부터 조달해야 한다.

우리가 경험한 바에 의하면 협력 동의라는 것이 개방된 나라에서 병원과 진료소를 운영하는 보다 전통적인 선교에서도 호소력이 있다는 것을 발견했다. 이런 사람들은 쉽게 예방할 수 있는 질병으로 반복해서 내원하는 환자를 치료하기에 진력이 났기 때문이다. 그들 역시 육신적인 것 및 영적인 내용들을 가지고 병원 주변에 있는 마을 주민들을 찾아가고 싶어 하며, 지역사회보건선교 전략이 바로 이런 기회를 제공해 주고 있다. 결과적으로 우리는 개방된 나라에서 사용할 수 있는 몇 가지 협력 동의안을 개발하게 되었다.

우리는 국제 의료 대사 선교회 스스로 모든 프로그램의 기금을 마련하여 독자적으로 프로그램을 운영했을 때보다 우리가 다른 단체와 협력 동의 관계를 맺는 것이 훨씬 더 빠른 속도로 사역을 확장시키는 방법이 될 것이라는 사실을 깨달았다. 협력하는 기관들은 우리가 접근하는 것에 대해 부담을 가지지 말고 우리의 제안을 받아들여서 미전도 종족에게 복음을 전하는 데 협력할 수 있기 바란다.

제10장

도시 빈민지역 상황에서의 지역사회 보건선교

지역사회 보건선교는 원래 개발이 덜된 지역, 농촌 지역이 많은 나라들의 필요를 충족시키기 위해 개발된 것이다. 그러나 사람들이 도시로 이동함에 따라 현재 전 세계에서 정착되고 있는 지역사회 보건선교의 전략이 도시 빈민들의 필요들을 충족시키지 못할 수도 있다. 오늘날 세계 인구의 약 40% 정도가 도시에 살고 있지만, UN에서는 2025년까지 이 숫자가 62%에 달할 것이며, 인구 100만 명 이상인 도시 일곱 개 중 다섯 도시는 2/3 세계 안에 있게 될 것이라고 내다보고 있다. 이 사람들의 대부분은 도시 빈민으로서 도시 빈민지역에 살거나 판잣집에 살게 된다는 것을 의미한다. 만약 국제 의료 대사 선교회가 이들의 장래에 관심이 있다면 도시 빈민들을 위한 통합 사역을 개발해야 할 것이다.

도시 빈민 지역의 실제적인 필요와 그들이 피부로 느끼는 요구 사항들은 농촌의 그것과 상당히 다를 것이다. 우리는 도시 빈민들도 농촌 사람들과 마찬가지로 자신들의 현실적인 필요를 발견하도록 도울 필요가 있다. 예를 들면, 2/3 세계 안에서 실시되고 있는 지역사회 보건선교 사역에서 우리는 텃밭 가꾸는 것을 가르치고 있지만, 땅이 없는 도시 사람들에게 어떻게 농작물 재배에 대해 가르칠 수 있겠는가? 우리가 일반적으로 알고 있는 것처럼 도시 빈민들은 영양 상태가 매우 좋지 않고, 아이들의 수가 많으며, 주거지가 밀집되어 있다. 우리는 농촌 사람들에게 샘물이나 수원지를 어떻게 보호하는가에 대해 가르치지만, 우물과 같은 수자원이 없는 도시 지역에서는 이런 내용을 가르칠 수는 없다. 도시 빈민지역에 사는 상당수의 사람들은 가족 없이 혼자 살고 있는 경우가 많으며, 그들은 보통 일자리가 없고 있다고 해도 그 수가 턱없이 모자라는 형편이다. 도시 빈민들 가운데는 마약, 술, 매춘이 중요한 사회 문제 및 건강 문제이다. 빈민지역 대부분의 사람들이 잠시 그 곳에 산다고 느끼기 때문에 자신들이 살고 있는 지역사회에 대한 애착이 거의 없고 임시로 셋집에 살면서 생계를 유지하고 있기 때문에 그 지역을 개선하고자 하는 동기 부여가 거의 없는 실정이다.

도시 빈민지역이 달라지기 위해서는 '지역사회 보건선교 프로그램'이 그들의 생활환경과 건강 상태를 개선시켜 주는 아주 훌륭한 방편이라는 사실을 깨달아야 한다. 즉, 지역 주민들은 자신들이 책임지고 자신들이 주도해서 행동하겠다는 단결된 모습으로 자신들의 지역사회를 조직화하는 것이 매우 중요하다. 이것은 농촌에서 보다 도시에서 훨씬 더 중요한 일이다. 정부로부터 혜택을 받기 위해서는 그 지역 사람들이 일할 의지가 있고 조직화되어 있다는 것을 공무원들에게 보여 주어야 한다. 만약 공무원들이 주민들의 결속력을 발견하지 못한다면 주민들의 제안을 받아들이지 않을 것이다. 그러므로 그 지역사회에 살면서 이런 변화가 일어나도록 책임지고 일할 몇 사람의 '핵심 인물(champion)'을 찾아내는 것이 결정적으로 중요하다.

지역사회가 프로그램에 대한 추진력을 가지기 위해서는 손에 잡히는 결과가 있어야 한다. 이런 추진력은 작은 일에 성공하면서부터 생기게 되며, 성공한 것에 대해 흥미가 더해지면서 나중에는 더 큰 성공을 기대하게 될 것이다. 예를 들면 구덩이식 화장실을 만들거나, 부가가치가 있는 물건을 만들어 팔 수 있도록 몇몇 사람들을 훈련시키는 것과 같은 가시적인 활동이 꼭 필요하다. 도시 빈민지역에 있는 주민들은 그들이 신뢰하는 사람, 자신들을 도울 수 있을 것이라고 생각하는 사람들에게 조언을 구한다. 사람들은 그들이 이미 알고 있는 사람들 중에서 누군가를 뽑으려고 하기 때문에, 보건선교 요원 선발과 훈련에 있어서 많은 주의가 요구된다. 뿐만 아니라 훈련에 있어서도 동기를 불러일으키기에 충분한 가시적인 내용들이 들어 있어야 한다.

도시 지역사회 보건선교 프로그램의 특수한 요소들

　도시지역사회 보건선교 프로그램을 개발함에 있어서 많은 부분들이 겹치기도 하지만 어떤 요소들은 농촌지역보다 도시지역 보건선교 프로그램에서 더욱 중요한 것들도 있다. 전부는 아니지만 다음의 내용들이 그런 것들에 속한다.

- 사람들은 대부분 서로 다른 부족으로부터 왔기 때문에 공통점이 거의 없다. 그들은 일시적으로 만난 사람들이라고 생각하기 때문에 서로에 대한 소속감이 별로 없다.
- 시에서 제공하는 서비스가 근처에 있지만 일반적으로 빈민 지역 안에는 없기 때문에, 지역 주민들은 동일한 서비스를 자기 지역 내에 가질 수 있도록 도와줄 사람을 찾는다.
- 자신들이 무능력하지 않다는 것을 확신시켜 주고, 그들 스스로 문제를 해결할 수 있고 자신들이 살고 있는 지역사회를 변화시킬 수 있다는 확신을 가지도록 해야 한다.
- 대부분의 사람들은 자신들이 어떤 혜택을 받을 수 있는지도 모르고 있다. 그러므로 기관들 사이에 연락망을 형성해서 사람들이

> 이미 제공되고 있는 혜택들을 발견하고 그것을 활용할 수 있도록 도와야 한다.

도시지역에서 사역할 수 있는 방법이 두 가지 있다. 첫 번째 방법은 목표 지역 안에 있는 분야별 모임을 찾아서 그 지역사회를 변화시키도록 돕는 것이고, 두 번째 방법은 부족의 경계를 넘어 전체 지역사회를 동원하여 가시적인 개발 사업을 실시하는 것이다. 각 도시 지역마다 어느 방법이 효과가 있을 것인지 결정해야 한다.

지역사회 보건선교에서는 그 지역사회가 몹시 원하며, 결과가 확실하게 눈에 보이는 개발 사업부터 시작할 필요가 있다. 사역 팀은 지역사회를 동원하는 촉매 역할을 하며, 지역사회가 스스로 해결할 수 있는 일에는 절대 손을 대지 말아야 한다. 즉 도시지역에서는 시골지역에서보다 공식 교육 프로그램을 늦게, 즉 프로그램 마지막 부분에 실시하는 것이 좋다는 것을 의미한다.

시골 사람들은 먹고살기 위해 도시로 몰려오지만, 도시 상황에서 돈 벌기에 필요한 기술이 거의 없는 형편이다. 사람들의 가장 큰 필요가 먹고 살 방법을 확보하는 것이기 때문에 소자본 개발 사업이 지역사회를 동원하는 가장 가시적인 수단이 될 수 있다. 처음부터 적극적인 참여를 기대하기는 어렵지만 정부의 인증을 얻기 위해서는 공무원들이 처음부터 관여해야 한다. 만약 우리가 교회에서 이 일을 시작한다면, 농촌지역 프로그램에서 지역사회의 참여를 유도할 때처럼, 교회가 하나님의 시각으로 그 지역사회를 볼 수 있는 비전을 가지도록 가능한 많은 시간을 교회와 함께 보내야 한다. 훈련 팀은 먼저 농촌 지역에서 지역사회 보건선교 프로그램을 성공적으로 시행해야 하며 거기서 지역사회 보건선교 전략이 성공하는 데 필요한 것이 무엇인지 이해해야 한다.

지역사회의 주인의식과
권한부여(Empowerment)의 중요성

우리는 국제 의료 대사 선교회가 내린 지역사회의 정의를 기억해야 한다. 그것은 다음과 같다.

지역사회란 많은 것을 공유하고, 서로를 알며, 서로에게 소속감을 느끼며 함께 사는 사람들의 집단이다.

농촌지역은 동질적인 사회이지만 도시는 이질적인 집합체이다. 세계 도시 2/3에 사는 사람들은 소속감이 없거나 아주 희박하며, 그들은 자신들이 지금 살고 있는 곳에 대한 애착보다 태어나서 자란 '고향'을 더 그리워한다. 게다가 그들은 서로를 잘 모르기 때문에 지역사회 보건선교 프로그램을 실시하는 데 큰 장애가 된다.

어떤 공통점을 가진 사회, 소속감이 있는 사회, 넓은 도시 빈민지역 중에서 서로를 아는 집단을 찾는 것이 매우 중요하다. 아프리카에서 흩어져 살던 부족 사람들이 한 곳에 모이는 경우 공통점도 있겠지만 여전히 서로를 잘 알지 못하고 소속감도 별로 없다. 지역사회 보건선교 전략에서 견지하고 있는 기본자세는, 지역사회가 프로젝트를 바라볼 때 그것을 외부인의 것이 아니라 자신들의 것으로 봐야 한다는 사실이다.

매번 지역 주민들에게 무엇인가를 해 주기 위해서 외부에서 팀이 들어오지만, 외부인이 떠나면 그들이 이룩했던 것들은 무너지고 만다. 즉,

지속성이 없다는 것이다. 마을 사람들은 외부인이 자금을 마련하고, 필요한 물건들을 준비하고, 장비들을 가지고 오고, 일하면서 프로젝트를 보완하고 유지해 줄 것을 기대한다.

우리가 지역사회에서 주민들을 위해 일하면서 이룩한 모든 것들이 주민들의 눈에는 외부인의 것으로 보인다. "이 사역은 주민들의 것이며, 주민들의 힘으로 완수해야 한다."고 처음부터 강조해야 한다. 우리는 주민들이 그 일을 하도록 도와줌으로써, 그들이 하나님의 인도를 받아 그 일에 대해 책임을 지도록 해야 한다. 피부로 느끼는 필요들을 충족시켜 주는 것은 하나님께서 명하신 것이며 예수님께서 모범을 보이신 일이다.

도시 사역을 통해 사람들을 향한 하나님의 온전한 계획을 깨닫도록 주민들을 도와주기 위해서는 인간을 복합적으로 얽힌 총체적 존재로 봐야 한다. 하나님이 우리를 이와 같은 방식으로 창조하셨고, 하나님께서 우리를 그런 모습으로 회복시키기 원하신다. 도시 빈민들이 피부로 느끼는 필요를 해결해 주면서, 그들이 사는 곳에서 그들과 연결되고, 그들의 삶 속에서 꼭 필요한 것들을 어루만져 줄 때 비로소 그들이 우리에게 귀를 기울이게 되는 것이다.

사람들에게 어떤 방향으로 변화해 가야 한다고 이야기할 때, 그들 스스로도 그런 방향으로 변화해야 할 필요가 있다고 느끼고, 그렇게 변화하는 것이 자신들의 필요를 채울 수 있는 가장 좋은 방법이라고 믿을 때 비로소 그들은 변화하려고 노력할 것이다. 그리스도인들이 불신자들의 현실적인 문제를 돌봐 주려는 마음을 가지게 된다면, 사람들은 우리를 통해 그리스도께서 그들의 영혼의 문제에 대해서도 관심을 가지고 있다는 사실을 쉽게 믿을 것이다.

지역사회가 주인 의식을 갖도록 하는 방법에는 여러 가지가 있다. 이것은 그들이 할 수 있는 것을 우리가 대신해 준다고 이루어지는 것이 아니라, 우리가 주민들과 협력하여 함께 일할 때 이룩될 수 있는 것이다.

주민들은 사업을 계획하고, 예산을 편성하며, 프로그램을 실행하고 평가하는 모든 과정에서 처음 단계부터 능동적으로 참여해야 한다. 사업의 성패가 모두 그들에게 달려있다는 것을 인식시켜야 한다. 지역사회의 모든 계층의 사람들이 참여하는 것이 매우 중요하며 참여하는 범위가 넓을수록 더 좋다. 만약 지역사회 안에 있는 어떤 작은 그룹이 전체 프로젝트를 관할하려고 한다면, 나머지 사람들은 그것이 자기 그룹의 일이라고 생각하지 않게 된다. 따라서 지역사회 전체가 책임을 지고 사역에 관여하지 않는다면 사업이 지속될 가능성은 아주 희박해진다.

지역사회 구성원들에게 이웃과 함께 살면서 각자의 삶에 스스로 책임을 지도록 맡기는 것이 매우 중요하다. 이것은 각자가 자신의 삶을 변화시킬 수 있으며, 자기 인생은 자기가 책임질 수 있다는 것을 보여줌으로써 이룩될 수 있는 일이다. 그런 후에야 그들은 집단적으로 이웃들을 변화시키는 일에 참여하게 되는 것이다.

도시 빈민들 특히 그 지역에 처음 이주해 온 사람들은 기본적으로 자신들을 무기력한 존재로 간주하기 때문에, 농촌 사람들보다 도시지역 사람들에게 인생의 책임감을 느끼게 하는 것은 매우 중요한 일이다. 이렇게 능력을 불어넣어 주고 책임감을 느끼게 하는 것은 지역사회에 기반을 둔 접근방식을 통해서 이룩할 수 있으며, 이 과정을 통해 그 지역사회가 틀을 갖추게 되고, 그 틀 안에 자신들을 대표해서 지역 공동체를 이끌어 갈 위원회가 생겨나게 되는 것이다.

권한 부여(Empowerment)는 농촌 지역사회 보건선교 프로그램에서 우리가 낮은 수준으로 실시하고 있지만, 우리는 그것을 권한 부여라고 부르지 않는다. 오히려 주민들이 하나님의 인도를 받아 자신들의 삶을 변화시킴으로써 스스로 자신감을 가질 수 있도록 주민들의 협조를 얻어 사람들을 훈련시키는 것이 우리가 하는 일이다. 도시 지역에서는 변화해야 할 보다 큰 사회 구조에 영향을 주기 위해 우리는 주민을 이 수준 이상으로 끌어 올려야 한다.

도시 지역사회 보건선교 프로그램이 성공하기 위해서, 국제 의료 대사 선교회는 농촌 지역에서 보건선교 프로그램을 성공적으로 시행한 훈련 팀과 함께 일을 시작해야 한다. 농촌지역에서 프로젝트를 성공한 훈련자들이라 할지라도 도시에서는 또 다른 문제에 봉착하게 되겠지만, 경험 있는 이 훈련자들은 지역사회를 어떻게 움직이는지, 그리고 지역사회 보건선교 프로그램을 통해 기대할 수 있는 결과가 무엇인지 잘 이해하고 있는 사람들이다. 경험이 있는 훈련자들이란 도시의 다양한 소규모 집단을 동원해야 하는 보다 어려운 상황도 적절하게 대처할 준비가 되어 있는 사람들이다.

도시 자원들을 서로 연결하기 위한 데이터베이스 개발

도시 빈민가에 있는 사람들은 자신들의 육체적, 사회적, 정서적 문제를 풀어 주기 위해 시에서 제공하는 혜택들이 어떤 것인지 잘 모르고 있다. 설령 안다 하더라도 대부분의 주민들은 이런 서비스들을 어떻게 이용해야 하는지 모르고 있다. 그러므로 도시 빈민들에게는 현재 제공되고 있는 혜택이 무엇이며 그 혜택을 어떻게 이용할 수 있는지 알아내는 것도 매우 중요하다. 따라서 지역사회가 어떤 도움을 받을 수 있는지 확인하고, 이런 정보를 필요한 사람들에게 제공할 수 있는 조직이 필요하다. 이 조직에서 가난한 사람들을 돕기 위해 지역사회에 있는 기반 시설(infrastructure)들 간의 연락망을 구축하게 된다. 이런 과정에서 그 지역사회에서 봉사하는 이웃 교회를 알게 되고 정부 기관이나 개인 단체들을 알게 된다. 그 지역에 있는 사업체들도 이 프로젝트를 통해 서로 연락망을 구축하게 된다.

기존 시설들을 확인하며 연락망을 구축해 가는 과정에서 각종 봉사 단체들에 대한 자료들을 확보하여 빈민들이 가지고 있는 여러 가지 문제들을 기존 봉사 단체를 통해 해결할 수 있게 된다.

기존 봉사 단체들의 완벽한 목록을 작성하고 유지하는 것은 시간이 걸리는 작업이다. 그러나 이것은 진정으로 도움이 필요한 사람들에게 가장 효과적인 방법으로 도움을 줄 수 있는 방법이기 때문에 매우 중요한 일이다. 이렇게 함으로써 노력과 서비스의 중복을 피할 수 있다.

이제 도시 모델 하나를 살펴보도록 하자.

도시 빈민 사역의 예

캘리포니아 모데스토(Modesto)

지난 4년 동안, 국제 의료 대사 선교회 본부가 위치한 캘리포니아 모데스토(Modesto)에서 관심을 가지고 지역사회 보건선교 프로그램을 시작했다. 모데스토의 인구는 180,000명으로, 주민의 18%가 남미 계통이며, 7.5%가 아시아 계통이고, 2.5%가 아프리카 미국인이며 나머지가 백인이다. 모데스토 서부와 남서부는 도시 전체에 비해 높은 비율의 소수 민족이 있고, 상대적으로 더 가난한 사람들이 모여 사는 곳이다. 도시 환경이 이질적으로 혼합되어 있기 때문에, 우리는 가능하다면 한 종족과 일하기로 결정했다. 우리는 아파트 140동이 있는 단지에 1,800명의 캄보디아 사람들이 살고 있다는 사실을 알게 되었다. 지난 5년 동안 이들의 80% 이상이 난민 자격으로 미국에 왔으며 90%가 복지 혜택을 받으며 살고 있었다. 우리는 다섯 명의 그리스도인들이 그 단지 안에서 운영하고 있는 스포츠클럽 좋은 소식(Good News) 클럽에 가담했다. 이들 중 한 사람은 그 단지 안에 살지 않는 캄보디아 여성 크리스천이었고, 나머지 사람들 중 한 명은 캄보디아 교인들이 모이는 교회 담임목사였다.

다른 지역에서 실시한 지역사회에 기반을 둔 프로그램에서 얻은 추진력을 바탕으로 우리는 건강 교육 프로그램을 시작했다. 단지에서 그리 멀지 않은 곳에 사회 복지 서비스를 제공하는 장소가 있었고, 나이 많은 주민들은 영어를 읽거나 말하지 못했기 때문에 우리는 그들이 이런 프로그램에 관심이 있을 것이라고 생각했다. 주민들은 어떤 서비스가 제공되고 있는지도 몰랐고, 그런 서비스들을 받는 방법도 몰랐다. 우리는 이미 다른 프로그램을 운영하고 있는 사람들의 도움을 받아 일주일에 한 번씩 6개월 동안 건강 교육을 실시했다. 이런 과정에 참여하면서, 우리는 사람들이 우리를 이미 확립된 프로그램의 일환으로 간주하기를 기대했다. 그러나 사람들은 흥미가 거의 없었다. 시력 검사, 혈압 측정, 치과 검진을 위한 건강 검진의 날 행사를 가졌지만 참가율이 아주 저조했다. 오히려 그들이 피부로 느끼는 제일 긴박한 필요는 영어를 배우는 것이라는 사실을 알았다. 이 요구를 충족시키기 위해, 일곱 사람이 제2외국어로 영어를 가르치는 방법을 배웠다. 밤에 그 곳에 가는 것이 안전하지 않았기 때문에 여성 교사들은 낮에 가르치기를 원했지만, 주민들은 밤에 공부하기를 원했다. 결과적으로 두 명의 여성이 근처 교회에서 지속적으로 캄보디아 사람들에게 영어를 가르치기는 했지만 큰 영향을 끼치지는 못했다.

몇 년 후, 우리는 라틴 아메리카계 교회로부터, 복음을 통합한 사회봉사 프로그램을 실시하는 일을 도와달라는 요청을 받았다. 그들은 교회가 건물을 확장하면서 임시로 다른 장소를 임대해서 예배를 드리고 있었기 때문에 프로그램 본부는 이전 교회 건물에 두기로 했다. 교회 건물은 서부 지역 다른 곳에 위치하고 있었으며, 여덟 블록 지역 안에 노숙자들이 고속도로 밑이나 움막에서 잠자고 있었다. 이 지역 주민의 80% 이상이 라틴 아메리카 사람들이었다. 이 시점에서 우리는 이 지역에 사는 사람들의 실질적인 건강 수준을 정확히 파악할 필요가 있다고 느꼈다. 이것을 실시하기 위한 연구 방법을 고안했고, 이 일을 하기 위해 그

교회 교인 15명을 훈련시켰다. 그러나 통계 조사가 시작되자 교단 본부에서 자신의 시설이 사회봉사 센터로 사용되는 것을 원치 않는다는 결정을 내렸다. 새로운 시도는 여기서 끝났다.

1996년 6월, 신디 마틴(Cindi Martin)을 비롯한 네 명의 여성들이 국제 의료 대사 선교회에 와서 자신들은 가난한 사람들을 돕고 싶은 마음이 있으며, 그들을 총체적인 방법으로 돕고 싶다고 말했다. 신디는 학대받는 여성들과 어린이들을 위한 상담실을 운영하면서 일반 사람들을 훈련시켜 동료들에게 상담할 수 있도록 훈련시키는 프로그램을 개발했다. 신디는 이 프로그램을 모데스토에 있는 교회들에게 소개하려고 했다. 신디는 그들이 피부로 느끼는 필요를 채워주고 싶어했으며, 그렇게 하기 위해서는 거점이 필요했다. 하나님께서는 동시에 몇 가지 일을 하시면서 국제 의료 대사 선교회 산하에 '도시 긍휼 사역(Urban Care Ministries)'을 만드셨다.

이 사역은 다음의 사항들에 기초해서 운영되었다.

- UCM은 사람들이 있는 곳에서 시작하여 그들이 피부로 느끼는 절실한 필요를 채워 주며 전인적인 사역을 지향한다.
- UCM의 목표는 사람을 하나님과, 자신과, 다른 사람들과 그리고 주위 환경과 화목하게 하는 것이다.
- 우리의 목표는 사람들의 능력을 길러서 각자가 자기의 삶에 책임지도록 하는 것이다.
- UCM은 사람들이 하나님께서 각자에게 주신 잠재 능력을 발견하도록 인도한다.

- 우리가 강조하는 것은 자원이 아니라 관계(Relationships)이다. 그 이유는 다음과 같다.
  a. 과거에 우리가 가난한 사람들에게 했던 것처럼 장기적으로 자원(Resources)을 가지고 투자한다면 만성적인 의존성(Dependency)만 길러낼 것이다.
  b. 만약 우리가 관계에 대해 장기적으로 투자한다면, 우리는 지속되는 개발(Development)을 이룩하게 될 것이다.
- 관계(Relationships) + 자원(Resources)은 = 변화된 삶(Changed Lives)이다.

UCM은 필요를 파악하기 위해 고안되었고, 기존 자원에 대해 접근하도록 했으며, 진행 중인 개발 사역의 사후관리(after care)를 실시했다. 지난 2년 동안, 80명의 모데스토 목사님들이 서로를 위해 기도하고 또 모데스토의 부흥을 위해 매주 기도 모임을 가졌다. 오직 기도만을 위해 매년 3일 동안 수련회를 가졌다. 이렇게 중보기도 하는 동안 하나님의 성회(Assembly of God) 교회에서는 모데스토에 전도 연극을 공연했다. 20주에 걸쳐 25,000명이 그리스도에게 돌아왔다. 새 신자들을 여러 교회에서 나누어서 양육했다. 이 교회들은 스스로를 집합적으로 모데스토 교회(Church of Modesto)라고 부르기 시작했다. 그들은 개인적인 자격이 아니라 모데스토 교회의 자격으로 '결혼 서약 지키기(Promise Keeper)' 모임에 들어갔다. 하나님께서는 서로의 마음을 용접하고 계셨다.

1977년 1월, 이 지역에 엄청난 홍수가 덮쳐서 1,500 가정의 이재민이 발생했다. 모데스토 교회들은 즉시 재난 구호 사역을 실시했다. 45일 이후, 모데스토 교회는 이 가정들의 재활을 담당하고 앞으로 닥칠지도

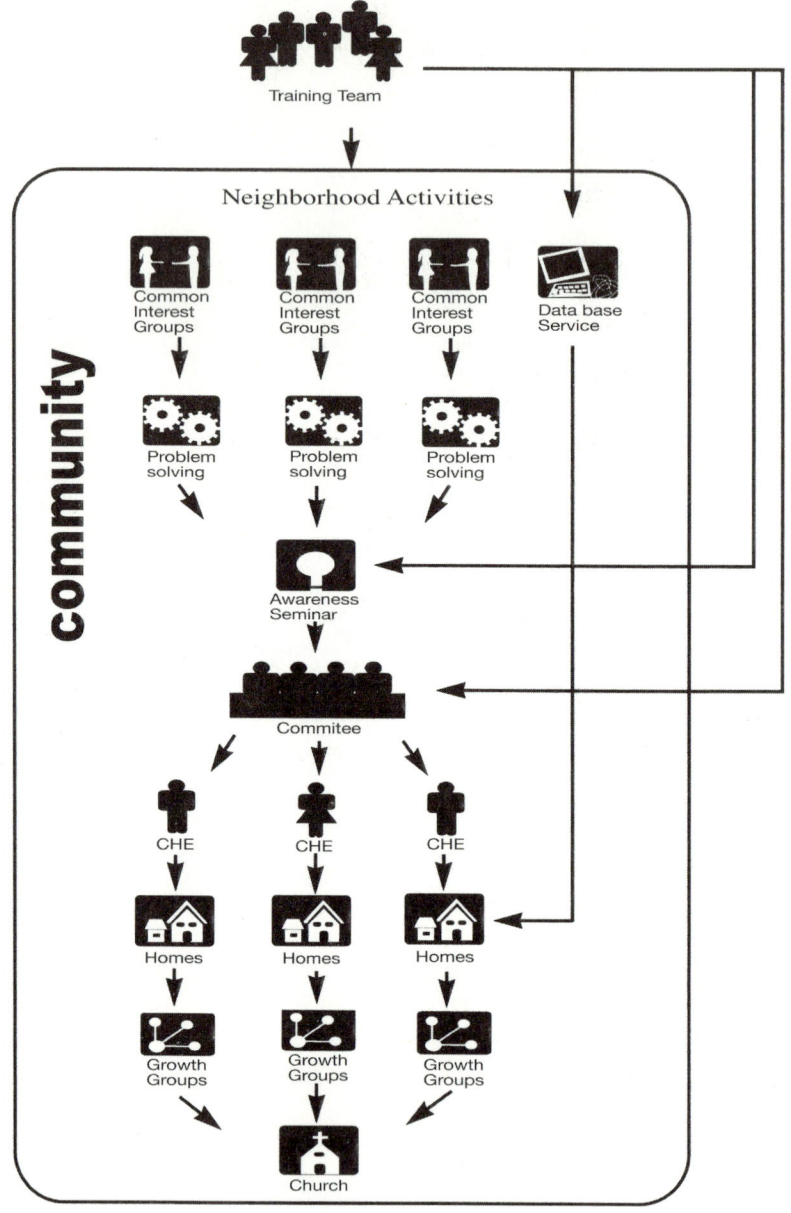

모르는 유사한 재난에 대비해 가정들을 준비시킬 수 있는 조직을 만들기로 결정했다.

이 기관을 결성함에 있어서 국제 의료 대사 선교회의 '도시 긍휼 사역(Urban Care Ministry)' 팀은 활용 가능한 기독교 자원들에 대한 자료를 수집할 수 있도록 도와주었다. 그들의 목표는 서비스의 중복을 피하고, 가난한 사람들을 위한 영육간의 장기 사역의 기회를 찾는 것이었다.

그들은 또한 단기 구호 사역 정도가 아니라 장기적인 개발 차원에서 가난한 자들을 대하고 싶은 마음을 강하게 느끼게 되었다. UCM은 이 일을 돕기 위해 두 사람을 선정했고 이들은 인적 자원 역할을 하면서 지도자와 매주 만났다. 그들은 교회들이 장기 개발 사역을 실시하는 UCM의 사역을 인정해 주는 것은 물론, 교회들에 통합적 사역을 실시하고 있는 사람들을 소개할 수 있기를 희망했다. 그들은 또한 가난한 사람들이 필요한 서비스를 받을 수 있는 장소를 찾는 데 도움을 줄 수 있도록 자료를 정리하고 싶어 했다. 그 당시, 몇 명의 사업가들이 가난한 사람들을 향한 신디의 소식을 듣게 되었다. 그들은 복지 서비스의 급격한 감소와 사람들을 준비시켜 자신의 삶에 대해 스스로 책임을 지도록 해야 한다는 점에 관심을 가지게 되었다. 여기서부터 사역의 모판이 되는 다음 기관이 탄생하게 되었다.

지역 주민들 가운데 특별한 필요가 확인되면, 지역사회위원회가 이 필요를 확인한다. 그 그룹에서부터 몇 명의 사람들이 도시 긍휼 사역(UCM) 상담자(다른 프로그램에서는 지역사회 보건요원에 해당됨)들로부터 훈련을 받게 된다. 이런 식으로 사람들이 자신들의 필요를 스스로 해결할 수 있도록 훈련받게 된다. 몇 가지 예를 제시하겠다.

포도나무 집(Vine House)

1998년 시(市)에서는 도시 긍휼 사역 팀에 서쪽 목표 지역 남부에 있는 건물을 무상으로 사용하도록 허락해 주었다. 그 건물을 사용하기 위해서는 대대적인 수리가 필요했으며 이 작업은 몇 개의 교회에서 파견된 자원 봉사자들이 기증 받은 자재들을 사용해서 실시했다. 포도나무 집은 주민들에게 다가가기 위해 필요한 프로그램을 훈련하는 사역 본부가 되었다. 최초의 사역 목표 지역은 온통 집으로 둘러싸인 3구역 넓이의 주택가였다.

우리는 포도나무 집이 가난한 사람들을 위해 모든 것을 마련해 주는 또 하나의 장소가 아니라 집이 주민들 스스로 문제를 해결하도록 하는 지역사회 보건선교 센터로 운영되기를 희망했다. 우리는 CAIR 지원 그룹뿐 아니라 빈약한 자아상을 회복할 수 있도록 사람들을 돕기 위한 정서 관리자(Emotional Caregiver) 훈련 프로그램 실시를 제안했다. 이것은 목표 지역 여러 곳에서 그룹 모임으로 성장했다.

지역사회에서 활용 가능한 사회봉사 활동들을 보여 주는 포스터를 전시하는 구역 잔치가 열렸다. 게다가 건강 검진 행사를 실시했고 아이들을 위한 놀이, 음악, 단막극 행사도 있었다. 우리가 의도한 것은 재미있는 방법을 통해 지역사회로 파고들자는 것이었다. 파티 후에는 잠시 동안 포도나무 집과 '구역의 전략을 바꿔라(Change Your Block Strategy)'를 소개했다. 훈련 팀은 주민들과 관계를 좋게 발전시켰고 목표 지역에서 그들이 스스로 일하도록 사람들을 동원했다.

물물교환 은행(Barter Bank)

추가로 물물교환 은행이 개발되었다. 이 은행에서는 사람들이 필요한 서비스를 제공받고 은행에 있는 다른 사람에게 또 다른 서비스를 제공하는 방법으로 그것을 상환하도록 했다. 이 모든 과정은 컴퓨터로 관리되었다.

가치 있는 여성(Women Of Worth)

최근의 법개정을 통해 캘리포니아 주에서는 복지 혜택을 받는 수혜자들의 자격 기준을 강화했다. 혜택을 받는 가장 많은 수의 사람들은 아이들을 기르는 홀어머니들이었다. 이 여성들의 문제를 풀기 위해 여성들에게 사업 경영 기술까지 가르쳐 주면서, 소자본 사업을 할 수 있도록 훈련시키는 프로그램을 개발했다. 성품 개발, 건강 교육을 제공할 뿐 아니라 사업을 시작하는 여성들에게 상담자 역할을 해 줄 수 있는 기존 사업가들을 연결시켜 주기도 했다. 혼자 아이들을 기르는 어머니들의 최대 관심은 아이들이기 때문에 초기에는 낮 시간에 아이들을 돌봐주는 작은 탁아소를 개설하는 프로그램의 초점을 맞추었다. 이 프로젝트의 도움을 받아 일부 여성들이 다른 사람들의 집안을 청소해 주는 일을 시작할 수 있게 되었다. 그 밖에 포도나무 집에서는 법률 상담 서비스를 실시했고, 2주에 한 번씩 이동 진료 사업도 실시했다. 이런 봉사활동들은 무료로 제공되는 프로그램이었다.

보다 넓은 모데스토 지역에 있는 세개의 라틴 아메리카계 교회들과 함께 별개의 지역사회 보건선교 프로그램을 개발했다. 이것은 위원회와 보건요원들이 모두 교회에 속해 있는 교회에 기반을 둔(Church Based) 프로그램으로서, 자신들이 출석하는 교회와 상관없이 그들이 살고 있는 지역에서 활동할 수 있도록 했다. 이런 상황에서 지역사회 보건선교에 국한해서 말하자면 결과가 미지수였지만, 우리는 북아메리카 도시 빈민

지역에서 그럴듯한 사역이 무엇인지 볼 수 있게 되었다.

도시 지역사회 보건선교 전략은 걸음마 단계에 있다. 그러나 도시 지역사회 보건선교 전략은 주민들의 다양한 필요를 충족시키면서 사람들의 능력을 개발해서 그들이 스스로의 삶에 더 많은 책임을 지도록 돕는 데 활용할 수 있다. 우리는 이 프로그램이 모데스토 교회 사역에 전적으로 통합되어 다른 사람들을 돕고 싶어 하는 2,000명의 인적 자원들과 연결되기를 바라며 기도하고 있다. 우리의 목표는 서로 다른 교회의 성도들을 훈련시켜서 성도들이 이웃들에게 영적으로, 육적으로, 정서적으로 그리고 사회적으로 다가가는 것이다.

해외 빈민 사역(Overseas Slum Work)

지난 4년 동안, 국제 의료 대사 선교회는 우간다 성공회 교회를 통해 우간다의 캄팔라 내부와 주변에 있는 서로 다른 세 군데 도시 빈민지역에서 사역했다. 캄팔라에는 매우 가난한 지역과 부유한 지역이 공존하고 있었다. 빈민지역에서는 나무 막대기와 나뭇가지들을 얽은 후 진흙을 발라서 집을 지었고, 시에서 제공하는 기반 시설 및 물, 전기, 위생 시설이 없었다. 그러나 그리 멀지 않은 곳에는 시에서 제공하는 모든 시설을 갖춘 시멘트 집들이 있었다.

각 교구마다 교회가 있었으며, 이 교회가 빈민지역 및 부유층지역을 모두 섬기고 있었다. 이런 상황에서도, 400~500명이 모이는 교회에는 몇 명의 지도급 인사들 및 영향력이 큰 사람들이 있었다.

백인이 빈민지역에 들어가면, 사람들은 일반적으로 백인들이 돈이나 물건을 가지고 왔을 것으로 단정한다. 우리 팀 리더인 크리스 박사와 제인 팔라카스는 현명하게도 이런 기대감을 불러일으키지 않기 위해 빈민

지역에 절대 들어가지 않고 그 대신 전적으로 교회와 함께 일하기로 결정했다.

교구 안에 있는 교회와 함께 일했기 때문에, 하나님의 눈으로 지역사회를 바라보는 관심이 교회 안에서 생기게 되었다. 일단 관심이 생기자, 빈민지역에 사는 사람들 다수가 포함된 위원회가 훈련을 받게 되었다. 그리고 위원회(Committee)에서는 빈부의 차별 없이 사역에 관심 있는 사람들을 뽑아서 보건 요원으로 훈련시켰다. 이것은 매우 천천히 진행되는 과정으로서 대단한 인내심을 요구하는 일이었지만 결국에는 열매를 맺는 일이었다.

도시 빈민 사역을 개발하는 측면에서 본다면 우리는 아직 초기 단계에 머물고 있다. 미국이나 해외에서 우리가 바라는 것은 사람들의 실제적인 필요를 채워주는 것이며, 그 다음 단계는 현지에서 활용 가능한 자원으로는 해결할 수 없는 그들의 필요를 파악하고 그 문제를 해결할 수 있도록 돕는 일이다. 이것이 달성되면 사람들이 자신들의 문제를 해결할 능력이 생기기 때문에 우리는 후속 조치를 위한 프로그램을 만들어야 한다.

동남아시아 한 지역의 도시 빈민가

제11장

지역사회 보건선교 프로그램을 시작하는 방법

사역지 주민들이 프로그램을 자신의 것으로 간주하는 것이 매우 중요하다. 만약 그들이 이 사역을 외부 기관(정부)에 속한 것으로 본다면 그 프로그램은 지속되지 못할 것이다. 종종, 지역사회에 기반을 둔 사업(Community Based)에서, 지역 주민들이 준비되기 전에 서둘러 사역의 책임을 부담시키는 경우도 있다. 외부인들은 주민들이 먼저 일을 시작해 주기를 기다리는 반면, 주민들은 외부인들이 먼저 무엇인가 시작해 주기를 기다리는 경우가 있어서 가끔 사면초가에 빠지기도 한다.

사업을 시작한다는 것은 아이가 걸음마를 배우는 것과 같다.

- 먼저 우리는 아기의 팔을 잡아 주고, 아기가 다리의 힘으로 일어서기를 기다린다.
- 얼마 되지 않아 아기는 가구의 한 귀퉁이를 붙들고 일어선다.
- 다음으로, 아기는 부모의 손을 잡고 걸음마를 시작한다.
- 부모는 아기를 향해 양팔을 벌리고, 아기도 팔을 벌리고 부모를 향해 첫 발을 내디딘다.
- 아기가 넘어질 때 때로는 부모가 일으켜 주고, 때로는 아기 스스로 일어난다.

지역사회 보건선교(CHE)를 시작하는 것도 이와 비슷하다. 우리는 가르치고, 격려하며, 지원함으로써 주민들이 자립하도록 돕는 위치에 있지만, 그들을 숨막히게 하지는 말아야 한다. 그들이 할 수 있는 만큼 전진하도록 해야 한다.

원하는 지도자들의 모습

개발 프로젝트를 성공적으로 시행하기 위해서는 다섯 가지 형태의 사람들이 필요하다.

자극을 주는 사람(Stimulator)

자극을 주는 사람이란 일반적으로 외부 사람으로서 어느 지역사회로 들어와서 변화에 대해 말하는 사람이다. 일반적으로 훈련 팀이 이런 사람들이다. 이들은 주민들이 자신의 사고방식을 고치도록 도전하고, 스스로 자기 일을 하도록 격려한다. 이들은 주민들에게 소망을 심어주면서 지역사회를 강화시켜서 사람들을 변화시키고 이렇게 변화된 사람들이 그 지역사회를 변화시키도록 자극을 주는 사람들이다.

일을 시작하는 사람(Initiator)

이 사람은 그 지역사회에 살면서 자극을 주는 사람들이 제시한 내용을 받아들인다. 그는 지역사회가 변화해 가는 모습을 보고 싶어 하며 변화가 일어나도록 무엇인가 하고 싶어 하는 사람이다. 이런 사람은 실패할 수도 있고 부끄러움을 당할 수도 있는 일에 기꺼이 자신을 던지는 사람이다. 위험을 감수하면서 지역 내부에서 프로젝트를 추진하는 사람이다.

합법화시켜 주는 사람(Legitimizer)

합법화시켜 주는 사람이란 일반적으로 그 지역에서 지도자의 권위를 가진 사람으로서 그 지역의 문제를 발견하고 그것이 바람직한 방향으로 변화되기를 기대하는 핵심 인물이다. 일반적으로 마을 추장이나 지도자가 이에 속한다. 그는 프로그램의 진행을 공인해 줄 수 있는 권위를 가진 사람이다. 우리가 그 지역에서 합법적인 권위를 가진 사람으로부터 활동을 인정받지 못한다면 문제가 생길 것이다.

계획을 세우는 사람(Planner)

지역사회에서 사역에 대해 결정을 내릴 수 있는 사람들(Committee)이 공식적인 계획 및 비공식적인 계획들을 수립한다. 어떤 일을 해야 하며, 어떤 자원들이 필요하며, 현재 어떤 자원들이 사용 가능한지, 그리고 누가 무엇을 언제 할 것인지에 대한 기본 계획을 세우는 사람들이다.

행동 요원들(Action taker)

요원들은 수립된 계획을 실천하고 대부분의 일을 현장에서 실제로 시행하는 사람들이다. 이 사람들이 지역사회 보건요원들이다.

사람들의 형태

어떤 집단에나 새로운 일을 기꺼이 시도하려는 사람들이 있고, 변화를 싫어하는 사람이 있게 마련이다. 새로운 생각이나 변화에 대해 사람들은 다음 네 종류의 태도를 나타낸다.

혁신자(Innovators)들은 안정된 사람이거나 아니면 지역사회에서 쫓겨난 사람들로서 위험을 기꺼이 감당하려는 사람들이다. 추방된 사람들은 어차피 잃을 것이 없으므로 새로운 일을 시도한다. 만약 이런 사람들이 일을 시작하는 선두 주자들이라면, 지역사회는 이들을 받아들이지 않을 것이며 프로그램은 실패할 것이다. 일을 추진하는 핵심 인물(champion)이 이 그룹에서 나오기 때문에, 우리는 위험을 기꺼이 감수할 의사가 있으면서 주민들로부터 인정받는 안정된 지도자들을 찾아야 한다.

조기 적용자(Early Adaptors)들은 새로운 어떤 것이 효과가 있고 가치 있다는 것을 발견하면 기꺼이 그 일을 시도하려고 노력하는 사람들이다. 그들은 일반적으로 보수적인 지도자들이며 실패할 가능성에 대해 걱정하는 사람들이다.

중간 적용자(Mid Adaptors)들은 어떤 일이 반드시 완벽하게 검증된 이후에 무엇인가를 시도하는 사람들이며 이 시도가 실패한다 해도 손해 볼 것이 별로 없거나 전혀 없다고 판단될 때 비로소 일을 시도하는 사람들이다. 일반적으로 이들은 뒤에서 따라오는 사람들이다.

절대 행동하지 않는 사람(Never Doers)들은 변하지 않는 사람들이다. 그들은 새로운 생각이나 변화에 대해 반대하는 마음으로 고정된 사람들이다.

적절한 시기에 적절한 사람들과 적절한 일을 해야 그들이 사업에 대해 주인의식과 책임감을 가지게 되고 이렇게 되어야 결과적으로 지역사회 보건선교 프로그램이 오랫동안 지속되고 확산될 수 있는 것이다. 지역사회 보건 개발 사역에는 일정한 단계가 있는 법이다. 아래에 제시된 지침은 우리의 경험뿐 아니라 다른 그룹에서 프로그램을 어떻게 시작하는지에 대해 우리들이 연구한 내용을 근거로 만든 것이다. 순서는 다를 수 있지만 일반적인 흐름과 형태는 같다.

프로그램을 시작하는 단계들

제1국면 : 시작(Initiation) | 기간 : 9~12개월 | TOT I

- **1단계 : 3개월**
    - A. 지역사회 보건에 대한 잠재적인 관심을 확실하게 불러일으키기 위해 전국적 차원에서 프로그램을 설명하며 비전을 심어 준다.
    - B. 전국적인 차원에서 지역 별로 건강에 대한 필요성과 자원들에 대한 자료를 확보한다.
    - C. 훈련 팀이 머물 수 있는 지역을 방문하고, 사역을 시작할 가능성이 제일 많은 지역을 물색한다.
    - D. 사역지를 선정한다.

- **2단계 : 약 3개월**
    - A. 선정된 넓은 지역 중 사역을 시작할 특정 지역을 찾는다.

1. 의료 혜택이 빈약한 지역.
2. 프로그램에 관심을 가질 가능성이 있는 지역.
3. 안정적이며 진보적인 지역 지도자가 있을 것.
4. 주민들이 새로운 생각에 열려 있고 기꺼이 일할 마음이 있을 것.
5. 성공 가능성이 가장 많은 지역.

B. 각 지역을 여러 번 방문하면서 가능성 있는 마을 3~5개를 탐색한다.
C. 지역을 비교하고 결정하기 위해 지역 선정 기준을 활용한다.

• 3단계 : 약 3개월

A. 일주일에 2~3일 목표 지역을 방문한다.
B. 학교 건강 검진을 실시한다.
C. 7시간 동안 지역사회 경각심 고취 세미나를 하기 위해 지역 지도자들과 협의한다.
D. 주민들이 보건 위원(Committee)들을 선발한다.

제2국면 훈련 | 기간 : 약 6~10개월 | TOT II

• 1단계 : 약 2개월

A. 선발된 위원들과 관심 있는 사람들을 훈련시킨다. 이 훈련은 하루 3시간, 일주일에 하루씩, 6주 동안 실시하거나 혹은 일주일에 2일씩 3주 동안 실시하는 것이 최선의 방법이다.
B. 훈련 후, 위원회를 정식으로 출범시킨다.
C. 위원회에서 지역사회 보건요원들을 선발한다.
D. 위원들과 보건요원들을 공인하는 마을 전체 모임을 가진다.

E. 지역사회 보건선교 훈련, 목표, 장소, 날짜, 교과 과정, 책임 분담에 대한 계획을 세우도록 위원들과 보건 요원들을 돕는다.
F. 위원회는 보건요원들의 임무와 지역사회가 피부로 느끼는 필요를 감안해서 교과 과정을 확정한다. 게다가, 보건요원들을 가르치기 위한 항목을 결정하기 위해 간단한 지역 조사를 실시한다. 이 조사는 훈련 전 후에 실시하고 영향력을 평가한다.

- **2단계 : 약 4~6개월**
  A. 최고의 우선순위를 가진 두 개의 문제를 찾아내기 위해 지역사회를 조사하면서 보건요원 훈련을 시작하고 동시에 지역의 지도를 그린다. 밝혀진 문제의 주제들에 대해 훈련한다. 이것은 매일 2~4주 동안 실시하거나 아니면 일주일에 이틀씩 3~4개월간 실시할 수 있다. 매일 훈련 시간마다 일반적인 주제 하나와 영적인 주제 하나를 가르친다.
  B. 지역사회 보건요원들과 함께 즉시 가정 방문을 실시한다.
  C. 위원회에서 선정한 우선순위에 따라 주제별로 훈련을 계속한다.
  D. 새로운 지역사회에 들어가기 위해 조사하기 시작한다.
  E. 30~50개 강좌의 기본 훈련 시리즈를 완료하면 보건요원들을 졸업시킨다.

제3국면 : 평가 확장 (지속적 진행) | TOT III

- **1단계**
  A. 새로운 지역에서 실시할 훈련에서 수정할 항목이 있는지 결정하기 위해 기존의 훈련 결과를 평가한다.

B. 훈련을 시작할 새로운 지역을 선정한다. 동일한 마을에서 다음 훈련을 이어서 실시하지 않는다. 훈련과 그 다음 훈련 사이에는 보건요원들이 스스로 사역할 시간이 필요하다.
C. 기본 훈련이 끝난 첫 번째 그룹의 요원들을 위해 보수 교육을 실시한다. 훈련 다음 해에는 한 달에 한 번, 2~3일 동안 실시하고 그 다음에는 분기에 한 번 실시한다.
D. 그 지역에 25~40 가정 당 보건요원이 1명이 될 때까지 요원들을 지속적으로 훈련시킨다.

• **2단계**
A. 필요에 따라 지역사회 보건위원회와 함께 프로그램의 진행을 감독하고 수정한다.
B. 인접 지역으로 프로그램을 확산시키기 위해 훈련자가 될 보건요원들을 선발한다.
C. 처음 훈련 팀은 그 지역에서 떨어진 새로운 지역으로 이동한다.

현장 조사를 통한 정보 수집

지역사회 보건선교 프로그램을 시작하기 전에 반드시 정보를 수집해야 한다. 프로그램과 관련된 결정들을 할 때 이 정보들을 사용한다. 정보는 현장 조사를 통해 몇 개의 지역에서 동시 다발적으로 수집한다. 현장 조사에서는 사람들의 행동을 관찰하고, 무엇을 하는지 물어보며, 그들이 어떤 생각들을 하고 있는지 정보를 수집한다. 현장 조사는 직접 혹은 간접적으로 수집할 수 있는 특별한 모든 정보를 수집하는 것까지 포함된다.

감각을 활용한 간접적인 방법

프로젝트를 시작하는 시점에서, 우리는 그 지역사회에 관한 정보를 가능한 한 많이 수집할 필요가 있다. 이것은 공식적 혹은 비공식적으로 설문지 조사를 통해 실시할 수 있다. 우리는 지역사회에 들어갈 때 정보를 비공식적으로 수집하는 것이 최선임을 믿는다. 이 방법은 질문을 많이 하면서 대답을 노트에 기록하는 것보다 훨씬 덜 위협적이다.

처음에는 우리가 누구이며, 무엇을 하는지 소개하기 위해 정부의 핵심 관리들을 방문하고, 다음 단계로 몇 개의 지역사회를 동시에 방문하며 어느 지역이 성공 가능성이 제일 높은지 알아내기 위해 여러 번 방문한다.

외부인이 팀에 있으면, 언어 공부에 도움을 줄 수 있는 현지인을 배정하도록 노력한다. 이런 과정은 지역사회 보건선교 프로그램을 시행할 가능성이 제일 큰 지역사회 내에 우리가 머물 수 있는 확실한 근거를 제공한다. 우리가 방문하는 사람들에게 그리스도에 대해서 이야기한다.

외부인인 우리는 결코 필기도구와 메모지를 손에 든 상태로 지역사회를 방문하지는 않는다. 우리는 분명 어떤 정보를 찾고 있지만, 보고, 듣고, 냄새 맡고, 만지는 감각 기관을 종합적으로 사용하여 그 정보들을 얻도록 노력한다. 그 지역을 벗어난 후에 우리가 관찰하여 얻은 정보를 기록한다.

여러 가지 질문을 하지 않고도 많은 것을 배울 수 있다. 훈련자 훈련 시간에 참가자들과 함께 근처 마을에 가서 감각 기관만 활용하여 특정 정보를 수집하는 것을 연습한다. 이 훈련을 통해 우리가 얼마나 많은 정보를 수집할 수 있는지에 대해 모두 놀란다.

우리가 마을에 걸어 다니는 동안, 질문을 하지 않아도 많은 것을 들을 수 있다. 그 마을에 대해 더 많은 것을 알려주는 특별한 냄새도 맡을 수 있고, 우리에게 여러 가지 정보를 제공하는 많은 장면들을 목격할 수도 있다. 집이 어떤 식으로 지어져 있는지, 전기, 수도를 비롯하여 어떤 서비스가 제공되고 있는지 알 수 있으며 어떤 농작물이 자라고 있는지도 발견할 수 있다. 아이들의 예방 주사 자국을 보거나 영양 상태를 보면서 몇 가지 의학적인 자료들도 찾아낼 수 있다. 기타 정보들로는 운송 수단, 학교들, 수자원 관리 형태, 화장실 유무 및 화장실을 얼마나 잘 사용하고 있는지도 알 수 있다. 냄새를 통해 우리는 쓰레기 처리 방법에 대해 알 수 있다.

일부 정보들은 질문하거나 통계적인 자료들을 봐야만 얻을 수 있는 것들도 있다. 정부 관리들을 방문함으로써 우리는 인구 통계 자료와 그 지역의 넓이에 대한 자료를 얻을 수 있다. 보건소 같은 곳을 통해 질병에 관한 자료, 출생률 및 치사율에 대한 자료를 얻을 수 있다. 학생 수에 대한 자료와 문맹률에 대한 자료는 학교나 지방 교육청에서 얻을 수 있다. 지역 주민들과 지도자들과의 대화를 통해 그들이 피부로 느끼고 있는 필요와 활용 가능한 자원에 대한 정보를 얻을 수 있고 또한 누가 공식적인 지도자이며 누가 비공식적인 지도자인지 알 수 있다.

부록1에 첨부된 '지역사회 정보수집 양식(Community Information Form)'에 있는 주제들에 대해 정보를 수집한다. 그러나 이 설문지를 지역사회로 가지고 들어가서는 안 된다. 우리가 거기 있을 때에는 가능한 질문을 적게 한다. 정보를 수집하기 위해 여러 번 그 지역사회를 방문하고 우리가 설정한 가정이 옳은지를 판단하기 위해 이 정보들을 확인한다.

직접적인 기본 조사

일단 지역이 선정되어 사업을 실시한 후, 일정 기간이 지나면 여러 가지 변화가 일어날 것이다. 이렇게 변화된 모습들과 과거의 모습을 비교할 기본 정보를 수집하는 것이 중요하다. 우리는 이런 정보들을 수집하기 위해서는 위원회 위원들과 보건요원들이 최선의 사람들이라는 사실을 발견했다.

지역사회 보건요원 훈련에서 우리가 첫 번째로 다루는 주제들 중에는 지역 조사법과 지역사회 지도를 그리는 법이 들어 있다. 그리고 요원들은 자신들이 사는 지역에서 10~20 가구를 배정 받아 가정을 방문하여 지역사회 주민들로부터 필요한 정보를 수집하는 임무를 부여받는다. 이 과정에서, 지역 주민들은 진행되고 있는 프로그램에 대해 알게 되므로 요원들에게 정보를 제공하면서도 아무런 위협을 느끼지 않게 된다.

이렇게 되면 이제 다음 단계로 보다 더 공식적인 설문지를 사용할 수 있을 것이다. 대부분의 보건 요원들은 낮은 수준의 교육을 받은 사람들이므로 설문지 내용을 쉽게 작성해야 한다. 설문지 내용을 그림으로 만들고 요원들이 얻은 정보를 그림에 표시하도록 하는 것이 좋을 것이다. 우리 프로그램에서는 '지역 정보 조사(Community Infor- mation Survey)'라는 설문지를 사용하고 있다. 조사 결과에 따라 지역사회 보건교육 주제를 선정하고 교육 내용을 결정한다. 주민들이 중요하다고 생각하는 주제들을 다루는 것이 필수적이다.

어떤 프로젝트 지역에서는 필요한 모든 보건 관련 정보를 완벽하게 조사하지는 않고, 어떤 주제에 대해 가르치기 전에 간단한 조사를 여러 번 실시했다. 이렇게 하는 것은 지역사회에 위협을 덜 주기는 했지만, 훈련 팀에게 필요한 중요 보건 지수를 충분히 예견하는 데 도움을 주지는 못했다.

정보가 수집되고 도표가 만들어지면 그 결과를 주민들에게 반드시 알려주어야 한다. 정보를 수집하고 주민들에게 그 결과를 알려주지 않으면 의심을 받게 된다. 지역사회 주민들은 어떤 정보들이 수집되었으며 조사 결과 드러난 문제들에 대해서 어떤 조치가 취해질 것인지 알고 싶어 한다.

장소 선정 요소들

프로그램을 실시할 때 제일 먼저 고려해야 할 중요한 사항은 성공 가능성이 제일 많은 장소를 선정해야 한다는 것이다. 그러므로 서로 다른 후보 지역을 비교 평가하는 방법을 알아야 한다. 만약 상황이 열악한 지역을 사역지로 선정한다면, 우리가 하는 일은 큰 성과를 얻지 못하고 성공할 가능성이 희박할 것이다.

지역사회 보건선교 프로젝트를 실시하기 위해 서로 다른 몇 개의 지역을 비교할 때, 검토해야 할 항목들이 여러 가지 있다. 어떤 요소들은 다른 것들보다 더 중요하게 고려되어야 하므로 프로젝트가 성공하기 위해서는 중요한 순서대로 항목 별로 비중을 다르게 하는 것이 좋겠다.

각 지역을 방문할 때 항목별로 상태를 파악해서 중립적인 상태를 '0'으로 평가하고 긍정적이면 정도에 따라 '+', 부정적인 정도에 따라 '-' 점수를 주면서 채점한다.

각 항목에 점수를 주면서 각 요소들이 어느 정도 긍정적인지 아니면 부정적인지 결정한다. 모든 과정에서 충분한 기도가 필요하다. 장소 선정 기준을 개발하는 지침으로 어떤 것에 비중을 더 많이 두어야하는지에 대해 참고할 수 있도록 다음의 것들을 추천하고 싶다.

모든 항목에 점수를 기재한 후 15개 항목에 대한 점수를 합산한다. 이 점수를 가지고 각 후보지역의 적합성 여부를 비교한다. 명백하게 차이가 나는 곳은 제외시킨다. 점수가 비슷한 곳에 대해서는 기도하며 성령님의 도우심을 간구한다.

장소 선정 요소들	
영적인 개방성	-5 -4 -3 -2 -1 0 1 2 3 4 5
주도권 장악 정도	-5 -4 -3 -2 -1 0 1 2 3 4 5
육적으로, 영적으로 훈련받고자하는 의지	-5 -4 -3 -2 -1 0 1 2 3 4 5
언행일치 정도	-5 -4 -3 -2 -1 0 1 2 3 4 5
7km 이내 진료소 존재 여부	-5 -4 -3 -2 -1 0 1 2 3 4 5
성공 가능성 정도	-5 -4 -3 -2 -1 0 1 2 3 4 5
선두주자(champion) 유무	-3 -2 -1 0 1 2 3
프로젝트 지역에서 45분 거리에 거주할 수 있는지 여부	-3 -2 -1 0 1 2 3
지역사회가 프로그램을 원하는 정도	-3 -2 -1 0 1 2 3
거듭난 목사님 숫자	-3 -2 -1 0 1 2 3

장소 선정 요소들	
교회의 연합 정도	-3 -2 -1 0 1 2 3
정부 승인 여부	-3 -2 -1 0 1 2 3
치료에 비해 예방의 중요성을 인식하는 정도	-3 -2 -1 0 1 2 3
훈련받을 사람이 있는지 여부	-3 -2 -1 0 1 2 3
지역 지도자 유무	-3 -2 -1 0 1 2 3
합계	

지역사회에 들어가기

일단 지역이 선정되면 적절한 방법으로 그 지역에 들어가서 관심을 불러일으키는 것이 중요하다. 위원회가 결성되기 전에 선정된 마을 사람들이 지역사회 보건선교에 대해 분명하게 이해하도록 해야 한다.

지역사회에 들어가는 가장 효과적인 방법은 **학교 건강 검진 프로그램 (School Screening Test)**을 실시하는 것인데 이것이 지역사회의 주인 의식을 강화시키는 강력한 방법임을 발견했다. 훈련 팀은 그 지역에 있는 학교 어린이들을 위해 몇 개의 특정한 항목으로 일차 건강 검진을 실시하겠다고 제안한다. 키, 몸무게, 빈혈 검사, 소변 검사, 대변 기생충 검사, 병력 청취, 일반 진찰 같은 항목을 가지고 어린이들을 검진한다. 검사가 완료되면 부모들을 초청하여 자기 자녀들의 건강 상태에 대한 보고서를 전달한다. 그리고 팀이 발견한 건강 문제점들을 간추려 설명하고, 부모님들에게 "이런 문제들에 대해 어떻게 하시겠습니까?"라고 질문한다. 그러면 학부형들 사이에서 토론이 시작된다. 그리고 특정한 문제에 대해 학부모들이 무엇을 어떻게 할 것인가 계획을 세우게 된다.

이런 접근은 학부모들에게 지대한 관심을 불러일으키고, 문제에 대해 계획을 세우고 그 계획을 실천하는 데 도움을 준다. 그리고 이것은 주민들에게 프로그램에 대한 주인 의식과 책임감을 심어 준다.

그 후 우리는 **소개 세미나(Awareness Seminar)**를 7~10주에 걸쳐 실시한다. 1주에 1~2차례 모임을 가지고, 매회 3교시의 수업을 실시한다. 지역사회 모든 주민들에게 모든 강좌에 참가하도록 초청한다. 수업에 참가하는 사람들에게 전혀 부담을 주지 않도록 하고 LePSAS 교육법을 실시한다. 세미나가 끝날 때쯤에는, 지역사회에서 진행되고 있는 일이 무엇이며, 자신들에 대해, 그리고 지역사회에 대해 어떻게 느끼고 있는지, 지역사회 보건선교 프로그램이 어떤 것인지 더 잘 이해하게 된다(첨부한 '소개 세미나' 주제 목록을 참고할 것).

이 시점에서 그들은 기존의 건강 문제들을 해결하기 위해 보건 요원들을 훈련시켜 달라고 요청하게 된다. 주민들이 건강 위원회 위원들을 선발하고 훈련시키기 전에, 보건선교 프로그램을 시작하기 위해 지역사회를 적절하게 준비시키는 데 9~12개월이 걸린다. 이런 준비 과정을 서둘러서 끝내려는 유혹을 극복해야 기초를 보다 더 튼튼하게 다질 수 있고, 보다 더 확실한 프로그램을 시행할 수 있게 되는 것이다.

필리핀 지역 CHE사역 활성화에 기여한 자피로 시장

제12장

프로그램 계획 및
보고와 평가

과테말라(Guatemala)에서 로베르토(Roberto)가 이끄는 지역사회 보건선교 훈련 팀이 지역사회 보건선교 프로그램을 시작할 수 있는지 여부를 조사하기 위해 새로운 지역을 방문하려고 했다. 로베르토는 새로운 지역이 어디에 있는지 대충 알고 있었지만, 가는 길을 정확하게는 모르고 있었다. 그러나 운전사인 후안(Juan)은 어디로 가야하는지, 어떻게 가야하는지 잘 알고 있다면서 로베르토를 안심시켰다. 후안은 4륜 구동 랜드로버 자동차에 4명의 훈련자들을 태운 채 화창한 대낮에 목적지를 향해 출발했다. 가는 도중 하늘에 구름이 끼더니 비가 오기 시작했다. 처음에는 별 문제가 되지 않았고 잠시 후 큰 길을 벗어나 험한 도로에 들어섰지만 자동차를 4륜 구동으로 전환했기 때문에 문제가 되지 않았다. 바퀴에서 튄 진흙이 자동차 창문에 묻어서 밖을 내다보기가 힘들어졌다.

갈림길에 도달했다. 로베르토는 왼쪽으로 가야한다고 생각한 반면 후안은 오른쪽으로 가야 한다고 느꼈다. 그러나 운전대를 잡고 있는 후안이 "어디로 가야하는지 알아요!"라고 말하면서 오른쪽으로 핸들을 꺾었다. 창문에는 진흙이 더 많이 묻어서 밖을 내다보기가 더 어려웠다. 길은 점점 더 좁아지고 질퍽거렸다. 그들은 마침내 T자 모양의 길에 도달했다. 로베르토는 오른쪽으로 가자고 했지만 후안은 왼쪽으로 가려고 했다. "누가 운전합니까? 그리고 어디로 가야하는지 누가 제일 잘 압니까?"라고 후안이 말했다.

길이 점점 질퍽거리고 좁아질수록 팀원들은 불안해졌다. 밖은 거의 내다볼 수가 없었다. 한번은 자동차가 구덩이에 빠져서 꼼짝달싹할 수 없게 되었다. 모두 내려서 차를 밀어 간신히 진흙탕에서 빠져 나올 수 있었다. 그러나 시간이 갈수록 그들이 길을 잃었다는 사실이 분명해졌다. 드디어 후안도 신경질적으로 되었다. 마침내 그들은 막다른 길에 이르렀다. 더 이상 앞으로 갈 수도 없었고 돌아 나올 수도 없게 되었다. 문제가 심각해졌다!

지역사회 보건선교 프로그램에서의 평가란 계획 초기 단계에서부터 무엇을 위해, 그리고 무엇에 대해 계획을 세웠는지 지속적으로 생각하고 점검하는 과정이다. 프로젝트가 그 지역에서 성공하고 있는지 실패하고 있는지 지속적으로 평가하고, 올바른 방향으로 가기 위해 필요하면 수정해야 한다. 계획하고 보고하며 평가하는 과정에 지역사회가 반드시 참여해야 한다. 이런 과정을 거치는 것이 프로그램이 소정의 목표를 달성했는지 여부를 아는 데 도움을 준다. 이런 과정을 통해서 프로그램의 약점을 발견하고, 그 약점이 어디에 있는지 알게 된다. 평가는 다음과 같은 목표를 위해 실시한다.

- 성공과 실패를 확인하기 위해
- 과거와 현재를 비교하여 그 동안 일어난 변화를 확인하기 위해
- 어떤 변화가 일어나야 하는지 계획을 세우기 위해
- 프로젝트가 정체되지 않고 확실하게 성장하기 위해
- 변화에는 시간이 걸린다는 것을 깨닫고 계획 단계에서부터 보다 현실적이 되기 위해

계획 수립과 보고의 지속적인 체계를 확립하는 것은 진행되는 과정을 평가하기 위한 훌륭한 도구이다. 이것은 랜드로버 자동차 이야기에서 발생했던 사건과 달리 길을 잃지 않도록 우리를 지켜 준다.

계획 세우기

확실하게 프로그램을 성공시키려면 먼저 우리가 무엇을 달성하고자 하는지 알아야 한다. 우리는 또한 설정된 목표들을 이룩하기 위해 필요한 단계가 무엇인지 알아야 한다. 목표란 일정 기간 안에 달성하고자 하는 것을 문자로 정리한 것이다. 목표란 측정 가능한 결과를 기준으로 정확하게 설명해야 하며 그래야 언제 그것이 달성되었는지 알 수 있게 된다. 목표는 그것을 달성해야 할 책임이 있는 사람들에 의해 설정되어야 한다. 그러므로 이것은 훈련 팀이 아니라 위원회와 지역사회 보건요원들이 직접 설정해야 한다. 사람들은 때때로 문제가 있을 때, 해결책을 마련하는 것이 중요하다고 말한다. 그러나 사람들은 문제를 해결하기 위해 무엇을, 누가, 언제 해야 하는지를 결정하지 않기 때문에 문제가 해결되지 않는 경우가 많이 있다.

4단계를 거쳐 목표를 세우고, 일단 기본 틀이 잡히면 목표가 완전히 설정될 때까지 이 과정을 반복해야 한다. 목표를 세우기 위한 4단계란 다음과 같다.

1. **무엇을 변화시키고자 하는가?** (예, 구덩이식 화장실 설치)
2. **누구에게 혹은 어디에서 변화가 일어나야 하는가?**
   (예, 부후구 구역)
3. **어느 정도의 변화를 원하는가?**
   (예, 구덩이식 화장실 수를 10개에서 50개로 늘린다)
4. **언제 목표를 달성하고자 하는가?** (예, 내년 1월 1일까지)

일단 위의 네 가지 물음에 대답하면, 그 답들을 모아 목표를 설명할 수 있도록 짧은 문장을 만든다. 위의 보기를 가지고 문장을 만들면 다음과 같이 될 것이다.

부후구(Buhugu) 지역 각 가정이 쓰고 있는 구덩이식 화장실 수를 늘리고, 화장실 사용을 장려할 목적으로, 내년 1월 1일까지 구덩이식 화장실수를 10개에서 50개로 늘리고자 한다.

그러나 목표가 아직 완성되지 않았다. 나머지 세 가지 질문도 고려해야 한다.

1. 이 목표는 측정 가능하거나 관찰 가능한 것인가?
다시 말하면 목표가 달성된 것을 알 수 있는가? 위의 보기에서, 우리의 목표는 화장실 수를 10개에서 50개로 늘린다는 측정 가능한 변화를 제시했고, 그것을 1월 1일까지 달성한다고 했다.
2. 그것은 주민들에게 중요하며 적절한 것인가?
만약 주민들 생각에 구덩이식 화장실을 가지는 것이 자신들의 생활에 중요한 주제가 아니라고 생각한다면, 아무리 목표가 설정된다 하더라도 그것은 결코 달성되지 않을 것이다.
3. 주어진 시간에 목표가 달성될 수 있는가?
위의 보기에서 만약 5월에 목표를 세우면서 8월까지 목표를 달성하겠다고 했다면, 목표량인 구덩이식 화장실 40개를 3개월 안에 만들어야 한다는 결론이 나오게 된다. 그러나 이것은 비현실적이다.

일단 타당하고 측정 가능한 목표가 명확하게 설정되어 달성 가능성이 높아 보인다 해도 아직 할 일이 남아 있다. 목표에 도달하기 위한 단계들을 설정하지 않으면 어떤 목표도 달성할 수 없는 것이다. 이런 중간 단계들을 설정하는 것 역시 계획 수립 단계에서 필요한 일이다. 그래야 당신이 어떻게 목표를 달성할 것인지 확실히 알게 되는 것이다.

이 과정은 마치 사람이 건물의 계단을 통해 위층으로 올라가는 과정과 마찬가지이다. 말하자면 지금 1층에서 2층으로 올라가려는 것과 같이 당신이 어디에서 시작해서 어디를 향해 가려고 하는지 알아야 한다. 구덩이식 화장실의 경우에서 보면 그들의 현재 위치는 구덩이식 화장실을 가진 집이 10 가정이라는 사실이다. 50개의 구덩이식 화장실을 보급하겠다는 목표를 달성하기 위해 다음의 단계들을 거쳐야 할 것이다.

1. 장염의 발생 빈도를 줄이기 위해 구덩이식 화장실을 만들어 사용하는 것이 중요하다는 사실을 주민들에게 교육해야 한다. 지역사회 보건요원들은 이것을 가르치는 것에서부터 프로젝트를 시작해야 한다.
2. 지역사회 보건요원들의 도움을 받아 시범적으로 구덩이식 화장실 만드는 것을 보여 주고, 주민들이 스스로 구덩이식 화장실을 만들 수 있도록 가르쳐야 한다.
3. 시범용 화장실을 만드는 데 필요한 모든 자재는 현지 조달이 가능해야 한다.
4. 화장실 만드는 비용을 산정해야 한다.
5. 가장 관심 있는 사람(Innovator)을 찾아내어, 화장실을 만들도록 도와줌으로써 다른 사람들에게도 화장실을 만들어야겠다는 동기

를 유발시킨다.
6. 제1단계를 시작한 3개월 후, 향후 4개월 동안 매월 열 개의 화장실을 만들겠다는 목표를 세운다.

이렇게 해서 우리는 각 단계들을 확인하고 따라가야 최종 목표에 도달할 수 있다는 것을 알았다. 그러나 계획 과정에서 더 많은 것이 행해져야 한다. 즉 우리가 목표를 향해 잘 나아가고 있는지 지속적으로 확인해야 한다. 많은 경우에 우리는 목표를 설정한 후 그것을 서랍 속에 넣어둔 채 잊어버리는 경우가 많기 때문에 보고(reporting)라는 수단을 통해 진행 과정을 지속적으로 평가하는 것이 매우 중요한 것이다.

보고서 작성

지속적인 평가를 하는 과정에 있어서 없어서는 안 될 부분은 일관된 보고 체계이다. 보고 체계는 보건요원들과 위원들에게 자신들이 설정한 목표를 달성하도록 동기를 부여한다. 지역사회 보건요원들이 달성한 사항들을 위원들에게 보고할 때, 프로그램 내부에 추진력이 생긴다. 때로는 정부에서 프로젝트에 대해 정기적인 보고서를 요구하는 경우도 있다.

보고되는 자료에는 위원회가 중요하다고 생각하는 정보가 들어 있어야 하며 이런 정보들은 쉽게 그리고 지속적으로 수집할 수 있어야 한다.

보고서는 매월 정기적으로 지역사회 보건요원들이 작성하여 위원회에 제출하며 위원회에서 요약하도록 해야 한다.

지역사회 보건요원들은 가정 방문일지(Home Visit Log)를 가지고 한 가정마다 한 페이지씩 책임지고 기록해야 한다. 지역사회 보건요원들이 가정을 방문할 때마다, 어떤 일이 발생했는지 기록한다. 일반적인 교육 혹은 영적인 교육을 실시했는지, 했다면 무엇을 했는지, 날짜와 함께 기록해야 한다. 새로운 집안 환경 개선(예, 구덩이식 화장실)이나 어떤 새로운 영적 변화(예, 그리스도 영접)가 있었는지도 기록한다(부록 : '가정방문일지'를 볼 것).

가정을 방문할 때마다 방문일지를 기록하기 때문에 월별 보고서에 그 달에 무슨 일이 일어났는지 정확하고도 간명하게 기록할 수 있다. 이렇게 하면 월례 보고서를 짧은 시간에 보다 정확하고 쉽게 작성할 수 있게 된다. 지역사회 보건요원을 지도하는 사람이나 위원들은 요원들과 함께 보고서 내용을 정기적으로 점검하고, 기록된 변화 사항들에 대해 요원들과 함께 그 가정을 방문하여 확인해야 한다. 이 보고서는 프로그램을 통해 달성된 일들에 대한 사역의 질을 평가하는 자료가 되는 셈이다.

'지역사회 보건요원 월례 보고서(CHE Monthly Report)'는 우리가 원하는 형태의 정보를 제공해 준다. 특별히 우리는 두 종류의 정보 즉, 통계적 정보와 서술적 정보를 원한다. 통계적 정보는 육적인 면과 영적인 면에서 무슨 변화가 일어났는지 보여 주고 있으며 영적인 면에서 우리가 관심을 기울이는 전도, 양육 및 제자 훈련에 대한 정보를 제공한다. 육적인 통계에서는 프로젝트를 통해 실시한 몇 가지 활동들에 대한 결과를 보여 주지만 모든 요원들이 매월 모든 활동을 실시할 수는 없는 것이다.

'건강한 가정 상(Healthy Home Award)'을 제외한 대부분의 활동은 그 자체가 무엇을 의미하는지 쉽게 알 수 있다. 건강한 가정 상은 위원회에서 결정한 기준을 충족시킨 가정에 수여되는 상이다. '건강한 가정 상'을 받기 위해서는 새로운 구덩이식 화장실을 갖추어야 하며, 쓰레기 구덩이를 파고, 접시 말리는 선반을 만들고, 어린이들에게 예방 주사를 맞혀야 한다.

이 보고서를 통해서 우리는 또한 각 지역사회 보건요원들의 영적인 건강과 정서적인 건강에 대해서도 살필 수 있다. 보고서는 보건요원들로 하여금 지난달에 성취한 항목들을 확인시켜 줄 뿐 아니라 다음 달의 목표를 설정하는 데 도움을 준다.

효과적인 보고서를 얻기 위해서는, 지역사회 보건요원들이 제출한 보고서가 읽혀지고 있으며 도움이 필요할 때는 언제든지 도움을 받을 수 있다는 확신이 요원들에게 있어야 한다. 이런 보고서를 통해 요원들이 인정받을 수 있기 때문에 위원회 위원들은 보고서를 반드시 읽어야 하며, 문제들에 대해 대책을 강구하고, 요원들의 보고서에 대해 평가해 주어야 한다. 이렇게 반응하는 것이 요원들에게는 결정적으로 동기를 부여하는 행위가 된다. 만약 자신들의 보고서를 아무도 읽지 않는다고 느끼면, 요원들은 즉시 보고서 제출을 그만 두게 될 것이다.

지역사회 보건요원들에게 동기를 부여하는 가장 핵심적인 행위는 위원들이 보건요원들과 함께 정기적으로 가정을 방문하는 것이다. 이 시간에 위원들과 보건요원들이 보고서에 대해 토론할 수 있으며 이런 관심과 반응을 통해, 요원들은 위원들이 자신의 사역을 이해하고 개인적으로 관심을 가지고 자신들을 돌보고 있다는 사실을 알게 된다.

만약 프로젝트가 아주 방대하다면, 동기를 부여할 수 있는 또 다른 방법은 월간 소식지를 발행하여 통계적인 자료를 싣는 것이다. 다른 사람들과 마찬가지로 보건요원들도 자신들의 이름이 인쇄되고 자기의 실적이 다른 사람들과 비교되는 것을 좋아한다. 이런 면에서, 월간 소식지는 인센티브로 작용해서 열심히 일하고자 하는 마음을 부추기게 된다.

위원들은 월례 보고서를 통해 서로 다른 보건요원들의 활약을 비교할 수 있고, 보건 요원들이 소홀히 했던 활동을 발견해 낼 수 있다. 이런 약점에 대해서는 보건요원들과 함께 토론하고 적절한 도움을 줄 수도 있다. 보고서를 통해 요원들 중 누가 통계 자료를 부풀리는지도 알 수 있게 된다.

'지역사회 보건선교 분기별 프로젝트 보고서(CHE Quarterly Project Planning Report)'는 계획과 보고에 모두 사용할 수 있다. 이것은 위원회로 하여금 다음 분기에 프로젝트를 통해 달성하고자 하는 목표를 나열할 수 있도록 도와준다. 분기 말에, 위원회는 보고서를 가지고 각 목표별로 달성된 정도를 평가할 수 있다. 여기에는 통계 수치도 들어있기 때문에 과거의 자료와 현재의 자료를 비교하거나 지난 해부터 지금까지 발전한 상태를 비교할 수 있다.

평가

이 책을 통해 우리는 지역사회의 참여를 독려해 왔다. 이것은 평가 과정에도 적용되는 것이다. 만약 주민들이 자신들의 운명을 변화시킬 만한 목표를 설정했다면 주민들이 평가 과정에 참여하는 것은 더욱 중요하다. 주민들이 의사 결정, 프로그램 계획 수립, 실천 및 평가에 적극적으로 관여할 때 더 많은 주도권을 가지게 되고, 자극을 받으며 용기를 얻게 될 것이다.

평가 초기 단계뿐 아니라 각 단계의 평가 과정에 참여하는 방안을 강구하는 것이 중요하다. 이것은 갖가지 형태의 자료를 수집하는 방법들을 선택하고 적용하는 것까지 포함한다. 그리고 분석 단계 및 프로그램을 실행함으로써 나타난 현상들에 대해 어떤 행동을 취하는 시점에까지도 지속되어야 하는 과정이다.

지역사회의 의견과 주민들의 개입은 평가 과정을 성공적으로 수행하는 데 결정적으로 중요하다. 지역사회는 프로그램 평가 기술의 도입 및 실행에 전적으로 개입되어야 한다. 참여식 평가 과정에서는 수집된 자료가 반드시 지역사회에 직접적으로 유익을 주는 것이어야 한다는 점을 강조하고 있다.

지역사회가 평가 과정에 개입된다면, 주인 의식을 가지고 프로그램에 전적으로 헌신하는 것이 쉽지 않다는 것을 발견하게 될 것이다. 참여하는 평가가 되기 위해서는 다음의 사실을 반드시 알아야 한다.

- 프로젝트 평가를 위한 주도권은 어디서부터 오는가?
- 그 평가는 강제적인가 자발적인가?
- 참여는 개인적인가, 집단적인가?
- 그 평가는 한 번에 끝나는 것인가 아니면 지속되는 것인가?

평가란 지역사회를 전적으로 포함시킨 상태에서 지속되는 과정이며,

목표 설정, 계획 수립 및 정기보고까지 포함하고 있다. 그리고 경우에 따라서는 주기적인 추가 평가가 필요한 경우도 있다. 건강 지표의 변화를 평가하고 싶을 때 추가 평가가 필요하며 이것은 보건요원들이 프로젝트 실시 초기 단계에서 시행한 것과 동일한 형태로 2차 조사를 실시함으로써 정확한 비교가 이루어지고, 건강 지수의 변화를 확인할 수 있게 되는 것이다.

또 프로젝트가 시작된 지 2~3년 후에, 위원회는 프로젝트를 통해 일어난 일들에 대해 주민들이 어떻게 생각하고 있는지 의견을 듣고 싶어 할 수도 있다. 이 경우에 물론 '지역사회 설문지(Community Questionnaire)'를 사용하여 조사할 수도 있지만 이 시점에서는 프로젝트와 상관이 없고, 그 지역에 살지 않는 사람을 통해 객관적으로 믿을 만한 자료를 얻는다면 조사가 더 잘 이루어질 것이다. 이런 과정을 통해 주민들이 프로젝트를 어떻게 이해하고 있으며, 어떻게 느끼고 있는지 알 수 있게 된다. 이 때, '지역사회 보건요원에 대한 설문 조사(Community Health Evangelist Survey)'라는 것을 활용하여 지역사회 보건요원들에게 직접 묻는 것도 한 방법이 될 것이다. 이 조사는 프로그램에 대한 요원들의 느낌과 그들이 프로그램에 대해 얼마나 알고 있는지 알게 해 줄 뿐 아니라, 그 프로젝트 안에서 자신들의 위치를 어떻게 보고 있는지, 무엇을 배웠는지 밝혀 준다. 여기서는 월례보고에서 다루지 않는 영역을 다루게 될 것이다.

프로그램을 성공적으로 수행하려면, 프로젝트가 시작되기 전에 주민들이 무엇을 달성하고자 하는지 알고 있어야 하고, 달성된 목표를 인식할 수 있어야 한다. 보고 체계라는 것은 지속적인 평가에 있어서 없어서는 안 될 부분이다. 체계적인 기획, 보고 및 주기적인 평가는 사업 초기에서부터 생각하고 계획해야 한다. 보고하는 사람들은 반드시 자기들의 보고서를 다른 사람들이 읽고 있으며, 필요하면 대책을 세울 것이라는 사실을 확신하고 있어야 한다. 이런 확신이 없으면, 이 체계는 쉽게 무너질 것이다.

평가 과정에서는 처음부터 지역사회를 포함시켜야 한다. 그렇게 하지 않으면 무엇이 달성되고 무엇이 달성되지 않았는지 아무도 모르게 될 것이다. 어떤 프로젝트가 성공하기 위해서는 평가 과정이 필수적이며 그것은 지속적으로 진행되어야 한다. 훌륭한 계획과 좋은 보고는 전체 평가 과정에 있어서 매우 중요한 요소이다. 초기 단계에서부터 이것이 없으면 좋은 평가는 기대할 수 없다.

제13장

교회 개척과 성장을 돕는 지역사회 보건선교

카자디(Kazadi) 박사는 마을 지도자들에게 그들의 생활이 어떻게 달라질 수 있었는지, 어떻게 그리스도를 통해 소망을 얻을 수 있었으며 그 사람들이 자신의 삶에 더 많은 책임감을 가질 수 있었는지에 대해 말했다.

합의된 접근 방식은 학교 학생들의 건강 상태에 대해 건강 검진을 실시하고 그 결과를 학부모들에게 보고하는 것이었다.

카탄다(Katanda)의 그날은 맑은 날이었다. 늘어선 어린이들의 줄은 마을 어귀까지 이어졌다. 줄 맨 앞 책상에 앉아 있는 의료진들에 대한 두려움을 달래면서 학부모들이 어린이들 옆에 서 있었다. 카자디 박사는 앞줄에 서 있는 어린이와 부모들에게 인사한다. 안심시키려는 그의 미소가 즉시 그들의 불안을 덜어 준다. 그리고 그는 부모들에게 건강 검진을 위해 어린이들을 간호사 앞에 한 사람씩 세우라고 지시한다. 어린이들은 아홉 가지 항목에 따라 검진을 받는다. 손가락 끝에 바늘을 찔러 피를 뽑을 때, 대부분의 어린이들은 몸을 웅크리고, 일부는 울음을 터뜨린다. 마지막 어린이가 검사를 받기까지 몇 시간에 걸쳐 검사가 진행된다. 사역자들은 이미 지쳤지만 검사 결과를 분석하고, 부모들에게 보고할 통계 자료를 뽑기 위해 아직도 몇 시간 더 일해야 한다.

다음날, 부모들이 검사 결과를 기다리는 기대감에 의해 교정의 분위기는 생생하게 살아있다. 이름이 불려진 각 부모는 작은 건물로 들어갔으며, 거기에는 카자디 박사가 어린이들의 건강에 대해 해당 부모에게 결과를 보여 주고 있다. 자녀들의 건강 상태에 대한 결과에 대한 설명을 들으면서 부모들은 충격을 받는다. 의사는 많은 사람들에게 이런 저런 것을 하라고 충고했다. 카자디 박사는 그들에게 다음 날 어린이들의 건강을 증진시킬 방법에 대해 토론하는 공개적인 모임에 오라고 요청했다.

다음 날, 마을 광장은 아이들과 학부형으로 가득 찬다. 카자디 박사가 단상에서 나무 상자를 제자리에 옮겨 놓으며 발표를 준비하는 동안 모든 시선은 카자디 박사에게 집중된다. "우리 아이들에게 무엇을 하실 계획입니까?"라고 라헬이 소리친다. 군중들이 한 목소리로 중얼거린다. "아무것도 없습니다."라고 카자디 박사가 대답한다. 학부모들이 술렁거린다. 카자디 박사는 손을 높이 들어 조용히 하라는 신호를 보낸다. "여러분들은 문제를 해결하게 될 것입니다." 그가 발표한다.

"어떤 문제를 가장 먼저 풀어야 되겠습니까?" 카자디 박사가 묻는다. "우리는 문제의 원인을 모릅니다."라고 자원 봉사자 라헬이 말한다. "대부분의 문제들은 오염된 식수 때문입니다. 그것에 대해 무엇을 할 수 있겠습니까?"라고 카자디 박사가 제시한다. 부모들이 몇 명씩 모여서 한 동안 토론을 벌인다. 결국, 참가한 몇 명의 남자들 중 한 사람인 가브리엘이 일어선다.

"만약 그것이 우리의 아이들을 병들게 하는 원인이라면 저는 식수를 보호할 수 있습니다. 제가 그 일을 할 수 있도록 팀을 조직할 것입니다!" 그리고 그는 몇 명의 마을 남자들의 이름을 불러서 자신이 만들 팀의 일원이 되어달라고 요청한다.

식수원을 보호하자마자 라헬은 자기 아이들에게 나타나는 즉각적인 결과를 보기 시작한다. 그 지방에서 나는 초목을 사용하여 기생충을 박멸하고 나니 아이들이 육체적으로 건강하게 되었다. 지역사회 보건전도자들이 가정을 방문할 때, 자녀들의 건강을 증진시키는 데 도움이 되는 다른 방법들을 소개해 주었고 라헬은 주의 깊게 들었다. 지역사회 보건전도자들은 어린이들의 건강과 가족 전체의 영적인 필요가 어떻게 연결되는지에 대해 설명했고 얼마 되지 않아 그녀는 예수님을 구주로 고백하게 되었다.

가브리엘은 식수 보호 프로젝트의 결과에 대해 매우 고무된 나머지 사람들을 모아 몇 개의 구덩이식 화장실을 짓기 위해 다른 팀을 결성했다. 이것을 본 다른 사람들이 용기를 얻어 각자의 집에 구덩이식 화장실을 만들기 위해 팀을 결성했다. 그 팀은 이제 마을의 각 가정에서 접시 선반을 만들기 위해 일하고 있다.

교회를 통한 사역

일반적으로 나라에는 두 가지 영구적인 조직이 있다. 하나는 정부이고 다른 하나는 보편적인 교회이다. 훈련 팀이 그 지역을 떠난 후에도 프로그램이 지속되기 위해서는, 프로그램이 정부에 속하거나 아니면 교회에 속해 있어야 한다는 것이 경험을 통해 얻은 우리의 결론이다. 이들 중 어느 곳에도 속하지 않으면 프로그램은 전반적인 방향성을 읽고, 필요한 자원의 결핍으로 인해 허덕이게 된다. 그 지역을 위한 하나님의 계획과 뜻이 무엇인지 확인하도록 교회를 통해 지역사회를 돕는 것이 타당할 것이다. 왜냐하면 지역 교회 회중들이란 보다 더 큰 이질적 사회 안에 있는 작은 사회이기 때문이다. 그들은 동일한 기독교적인 믿음과 신념을 가지고 있다. 서로 다른 민족 간에 발생하는 일부 차이점은 예수 그리스도의 보혈로 제거할 수 있다. 사람들은 서로를 알고 있으며 그 지역 교회 회중에게 속해 있다는 소속감을 가지고 있다.

지역사회 안에서 지도자로 인정하고 따르는 사회 조직이 교회이다. 현실적으로 하나님의 사랑을 표현하는 것은 교회가 감당해야 할 책임이며 의무이다. 교회는 조각조각 나누어진 사회 안에 있는 조직체로서 지역사회를 치료하는 향유가 될 수 있다.

교회란 하나님의 사랑을 행동으로 보여 주어야 한다. 하나님께서는 인간에게 총체적으로 관심을 가지시는 분이므로, 교회에 기반을 둔 전략은 반드시 하나님의 사랑을 그 지역사회에 나타내야 한다. 우리는 오직 예수 그리스도와 개인적인 관계를 통해서 나타나는 삶의 변화에 관심을 가지고 있다. 이런 내적 변화가 현실적인 외적 변화에 중요한 요소가 된다. 교회는 이 일에 적극적으로 개입해야 한다.

지역사회 보건선교를 통해 사람들이 그리스도에게로 나아옴으로써 주민들은 자연스럽게 지역사회 보건전도자들의 추수 관리를 받고, 지역사회 보건전도자들이 운영하는 성장 그룹에 참여하게 된다. 만약 그 지역에 복음주의 교회가 있다면, 새로운 개종자들은 거기에 출석하도록 용기를 주어야 한다. 만약 교회가 없다면, 이 새로운 신자들과 함께 교회를 개척하도록 목사님을 초청한다.

이런 전략을 통해, 우리는 말과 행동으로 적극적인 사랑의 본을 보여 준다. 우리는 다른 사람들에게 이웃을 사랑하는 방법을 보여 주고, 사람들을 차별하는 이질적인 도시 사회에서 이웃을 형제자매로 여기도록 그들에게 본을 보이며 가르친다.

쪼개진 지역사회나 연합에 대한 감각이 거의 없는 지역, 개신교에 적대적인 사람들이 있는 지역사회 내의 개신교 집단과 함께 일하려고 하지 않는 사람들이 많이 사는 곳, 그리스도인들이 소수인 지역에서는 교회가 지역사회 보건선교 프로그램을 시작하는 주체로 활용될 수도 있다. 이런 경우는 도시 빈민지역에서 흔히 발생한다.

교인들이 자신들의 지역사회를 하나님의 눈으로 본다

우리가 교회를 통해 일할 경우 가장 중요한 사항은 교인들이 통합 사역에 대한 개념을 가져야 한다는 것이다. 그들은 하나님께서 그들 사회를 향해 무엇을 원하시는지를 이해하고 그것에 대한 비전을 가지고 있어야 하며 이 비전이 실현되도록 기꺼이 도우며, 변화를 일으키는 존재가 되려고 해야 한다. 과거에 우리가 이런 비전을 가지지 못했다. 이 때문에 그리스도께서 그 사회가 어떻게 변화되기를 바라고 있었는지에 대해 교회가 알아차릴 수 있도록 돕는 새로운 프로그램을 시작하는 데 아주 많은 시간이 걸린다. 이것은 우리의 새로운 **교회 동원 시리즈 (Mobilizing the Church Series)**를 통해 이루어진다(주제 목록을 볼 것). 이 비전을 수립하기 위해 우리가 실시하는 훈련 중 좋은 부분을 연합해야 할 것이다.

이 과정의 주된 목적은 관심 있는 교회들을 준비시켜서 다음의 일을 하도록 하는 것이다.

- 사람을 영적으로, 육체적으로, 정서적으로 그리고 사회적으로 다루는 총체적 사역에 참여하는 비전을 기존 교회들에게 심어 준다.
- 교회가 지역사회 사람들의 필요를 확인하고, 확인된 몇 가지 필요 사항들을 충족시키기 위해 교회 안에 있는 사용 가능한 자원들을 확인하여 그것으로 주민들을 도우면서 비전을 행동으로 옮

- 기도록 교회를 도와준다.
- 주민들이 보다 건강한 삶을 살 수 있도록 도우면서, 그들을 그리스도에게로 인도한다는 의도를 가지고 지역사회 사람들에게 영적으로 다가가는 한 가지 수단으로 성장 그룹들을 바라볼 수 있도록 교회를 돕는다.

지역사회에 기반을 둔 교회가 시작한 지역사회 보건선교 프로그램은 다음과 같은 특징을 가진다.

- 지역 교회가 사업을 시작하게 될 것이다.
- 교인들은 자신의 지역사회에서 영적인 것과 육적인 것이 통합된 선교 비전을 가지게 된다. 그들은 사람을 단순한 영적인 존재만이 아니라 총체적인 존재로 관심을 가진다.
- 그들은 하나님께서 앞으로 변화시킬 미래의 모습으로 자신의 지역사회를 바라보아야 한다.
- 교회는 개발 사역을 지역사회에 꼭 필요한 일로 바라보아야 한다.
- 지역사회 보건선교를 소개할 때 처음부터 총체적인 접근에 대해 이야기해야 할 것이다.
- 교회란 지역사회를 위해 일하는 것이 아니라 지역사회와 함께 일하는 것이다.
- 교회는 지역사회의 헌신과 참여를 얻어내기 위해 완전한 통제를 기꺼이 포기해야 한다. 위원회에는 몇 명의 교회 신자들이 있어야 하지만, 지역사회 인사들도 많이 들어와야 한다.
- 지역사회 보건전도자들이 사업 시작 단계에서는 신자일 수도 있고 아닐 수도 있다. 그러므로 이들이 전도의 첫 번째 대상들이다. 우리의 경험에 의하면 믿지 않는 사람들은 프로그램 도중에

> 탈락하기 때문에 지역사회 보건선교 훈련이 끝날 때까지 프로그램에 남아있는 사람들은 모두 신자들이다.
> - 교회가 교인들을 위해 혹은 단순히 교세를 확장하기 위해 그냥 개발 사업을 하지는 않는다.
> - 지역사회에 있는 다수의 교회들이 프로그램에 관여한다.
> - 교회 옮기기나 '양 훔치기'는 있을 수 없다.
> - 전국적으로 프로그램을 함께 하고 그것을 자신의 것으로 만들며 사람들을 훈련시켜 지역사회 보건전도자들로 만들 교단을 찾는다.
> - 훈련 팀에는 프로그램을 다른 지역으로 전파할 교단 출신의 사람이 있어야 한다.

 교회들은 이 전략을 배타적으로 자기 교인들만을 위해 사용하지 말고 오히려 믿지 않는 이웃에게 총체적인 방법으로 다가가는 수단으로 활용해야 한다. 만약 그 지역에 한 개 이상의 복음적인 교회가 있다면, 이들 교회가 위원회와 전도자들에게 동일하게 설명해야 한다. 더 많은 교회가 관여하면 할수록 더 좋다. 왜냐하면 각 교회에는 저변이 넓은 지역사회 프로그램을 개발하는 데 헌신할 수 있는 충분한 자원과 인원이 없을지도 모르기 때문이다.

 교회란 사람을 치유하기 위해 육적, 영적, 그리고 정서적인 면에서 사람을 총체적으로 다루는 곳이기 때문에, 교회가 사역을 시작한다는 것은 중요한 일이다. 교회는 촉매자 및 다음 세대까지 전하는 자의 역할을 한다. 교회란 우리 이웃들 및 하나님과 조화를 이루며 사랑의 관계를 수립하려는 곳이다. 그러므로 어떤 지역사회의 노력에 교회가 관여한다는 것은 결정적으로 중요하다. 위원회 위원이나 지역사회 보건전도자들

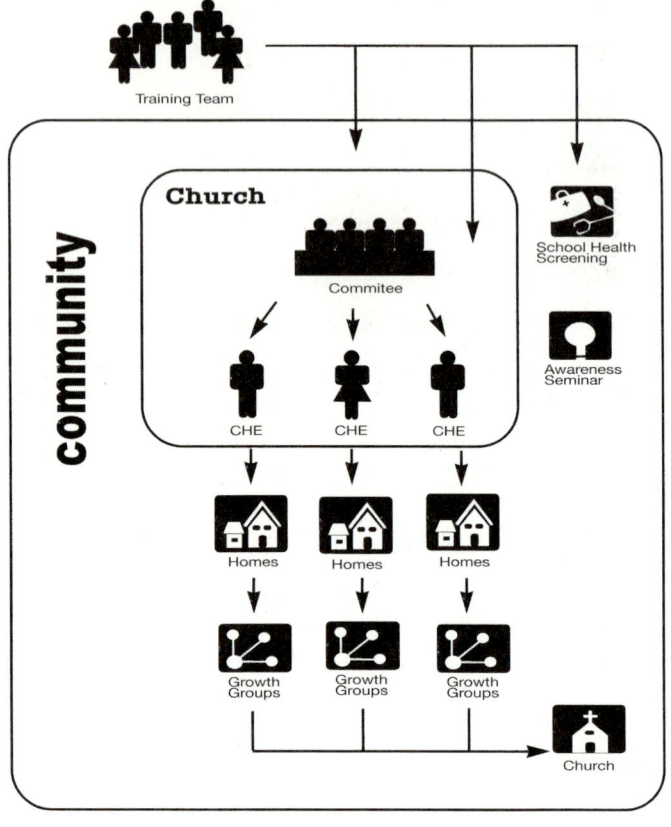

모두가 거듭난 신자들은 아니기 때문에, 그들이 복음 전파와 추수 관리의 첫 번째 대상이 된다.

  교회가 프로그램을 주도하기 때문에, 교회가 현실적인 방법으로 지역사회에 다가가면서 사람을 총체적으로 돌볼 때 비로소 교회는 사회 안에서 자신의 이미지를 바꿀 수 있게 된다. 그것은 교회로 하여금 그 지역사회에서 빛과 소금의 역할을 할 수 있는 기회를 제공한다.

교회 개척

국제 의료 대사 선교회는 교단이 아니며 본 단체에 속한 교회도 없다. 그렇지만 우리는 지역사회 보건선교가 교회 개척과 교회 성장에 막강한 도구가 된다는 것을 발견했다. 우리 프로그램을 통해 사람들이 그리스도에게 나오기 때문에, 그들은 인도 받은 사람들에 의해 그리스도에게로 향하여 성장하는 삶을 살게 되는 것이다. 그래서 이 새 신자들이 모여 소규모 그룹으로 발전하고 거기서 믿음의 양식을 얻으며, 사역의 기술을 익히고, 그리스도를 위해 목표 지역에 접근하는 데 도움을 받고 용기를 얻는다. 그러고 나서 이런 회원들은 목표 지역에서 복음을 전하며 그들이 그리스도에게로 인도한 사람들을 추수 관리한다. 그리고 그들은 다시 새 신자들에게 새로운 소규모 그룹을 만들어 준다. 이전에 교회가 없던 지역에 이 작은 그룹들에서부터 교회가 탄생하게 된다.

지역사회에 기반을 둔 모델은 교회가 있고 복음에 열려있는 지역에서 가장 빈번하게 사용되는 방법이다. 그 지역에 교회가 없다면, 지역사회 보건전도자들이 운영하고 있는 가정 성경 공부 모임에서 교회를 개척할 수 있는 목사님을 보내 달라고 교단에 요청한다.

자이레(Zaire) 몸비지 마이(Mbyji Mayi) 외곽 카탄다(Katanda)에서 일어난 현상이 성공적인 교회 개척의 좋은 본보기가 된다. 역사적으로 보면 전체가 개신교 지역이었다. 카탄다에서 개신교가 관할하는 면적은 $40 \times 60 Km^2$이고, 이 지역에서는 지금 200명의 지역사회 보건전도자들이 36개 마을을 섬기고 있다.

한 해에 1,619명이 예수 그리스도를 믿겠다고 결정했고 그 중 508명이 세례를 받았다. 지역사회 보건전도자들이 2,936명을 추수 관리했고, 43명을 42개의 성경 공부 모임으로 인도했으며 여기서는 총 2,936명이 성경을 공부하고 있다. 4년 후, 그들은 교회의 수가 2개에서 38개로 늘어나는 것을 보았다.

그 해에 20,834명의 여성과 어린이들이 진료소에서 산전관리 및 출산 후 진찰을 받았으며, 6,441명의 어린이들이 예방 주사를 맞았다. 처음에는 사람들이 마을 야채 밭에서 함께 일했으나, 나중에는 300명의 개인이 부엌 텃밭을 가지게 되었고, 다른 200개 가정에서는 토끼를 사육하기 시작했다. 결과적으로 영양실조에 걸리는 어린이들의 수가 현저하게 감소했다.

또 지역사회 보건전도자들이 9,704회의 가정 방문을 실시하여 1,775개의 구덩이식 화장실과 1,258개의 쓰레기 처리장을 새로 지었다. 그 결과 기생충 질병 발현 빈도와 설사병이 반 이하로 줄었다. 그리고 그 해에 1,457 가정에서 건강 증진을 위해 중요한 다섯 가지 개혁을 실시했기 때문에 '건강한 가정 상'을 수상했다.

그렇다. 카탄다는 현실적으로, 영적으로 변했으며, 이 변화는 인근 여러 나라로 파급되었다. 이제 카탄타는 자신의 삶을 변화시킬 수 있다는 희망과 깨달음의 분위기로 가득 차게 되었다. 많은 사람들의 삶의 중심에 예수님이 자리를 잡게 되었다. 그 넓은 지역에 교회가 단 두 개뿐이던 것이 지역사회 보건선교가 소개된 이후 교회 수가 늘어나면서 만 4년 만에 교회 수가 38개에 이르게 되었다. 그들은 하나님께서 사회를 현실적으로, 영적으로 변화시키는 것을 보았다(자세한 내용은 본 장 시작 부분에서 다루었다).

때로는 교단에서 지역사회 보건선교를, 복음이 전해지지 않은 지역에 교회를 개척하고 전도자들을 훈련시키기 위한 수단으로 사용한다. 개방되지 않은 지역에 교회를 개척하는 본보기는 히말라야산맥 언저리에 있는 인도의 다르질링(Darjeeling)에서 볼 수 있다. 이 내용은 제9장 '가정에 근거를 둔 모델' 편에서 이미 다루었다. 5년 동안, 지역사회 보건선교 프로그램으로 훈련받은 15명의 전도자들이 그들의 시골 지역에서 사역했으며, 2,500명의 힌두교 신자들과 불교 신자들이 그리스도와 개인적인 관계를 가지게 되었다.

하나님께서는 이 추수의 결과를 사용하시어 80개 마을에 75개의 교회를 세우셨다. 그 중에는 250명의 교인이 모이는 교회도 있다. 이제는 이 교회들을 감독하는 현지 교단이 설립되었다. 가정에 기반을 둔 모델이 확장되면 자연스럽게 교회에 기반을 둔 모델이 된다. 이것은 특별히 이 지역에서 그러했다. 왜냐하면 처음부터 가정 교회에서 지역사회를 향해 나가도록 가르쳤기 때문이다.

우리는 중앙아시아에서 구역 조직을 활용하는 전략을 사용하여 교회 안에서 가정에 기반을 둔 지역사회 보건선교를 하는 것을 보고 아주 흥미로워 하였다. 왜냐하면 지역사회 보건선교가 구역 지도자들로 하여금 막연히 사람들을 찾아가게 하는 것이 아니라 사람들의 도움이 필요한 바로 그것을 도울 수 있는 수단을 제공했기 때문이다. 구역 교회 본부는 일차적으로 도시에 있었지만, 지역사회 보건선교는 그들에게 시골 지역에 구역 교회 전략을 성공적으로 접목시킬 수 있는 방법을 제공했다. 그것은 믿지 않는 사람들에게 그리스도인에 대한 신뢰를 심어주었고 하나님의 사랑을 행동으로 보여 주는 것이었다. 가정에 근거를 둔 지역사회 선교 모델은 또한 도시 교회 교인들을 준비시켜 이웃들을 도울 수 있게 만들었다.

'지역사회 보건선교에서는 전통적인 구역 접근 방식을 따른다는 말인가?' 라는 의문이 생길지도 모르겠다. 반드시 그렇지는 않다. 그러나 그것은 아주 적절한 것이며 지역사회 보건선교가 그 상황에 맞게 변형될 수 있다.

접근 제한 지역에 있는 나라들을 섬기는 개척 선교 기관에 속한 많은 팀들은 그 나라에서 발판을 확보해야 하는 교회 개척 팀들이다. 마찬가지로 우리는 지역사회 보건선교를 활용하여 이런 팀들에게 그 나라에 상주할 수 있는 근거를 제공한다. 또한 그들이 국민들을 현실적으로, 사회적으로 도우면서 유익을 끼칠 때 정부가 그들로 하여금 제자 양육 및 전도를 할 수 있도록 허락하는 명분을 찾게 된다.

그러면 지역사회 보건선교는 언제나 교회 개척에 성공하는 전략인가 하는 의문이 제기될 수도 있다. 어떤 사람이 지역사회 보건선교를 수행하느냐에 따라 성공 여부가 달라진다. 만약 그들이 교회 개척에 대한 비전을 가지고 있다면 교회는 개척될 것이지만, 만약 그들이 교회 개척에 대한 비전이 없다면 교회는 설립되지 않을 것이다.

국제 의료 대사 선교회는 해를 거듭할수록 지역사회 보건선교 전략의 결과로 매주 평균 한 개씩의 교회가 세워지는 것을 보았다. 지역사회 보건선교와 기타 모델들은 교회를 개척할 뿐 아니라 교회를 세우는 우수한 수단이다.

교회 성장

과테말라(Guatemala) 시에서 변두리로 약 2시간 떨어진 가비아(Gavia)는 5Km² 이내 지역에 600 가구가 흩어져 살고 있는 마을이다. 과테말라 시 교회연합회 회장 목사님의 요청에 의해 지역사회 보건선교 프로그램이 시작되었다. 가비아 지역 교회들은 통합적인 접근 방식으로 사역하기를 원하고 있었다.

프로그램은 2년 전에 40명의 교인을 가진 가비아(Gavia) 지역 교회에서 시작되었다. 이 교회는 가톨릭이 우세한 지역에 있는 유일한 개신교 교회였다. 마을 사람들은, 복음주의자들이란 다른 사람들을 돕지 않고 영적인 것에만 관심이 있다고 알고 있었기 때문에 목사님을 존경하지 않았다. 목사님을 포함해서 8명의 지역사회 보건전도자들이 훈련을 받았다.

그 지역의 가장 큰 문제는 설사병이었고 그들은 가정 방문을 시작해서 일반적 진리와 영적인 진리에 대해 나누기 시작했다. 주민들은 ORS(설사할 때 발생하는 탈수를 보충하기 위해 제조한 수액의 일종)를 사용하기 시작했다. 의료진이 매주 한 번씩 실시하는 진료에는 100명 이상의 환자들이 찾아왔다. 이제는 지역사회 보건전도자들이 환자들 중 문제가 심한 경우에만 의사들에게 보내고 있으며 의사는 격주로 30명 정도만 봐주고 있다. 심한 질병의 경우에는 환자들을 낮은 진료비로 치료해 주겠다고 동의한 과테말라 시에 있는 병원에 보낸다.

나중에 그 프로젝트에서는 다른 비정부 기구의 자금을 지원 받아 소규모 문맹 퇴치 프로그램을 실시했다. 그들은 정부로부터 배운 돌출형 안전 화덕을 만드는 방법을 사람들에게 가르쳐 주었다. 그들은 주민들을 도와 20개의 구덩이식 화장실을 만들었다. 지역사회 보건전도자들은 매주 평균 6~8회 가정 방문을 실시했다.

시민들은 복음주의자들도 현실적으로 돕는 일에 관심이 있다는 사실을 발견했을 뿐 아니라, 특별히 환자 후송 체계로 인해 지역사회 보건전도자들을 신뢰하게 되었다. 지금 목사님은 존경받고 있으며 지역사회에서 지도자로 지위를 굳혔다. 의료적으로는 가톨릭 교회와 좋은 관계를 가지고 있으며 교회와 함께 일하는 것에 대한 거부감이 거의 없는 것 같다.

사람들이 그리스도에게로 나오면 제자 훈련 그룹으로 보내며, 그 그룹에서는 처음에 7단계 교재를 사용하고 다음에는 ACTS 시리즈를 사용한다. 3년 내에 교회 규모가 처음보다 네 배 늘어났다. 지역사회 보건 봉사자 8명 중 목사님을 포함한 4명은 다른 사람들을 훈련시킬 수 있을 정도로 훈련받았다. 그래서 그들은 자매 교회를 통한 연합체의 이웃 지역사회에 지역사회 보건선교 프로그램을 실시하기 위해 준비하기 시작했다. 이 프로그램 역시 교회에 기반을 둔 것이었다. 그리고 그들은 위원들을 훈련시키고 이제는 8명의 지역사회 보건 봉사자들을 훈련시키고 있다. 요원들은 가정 방문을 시작했고 그리스도를 믿기로 결신한 사람이 46명에 이르렀고, 교회 성도들의 수는 70명에서 100명으로 늘어났다. 가정 방문에서, 그들은 또한 이 지역의 영양 문제와 설사에 대해 가르쳤다.

지역사회 보건선교는 또한 교회 성장에 도움이 되는 교회간의 협력을 유도한다. 케냐의 눙가챠(Ngacha)에 있는 6개의 교회들(장로교 1, 침

레교 2, 성공회 1, 오순절 1, 정교회 1)로부터 목사님들과 성도들이 위원회를 섬기면서 지역사회 보건선교 프로그램을 함께 시작했다. 위원회는 매일 적절히 돌봐야 될 소외된 노인들을 위한 장소가 없다는 것을 알게 되었다.

그래서 그들은 노인들의 육신적, 영적인 필요를 충족시켜줄 장소인 노인 복지 센터를 만들기 위해 지역사회를 움직였다. 지역사회 보건 전도자들을 훈련시켜 가정을 방문하도록 했다. 그들은 몇 가지를 연계하여 전도 캠페인을 벌였고, 가가호호 방문하고, '예수' 영화를 보여 주며 대규모 집회를 열었다. 각 교회 성도들의 수가 최소한 25% 이상 늘어나게 되었다.

CHE사역을 통하여 개척된 현지 교회(중남미)

제14장

지역사회 보건선교는 사역을 위한 형틀(Template)

아흐추(Ahchoo)를 소개하고 싶다(본인을 보호하는 차원에서 가명을 쓰겠다). 아흐추는 카자흐스탄에서 약 1년 전에 믿게 된 위거(Uigher)이다. 그는 포도, 토마토, 후추를 재배하는 2,000ha 크기의 집단 농장에서 일했다. 그는 트랙터 운전수였고 음식 만드는 공장과 포도주 양조장을 가지고 있었지만, 이제는 모두 작업을 중단한 상태이다.

전국에 있는 다른 집단 농장과 마찬가지로 그가 일하고 있던 집단 농장에 문제가 있었다. 돈이 없기 때문에 농부들이 월급을 받지 못했고, 씨 뿌리고 추수하기 위해 트랙터를 작동할 연료도 없었다. 무슨 농작물이든지 자라기만 하면 농장에서 필요한 석탄 같은 것과 물물교환을 실시했다. 농부들에게는 집단 농장에서 생산된 농작물의 일부가 지급되었지만, 모든 사람들이 동일한 물건을 팔려고 했기 때문에 그들이 먹고 남은 것을 내다 팔기가 무척 어려웠다.

협동 농장에서 더 많은 사람들이 먹고 살 수 있기 때문에 정부에서는 정부 소유의 집단 농장들을 대형 협동 농장으로 바꿨다. 그러나 이것은 정말로 의미 없는 조치였다. 일부 농부들은 협동 농장에서 같이 먹고사는 사람들의 수를 늘이는 대신 추가로 1~2ha의 땅을 더 차지했다. 소수의 사과 재배 과수원 농부들이 집단 농장으로부터 10~20ha의 과수원을 임대했다.

아흐추는 공산 정권 내내 가족들을 먹여 살렸던 1에이커 넓이의 땅을 가지고 생계를 유지하고 있었다. 아흐추는 퇴비를 사용하여 200×100m²의 좁은 땅에서 집약적으로 농사를 짓는 아주 훌륭한 농부였다. 그는 토마토, 후추, 상추 같은 몇 가지 야채를 재배하고 있었다. 그리고 그는 호두나무를 비롯한 몇 그루의 유실수도 가지고 있었고 가족이 필요한 것을 남겨두고 나머지는 시장에 내다 팔아서 돈을 조금 마련한다. 아내는 야채 통조림을 만들고 과일 일부를 집에서 건조시켰다.

그는 다른 농부들과 같은 시간에 농작물을 시장에 가지고 나갔다. 이것은 돈을 많이 벌 수 없다는 것을 의미한다. 예컨대, 만약 일반적으로 다른 토마토가 시장에 출하되기 전에 자신의 토마토를 시장에 가지고 나간다면, 1Kg에 60텡게(tenge)를 받을 수 있지만, 토마토 철이 끝날 무렵에는 Kg당 5~10텡게(tenge)밖에 받을 수 없게 된다.

그가 사는 지역은 사과 주산지이다. 변화된 기술에 의해 사과의 품질이 현격하게 향상되었고 이로 인해 그는 좋은 값을 받았다. 전 세계에 퍼져 있는 모든 사과의 원산지가 바로 이 지역이었다.

지역사회 보건선교는 단순한 의료 사역이 아니다

지역사회 보건선교는 방마다 창문을 가진 여러 개의 방이 있는 집과 같다. 당신은 정면으로 나있는 문(영적)을 통해 들어가고 싶지만 들어갈 수 없다. 그러므로 당신은 열린 창문(위생, 농작법 같은 필요들)을 찾고 그리로 들어가야 한다. 일단 하나의 방에 들어가면 당신은 그 방 안에 있는 사람이 가지고 있는 문제를 해결하는 데 도움을 준다(예, 농작법). 그리고 그 집 안에 있는 모든 방의 문제들을 다 풀기까지 언제나 그 방으로 이동할 기회를 찾는다(예, 식수).

지역사회 보건선교는 단순한 의료 사역 이상의 것이다. 한 사람이 진정한 건강을 누리기 위해서는 많은 요소들이 작용한다. 집은 지역사회 보건선교와 같고, 우리는 그들이 피부로 느끼는 필요가 무엇인지를 찾고 있으며 그것을 통해 지역사회 안으로 들어가고, 전 지역사회에 영향을 주게 된다. 지역사회 보건선교가 제1장에서 다룬 것처럼, 이 장 마지막에서는 그들이 피부로 느끼는 필요에 대해 다루고 있다.

지역사회 보건선교는 표준화된 구조와 접근 방식을 제공함으로써 총체적인 사역을 위한 형틀이 되기도 하지만, 각 프로그램마다 상당한 융통성을 가지고 있다. 어떤 프로그램이 지역사회 보건선교 프로그램으로 남아 있기 위해서는 몇 가지 필수적인 요소들이 있어야 한다.

- 예수님 사역이 우리의 모델이다.
- 인간을 총체적으로 보아야 한다.
- 사람들이 스스로 자신들의 필요를 파악하도록 그들을 돕는다.
- 가장 많이 지역사회 사람들을 만나고, 가르칠 수 있는 접촉점을 극대화시킨다.
- 자신들의 문제를 스스로 해결하도록 사람들을 동원하는 데 도움을 준다.
- 지역 사람들을 실제적인 방법으로 훈련시켜 자신들의 현실에 활용하도록 한다.
- 그들이 활용할 수 있는 방법으로 사람들을 가르쳐, 그들이 이웃을 가르치도록 한다. 이런 과정을 통해 재생산이 일어나는 것이다.
- 동일한 사람이 육적, 사회적, 영적, 정서적인 면에 관여한다.
- 처음에는 외부에서 온 훈련자들이 비전을 제시하지만, 그들이 할 일은 현지인들이 자신들의 일을 하도록 하는 것이다.
- 배우는 사람이란 배우는 과정에 자신이 적극적으로 참여하는 사람을 말한다.
- 현지인 지도자들이 조만간 나타나서 프로그램을 인수한다.
- 문화적으로 적응된 자료들과 각 지역에 맞춘 적절한 선교 모델들을 사용한다.
- 전체 과정의 각 단계마다 영적인 내용의 사역을 편성한다.
- 지역 사람들이 그리스도에게 나와서, 성장하고, 나중에는 제자 삼는 사람들이 된다.
- 성도의 교제가 이루어지고 교회가 설립된다.
- 지역사회 보건선교는 농업, 문맹퇴치, 위생, 청소, 깨끗한 식수와 같은 어떤 분야와도 함께 일을 시작할 수 있다.
- 목표는 자생적이고 재정적으로 자립할 수 있는 현지 교회가 생기게 하는 것이다.

지역사회 보건선교 전략과 대리점식 경영의 비교

전문 사업가들의 지적에 의하면 모든 사업의 80%는 초기 5년 내에 망하는 반면, 대리점 경영들(franchises)은 75%가 성공한다고 한다. 이런 현상은 대리점을 하는 사람들이 실시할 사업에 대해 단계별로 훈련받으며 인도 받기 때문에 나타나는 결과이다. 이런 자문의 결과로 그들은 과거에 다른 많은 사람들이 저질렀던 실수를 피할 수 있게 되는 것이다.

실제적으로 지역사회 보건선교 전략은 선교에 있어서 대리점식 접근방법이라고 말할 수 있다. 대리점식 프로그램에 있어서 중요한 요소들은 다음과 같다.

대리점식 프로그램의 중요 요소들

1. 대리점을 경영할 사람은 독점지역이든지 비 독점지역이든지 일반적으로 대리점 경영권을 얻기 위해 선금을 지불한다.
2. 많은 경우에 대리점 경영자들은 수입의 일정한 금액을 지속적으로 본사에 지불한다.
3. 대리점 경영자들은 본사로부터 새로운 사업의 시작법과 운영법에 대해 훈련을 받는다.
4. 대리점 경영자들은 새로운 사업의 단계별 과정을 확실하게 설명한 '경영 지침서'를 받는다.
5. 본사에서는 대리점 경영에 대해 지속적으로 자문해 준다.
6. 대리점 경영자는 본사에 정기적으로 보고한다.
7. 본사에서는 대리점 경영에 대해 지속적인 품질관리(Quality Control)를 실시한다.

8. 대리점 경영에 있어서 장소가 성공에 결정적인 요인이라면 본사가 장소 선정에도 관여한다.
9. 본사에서 새로운 사업의 시작 및 운영 자금을 지원할 수도 있다.
10. 대리점 경영자와 본사 사이에는 누가 무엇을 책임질 것인지에 대해 서면으로 계약한다.
11. 본사는 대리점을 인정하고 선전하며 대리점 경영자의 거래가 활발해지도록 노력한다.

대리점식 경영에 관심이 있는 사람들

1. 사업에 성공하여 돈을 벌고 싶어 하는 사람.
2. 자신들보다 먼저 경험한 사람들로부터 배우고 싶어 하고 또 배울 수 있는 사람.
3. 중복 투자하고 싶어 하지 않고 동일한 실패를 피하고 싶어 하는 사람.
4. 시작하려는 사업에 대해 경험이 없는 사람.
5. 자존심을 내세우지 않고 지시를 따를 마음이 있고 실제로 따르는 사람.

지역사회 보건선교와의 관련성

1. 지역사회 보건선교의 대부분 요소들은 본사가 대리점 경영자에게 기대하면서 주선해 주는 방식을 따르고 있다.
2. 지역사회 보건선교 전략을 진심으로 적용하고 싶은 사람은 대리점 경영자와 비슷한 특성을 가진 사람들이다.
3. 지역사회 보건선교에 있어서 대리점식 경영과 가장 큰 차이점은 돈이 개입되지 않는다는 사실이다. 대리점 경영자는 선금을 지불

하고 정기적으로 권리금(Royalty)을 납부한다. 대리점 경영자는 자금을 투자했기 때문에, 사업에 성공해서 자본금도 회수하고 수입도 얻기 위해 전력투구하며 매상에서 이윤을 남기고, 권리금도 지불하고 투자비용도 회수할 수 있기를 기대한다. 지역사회 보건선교 사역은 매상을 창출하지 않기 때문에 금전적인 수입이 없으며 계약금이나 권리금을 받지도 않는다.

지역사회 보건선교 비 의료 프로그램 본보기

접근이 제한된 나라에서 가장 중요한 일은 경제적으로 알맞은 농경 사업을 실시하는 것이다. 정부는 호두 생산을 향상시키고 상업적으로 가치가 있는 아몬드를 세계에 소개하기를 원했다. 그들은 또한 미국에서 수입하는 아몬드를 아주 많이 소비하고 있다.

나무

우리는 현지 그룹을 도와 사과, 아몬드, 피스타치오, 복숭아, 체리, 승도복숭아 뿌리 800그루를 수입하여 어느 것이 제일 잘 자라는지 실험할 목적으로 종묘장을 설립하도록 도왔다. 이런 다양한 것들 중에서 제일 잘 자라는 것을 골라 상업성이 있는 묘목으로 개발하는 종묘장이 설립되었다. 그리고 종묘 관리 전문가인 미국인이 2주 동안 기독교 과수원 관리자들에게 새로운 기술을 가르쳐 주어 나중에 이웃들에게 가르쳐 주도록 했다. 가지치기같이 간단하게 보이는 일도 호두 농사에 있어서는 매우 중요하다. 호두가 땅에 떨어지지 않게 하고, 가지 사이의 공간을 확보하며, 결국 생산량을 증가시키는 결과를 가져오기 때문이다. 또 종묘장에서 수업을 실시하여 이런 향상된 호두 재배 기술을 모든 사람들에게 가르친다. 도덕적 가치들에 대해서도 소개하여 지역사회 보건선교는 모든 훈련 과정에 효과가 있는 것으로 검증되었다.

발전기가 장착된 '껍질 까고 말리는 기구'가 지역 농부들이 생산한 농작물들의 껍질을 벗기고 말리기 위해 이 과수원에서 저 과수원으로 트레일러에 실려 이동하게 되었다. 기구들의 일부는 그들이 구매한 것이었다. 그들이 생산한 농작물에 프리미엄을 붙이기 위해 이들 지역의 특산물인 호두와 과일에 상표명을 붙여 주었다.

방사능에 노출된 물

다른 어떤 나라에서는 도시가 우라늄 광산 위에 위치하고 있어서 광산에서부터 나오는 우라늄 때문에 도시에 있는 물이 방사능에 오염되는 것이 제일 큰 문제였다. 방사능은 중금속에 흡착되므로 만약 이 중금속만 걸러낼 수 있다면 방사능 오염이 크게 줄어들 것 같았다. 마침내 여러 가지 불순물과 함께 방사능을 포함한 중금속을 걸러낼 필터를 발견했다. 도시에 설치되어 있는 대형 수조로 물이 유입되는 부분에 이 필터를 장착함으로써 문제가 해결되었다. 이 사회에서 확인된 또 하나의 문제는 농부들은 수확량을 늘리고 싶어 하지만 연간 강우량이 37mm밖에 되지 않는다는 것이었다. 우리는 하나님이 아니므로 비를 내리게 할 수는 없었지만, 그들이 지금까지 사용하고 있던 통상적인 방법보다 물을 훨씬 적게 사용하여 농사를 짓는 방법을 가르칠 수는 있었다. 우리는 그 지역에 '점적 관수법(Drip Irrigation)'을 소개하였다.

점적 관수법이란 구멍을 뚫은 13.5m 길이의 파이프 6개를 농작물을 심은 고랑 바닥에 설치하고, 19ℓ의 물을 담은 통을 약 0.5~1m 높이에 얹어놓고 하루에 두 번 중력에 의해 물이 흘러나와 야채를 심어둔 여섯 개의 고랑에 파이프를 타고 흘러가도록 하는 것이다. 이런 방식은 재래식에 비해 1/3 정도의 물만 소비하기 때문에, 점적 관수법을 사용하여 일 년에 두 종류의 농작물을 재배할 수 있었을 뿐 아니라, 재래식 관수법으로는 재배할 수 없었던 새로운 농작물도 재배할 수 있었다.

농업 혁명에 추가해서 이 지역사회에서 일어났던 일은 약 1,000명의 어린이들이 정기 검진을 받게 되었고, 아이들의 문제를 해결하기 위해 학부모 모임이 열렸다는 사실이었다. 건강 검진 과정에 대해서는 이미 설명한 바 있다. 뿐만 아니라 구덩이식 화장실을 만들기 위해 몇 명의 부모들이 선정되어 학교에 시범 화장실을 먼저 만들고 나중에 각자 집에서도 화장실을 만들었다. 학교 건강 검진에 이어서 열린 학부모 모임은 부모님들에게 흥미와 큰 경각심을 불러 일으켰다. 그리고 단기 의료 사역 팀이 들어와서 서양식 건강관리에 대해 가르치면서 환자들을 치료했고, 이것은 주민들이 가지고 있는 당면한 문제들을 해결하는 데 많은 도움을 주었다. 마지막으로 일어난 변화는 그 마을에 보건 위원회가 결성되어 훈련받고, 이 위원회에서 훈련받을 보건요원들을 선발했다는 사실이다.

지역사회 보건선교 전략은 단순한 의료 모델이 아니라 사람의 육신적, 영적, 정서적 그리고 사회적인 삶의 모든 분야를 다루는 통합 사역이다. 당신은 사람들의 가장 필요로 하는 부분에서부터 시작하여 그 문제를 해결하고 그 다음 요구 사항으로 넘어가서 그것을 해결하며 이런 과정을 반복하여 거의 모든 분야의 문제가 해결될 때까지 지속해야 한다.

소자본사업(Micro-Enterprise) 프로그램

지역사회 보건선교 전략의 또 다른 하나의 모델은 소자본 사업(Micro-Enterprise) 훈련 및 회전식 대부 기금(Revolving Loan Fund)에 기반을 둔 사역이다. 시골 사람들이 도시로 몰려드는 가장 큰 이유는 일자리를 얻기 위한 것이지만 이런 이유로 도시에 올라오는 대부분의 사람들은 일자리를 얻을 만한 기술이 없다는 것이 문제다. 그러므로 도시 상황에서의 지역사회 보건선교 전략의 장점 중 하나는, 도시 빈민지역에 사는 사람들이 직업을 가지고 먹고살 수 있도록 도와주는 프로그램이 있다는 사실이다. 이 사업을 하기 위해 어떤 기관들이 관여되며, 프로그램을 어떻게 운영할 것인가를 결정하고, 소자본 사업의 정의를 내리기 위해 방대한 연구가 실시되었다.

일반적으로, 소자본 사업의 목적은 개인을 훈련시켜 아주 작은 규모의 사업을 시작할 수 있도록 자금을 빌려주고, 이 사업을 통해 사업자와 가족이 경제적 안정을 이룩하고, 삶의 질을 향상시키는 것이다. 이 사업을 통해 고용이 창출되고 가정의 수입이 늘어나서 식생활이 개선되고, 건강이 호전되며 모든 가족의 복지가 향상되기를 바라는 것이다. 이 프로그램에 참여하고자 하는 사람들은 다른 곳에서는 일반적으로 이와 같은 기회를 얻지 못하는 사람들이다.

  소자본 사업의 규모는 대개 한 사람에서 다섯 사람이 일하는 사업체를 말하며 일반적으로 가족단위의 사업이다. 이런 사업은 전문적인 경영 지식을 요구하지 않으며, 일차적으로 서비스업이나 특별한 기술이 필요 없는 소비자 상품을 취급하는 것이 보통이다. 이런 사업의 특징은 최소한의 사업 자금으로 시작하고, 장비보다는 노동력에 의존하며, 지역 시장을 상대하고, 정부에 정식으로 등록하지는 않은 비공식 경제분야이다. 그리고 회전식 대부 기금에서 지원되는 자금의 범위는 대개 50달러에서 250달러 정도이며, 평균 상환 기간은 3개월에서 24개월이다.

  제2단계의 기획 사업은 직원 5명 내지 10명 정도의 소규모 사업(Small Business)이다. 이 사업에는 어느 정도 전문 경영 기술이 필요하며, 소규모 서비스업이나 제조업에 관여하는 것이 보통이다. 이 사업도 일반적으로 노동력에 의존하지만 기계화의 필요성이 뚜렷하게 나타난다. 사업자들은 좀 더 복잡한 훈련을 받아야 하고, 어느 정도 자금을 가지고 있으면서 좀 더 큰 규모의 자금 대출이 필요한 경우가 대부분이며, 이 경우 자금은 주로 친척들로부터 구하거나, 은행 혹은 대규모 회전 기금에서 대부 받는다. 이 사업의 목표는 사장된 인력 혹은 거의 사장되어 가는 인력들에게 고용 기회를 창출해 주는 것이다. 근본적인 의도는 혜택을 누리지 못하는 사람들에게 육적으로 영적으로 보다 나은 삶을 살 수 있는 가능성을 제공하는 것이다.

  소자본 사업을 하기 위해 필요한 것은 무엇인가? 일부 경우에는 국제 의료 대사 선교회가 인도의 데흐라 던(Dehra Dun)지역에서 실시하고 있는 양복 재단 기술 같은 직업 기술 훈련일 수도 있다. 여기서 말하는 직업 훈련이란 정규 학교 실시하는 훈련이 아니라 지역사회 보건선교 전략에서 실시하는 정도의, 본질적으로 비공식적인 것이어야 한다. 소자본 사업의 두 번째 요소는 소규모 사업을 시작하여 운영할 수 있도록 사람들을 훈련시키는 것이다. 세 번째 요소는 사람들이 자금을 빌려갈 수 있도록 회전 기금을 마련하고, 자금을 빌려간 몇 사람들이 공동으로 책임지도록 하는 것이다. 네 번째로, 그들이 사업을 발전시킬 수 있도록 도와주는 지속적인 훈련과 자문이 필요하다. 훈련 단계마다 반드시 영적 훈련을 통합시켜야 한다.

소자본 사업 프로그램 운영 개요

일단 소자본 사업 회전 융자(Micro-Enterprise Revolving Loan) 프로그램을 시작하겠다고 결정하면 국제 의료 대사 선교회의 훈련자들은 돈을 빌릴 만한 사람을 만나기 위해 마을로 찾아간다. 왜냐하면 빈민가에 있는 극빈자들은 전면에 나서는 것을 주저하기 때문이다.

잠재적인 회원들을 위해 처음에는 필수 과목 훈련을 10일간 실시한다. 이 훈련에는 사업하는 방법, 도덕적 가치관, 융자 조건 및 자금 사용 등에 관한 내용이 포함된다(소자본 사업 주제 목록 참고). 모인 사람들은 간단한 사업 계획을 작성하고, 이것을 검토하면서 누가 사업 자금을 융자받을 수 있는지 선별한다. 국제 의료 대사 선교회에서는 회전 기금 융자를 받을 사람들을 5명 단위로 강력한 그룹을 형성하도록 한다. 융자를 받을 사람들은 훈련 과정을 이수하고 간단한 사업 계획을 마련한 사람들 중에서 선발한다. 융자받는 모든 사람들은 프로그램이 요구하는 모든 사항들을 충족시켜야 한다.

각 그룹에서는 의장과 총무를 선출하여 매주 회의를 소집하도록 하며, 모든 회원들은 반드시 이 모임에 참석해야 한다. 프로그램은 대부분 회원들이 감독하며, 회원들의 삶이 자발적으로 개발되고 가치관의 변화가 일어나도록 길을 마련해 준다. 그리고 융자받은 사람들이 일주일에 얼마씩 갚을 것인지 이 모임에서 결정하도록 한다. 모임에 참석한 사람들은 자신들의 사업 및 지역사회의 여러 가지 문제에 대해 토론하고, 서로 이해하고 도우면서 그룹 내에서 회원들 간에 신뢰를 쌓아 간다.

자금 대출 범위는 50달러에서 250달러 정도이며 보증인이나 담보물은 필요 없다. 그룹 회원 다섯 명에게 대출되는 개인별 대출금이 원활하게 지급되지 않는 경우도 있다. 두 명이 먼저 대출 받고 4주 동안 이들이 융자금을 적절하게 상환하면, 다음 두 명이 대출금을 받게 될 것이다. 그리고 그룹 리더는 맨 나중에 대출을 받게 된다. 누가 먼저 대출 받고, 누가 나중에 대출 받을 것인지 그룹 내에서 결정한다. 대출금은 매주 상환하고 12개월 이내에 대출금 전액을 상환해야 한다.

강제적으로 기금을 마련하는 그룹과 개인적인 저축으로 기금을 마련하는 프로그램이 있다. 모든 회원은 매주 일정액을 일정 기간 동안 기부한다. 그룹 회원 중 누구든지 돈이 필요하면 이 기금을 활용할 수 있고, 또는 대출 자금을 증액하고 싶을 때에도 이 기금을 사용할 수 있다. 대출금의 일정 비율을 프로그램 운영 자금으로 제할 수 있고 이 액수는 원금과 함께 주 단위로 보충될 것이다. 그룹이 저축한 기금의 용도와 부과될 이자율은 그룹이 스스로 결정하며, 각자가 실시할 소자본 사업의 종목은 개인의 지식과 경험, 기술을 근거로 스스로 자유롭게 선택한다. 어떤 활동(Activities)을 할 것인가에 대해서는 모임에서 장시간 논의하고 그룹의 동의를 받는다.

모든 참가자들은 다음의 12가지 원리들을 반드시 암기하고 실천해야 한다. 가정에서 12가지 원리를 실천할 수 있도록 도와주는 훈련이 마련되어 있다.

1. 우리 프로그램 저변에 깔려 있는 다섯 가지 원리들은 훈육, 연합, 용기, 성실한 근무, 그리고 재생산이다. 우리는 삶의 모든 분야에서 이 원리를 따르며, 발전시킬 것이다. 우리의 목표는 사람들을 육적으로, 영적으로 행복한 가운데 성장하게 하는 것이다.
2. 우리는 가족들에게 번영을 가져다줄 것이다.
3. 우리는 허름한 집에서 살지 않을 것이다. 집을 고치며 가장 가까운 장래에 새 집을 짓도록 노력할 것이다.
4. 우리는 야채를 많이 먹고 세 가지 그룹의 음식을 골고루 섭취할 것이다. 가능하면 작은 모종 용기(容器)나 공동 경작지에서 야채를 재배할 것이다.
5. 우리는 자녀를 많이 낳지 않을 것이며 지출을 줄이고 건강을 스스로 돌볼 것이다.
6. 우리는 자녀들을 학교에 보낼 것이며, 자녀들의 교육비를 마련할 것이다.
7. 우리는 항상 자녀들과 주변 환경을 깨끗하게 할 것이다.
8. 우리는 적절한 위생 시설을 마련하고 사용할 것이다.
9. 우리는 정화된 물을 마실 것이다. 그것이 불가능하다면 물을 끓여 먹거나 명반(Alum)을 넣어 마실 것이다.
10. 우리는 부정한 일을 행하지 않을 것이며, 아무도 그런 일을 하도록 허용하지 않을 것이다.

11. 우리는 언제나 다른 사람을 도울 것이다. 만약 어려움에 처한 사람이 있으면 우리는 그를 도울 것이다.
12. 어떤 단체의 규율이 무너지면 다 함께 가서 그것을 회복하도록 도울 것이다.

소자본 사업을 지역사회 보건선교로 전환하기

소자본 사업을 지역사회 보건선교로 전환할 수 있는 자연스러운 장소는 대출자들이 매주 모이는 모임이며 여기서 지역사회 보건선교에 대해 한 시간씩 가르친다. 참석자들이 배운 것을 삶에서 적용하고 그것을 이웃과 나누도록 격려한다. 이것은 대출자들에게 강조하는 12가지 생활 원리와 잘 맞는다. 일단 지역사회 보건에 대해 충분한 관심을 불러일으키면 지역사회에 기반을 둔(Community Based) 보건선교 프로그램으로 발전하도록 공동체를 동원할 수 있다.

여기서 가르칠 주제들은 확인된 지역사회의 필요에 따라 결정된다. 그러나 전형적으로 가르치는 주제들은 경구 수분 공급 치료법, 은행 관련 업무, 12가지 원리들, 기본적인 위생, 실제적인 건강, 가족계획 그리고 어린이 예방 접종들이다. 대부분의 도시 빈민들 중에는 수준 이하의 집에서 사는 독신자들이 많이 있으며 직장이 거의 없고, 직장이 있다 해도 대부분 불완전한 고용 상태이다. 마약, 술, 난잡한 이성 관계, 성병 및 낙태가 주된 사회적, 신체적 문제들이며 많은 사람들이 외로움, 분노, 쓴 뿌리와 같은 해결해야 할 정서적인 문제를 가지고 있다. 우리는 마약을 제외한 위의 모든 신체적, 정서적, 사회적인 문제들을 다루는 강의안을 가지고 있다. 우리가 우선적으로 강조하는 것은 사람들의 사고방식을 바꾸고, 다음으로 태도를 변화시키고, 다음으로 행동을 변화시켜서 예수 그리스도와 동행하는 삶을 살도록 하는 것이다.

적어도 일주일에 한나절은 현장 사역자들이 가정을 방문하여 대출 자금이 효과적으로 활용되고 있는지 확인해야 한다. 동시에 그들은 위생시설, 자녀 양육, 가족 식단에 대해서도 점검한다. 그들은 주부들을 가르치고, 무슨 문제가 있는지 발견하도록 돕고, 12가지 원리들을 실천하도록 조언한다.

돈을 적게 들이면서 지역사회의 주인 의식을 강화하는 방법은 지역사회 보건선교를 훈련시키는 훈련 자들이 소자본 사업에 대해서도 가르칠 수 있도록 하고 소자본 사업 자금을 융자받은 사람들을 양육하는 현장 사역자로 지역사회 보건요원들을 활용하는 것이다. 월급을 받는 현장 전임 사역자 한 사람이 최대 10개 그룹 혹은 50명을 관리할 수 있지만, 이렇게 되면 회원들을 2주에 한 번밖에 방문할 수 없게 된다. 그러므로 전체 그룹이 함께 모여 훈련받도록 하고, 돌아가면서 한 그룹씩 회의 시간을 가질 수도 있다.

2주에 한 번씩 50명의 참가자들을 방문한다.	25시간
한 시간씩 모이는 모임을 10 그룹	10시간
한 시간씩 두 그룹 훈련	2시간
기타 행정 3 시간	3시간
전체	40시간

현장 사역 자 한 명이 다섯 명으로 구성된 한 그룹을 운영할 때 소요되는 시간은 다음과 같다. 이것은 지역사회 보건요원들이 할 수 있는 일이다.

일주일에 한 번 한 시간씩 방문	5시간
그룹 모임 1 시간	1시간
훈련자가 실시하는 보건요원 훈련 1시간	1시간
기타 행정	1시간
전체	8시간

그 지역에 있는 보건요원 한 명이 한 그룹씩 맡으면, 10명의 요원이 10개의 그룹 즉 50명을 관리할 수 있게 된다. 지역사회의 주인 의식을 고취시키는 또 하나의 방법은 위원회가 책임지고 사업의 행정을 맡아서 융자 프로그램을 운영하고 자금을 배분하는 것이다. 이 경우에는 부정부패를 방지하기 위해 주의 깊게 감독해야 하므로, 위원회에 믿는 사람들이 많이 있을수록 좋겠다. 또한 사업을 시작할 때에는 위원회에 1,000달러가 넘지 않는 소규모의 회전 융자금을 마련해 주고, 위원회가 대출자 관리를 잘하면 추가로 기금을 증액시키도록 한다. 한 마을에서 융자받은 몇 그룹이 '센터'를 설립한다. 대부분의 센터들은 5~6개의 그룹들로 구성된다. 일꾼들은 대출 받은 사람들을 만나고 융자금 상환액을 회수하기 위해 매주 센터를 방문한다. 매년 대출 받은 사업자들이 센터 책임자를 선출한다. 센터에서는 마을 어린이들을 위한 학교 설립 같은 지역 전체를 위한 프로젝트를 실시하기 위해 충분한 기금을 저축할 수 있다. 이 기금으로 책도 사고, 센터에서 하루에 한두 시간씩 가르치는 선생님들의 월급을 지급할 수 있다.

이 모든 과정의 목표는 주민들이 영적으로, 육적으로 성장해서 자신들의 삶을 변화시키고, 이웃의 삶에 변화를 주도록 그들을 무장시키는 것이다. 소자본 사업 프로그램을 도시 빈민지역에 첫 프로젝트로 시작했다면, 우리의 목표는 이것을 단지 회전 기금을 통해 사업 자금을 마련해 주는 정도가 아니라 사회에 기반을 둔 완전한 지역사회 보건선교 프로그램으로 전환하는 것이다. 소자본 사업을 실시할 경우 이 사업이 장기적 차원에서 지역사회 보건선교 프로그램을 정착시키는 데 장애가 되지 않도록 주의해야 한다. 만약 주민들이 소자본 사업을 외부 기관에서 자금을 끌어들이는 수단으로 간주하고 자립정신을 잃는다면 소자본 사업이 오히려 장애가 될 수도 있다. 만약 국제 의료 대사 선교회를 대표하는 사람이 대출 상환금 정책과 회수에 직접 관여하게 된다면 이것 역시 장기적 차원에서 보건요원들을 훈련시키는 데 필요한 원만한 관계 형성의 기회를 잃게 될 것이다.

소자본 사업은 사람들이 생계에 필요한 돈을 벌 수 있는 방법을 찾도록 도와주고 또 지역사회의 일원이 되는 훌륭한 방법이 될 수 있다. 그것은 또한 사람들이 육신적으로, 정서적으로, 영적으로 그리고 사회적으로 건강한 삶을 살도록 도와주는 좋은 방법이 될 수 있다. 그러나 소자본 사업이란 지역 주민들을 돕는 한 가지 방법에 불과하다는 사실을 명심해 둘 필요가 있다.

관계 형성과 훈련을 통해 지역 주민들이 자신의 삶에 책임을 지도록 힘을 더해준다는 목표를 유지하는 한, 지역사회 보건선교 전략은 어떤 형태의 필요도 충족시킬 수 있는 하나의 형틀(template)이며 틀(structure)이 될 수 있다.

사람들이 처해 있는 바로 그 곳에서부터 그들이 피부로 느끼는 가장 큰 문제를 해결하고, 그 다음 문제로 이동하여 개인의 삶이 내부에서부터 외부로 변화되고 나중에는 사회 전체가 변화를 일으킬 때까지 전진하는 것이 지역사회 보건선교 전략이다.

제15장

신실하신 하나님

인도하시는 하나님의 손길

지역사회 보건선교 전략은 오늘날 농촌 지역의 중요한 필요들을 채워 주고 있다. 주님께서는 우리와 같이 육적으로, 영적으로 사람들을 돕겠다는 동일한 비전을 가진 사람들을 만나게 해 주셨다.

> 아프리카 대학생 선교회 대표가 영적 주제에 관해 강의하기 위해 나이로비에 온 탄자니아 의사를 만났다. 그 의사가 왔을 때 우리는 핵심적인 영적 내용을 통합한 지역사회 보건 프로그램을 확립하고 싶어 하는 그의 꿈에 대해 이야기를 주고받으면서 우리가 하고 있는 일을 소개했다. 그는 "바로 이것을 원하고 있었다!"라고 말했다. 우리는 그의 교구에서 30명을 선발하여 훈련자로 교육시켰다. 그들은 네 지역에서 프로그램을 확보했다. 게다가 우리는 모델 프로젝트를 시작을 돕기 위해 대학생 선교회 간사 두 명을 주선해 주었다.

다른 여러 선교사들과 교인들이 지역사회 보건선교 프로그램에 대한 소식을 듣고 훈련받은 후 "당신들은 하나님께서 나에게 하라고 말씀하신 '지역사회 보건과 전도, 제자 훈련을 통합하는 일'을 현실적으로 실천할 수 있도록 방법을 보여 준 사람들입니다. 그것을 하고싶었지만 방법을 몰랐는데 여러분들이 바로 그 방법을 보여 주셨습니다."라고 말했다.

그렇다. 하나님께서는 우리보다 앞서 가시면서 길을 예비하신다. 그분의 인도하심을 바라볼 때 그분의 시간은 정확했다. 하나님께서 우리에게 꿈을 주시고, 목표를 정하도록 움직이시고, 전진하도록 자극하신다. 장애물도 있고 실망하는 일도 있겠지만 하나님께서는 여전히 그 곳에 우리와 함께 계시면서 용기를 주시고 넘어지면 일으켜 세우신다. 그분은 우리보다 앞서 가시면서 길을 여시는 분이시다. 하나님을 의지하는 우리의 믿음은 하나님을 앞서가지 않고 그분의 때를 따라 한 걸음씩 전진하는 모습으로 표현된다. 그러나 그것은 우리가 하나님으로부터 지시를 받을 때까지 가만히 앉아서 아무것도 하지 않는다는 것을 의미하는 것은 아니다. "하나님께서는 정지해 있는 자동차의 핸들을 움직이지 않으신다. 자동차가 움직여야 방향을 잡아 주신다."라는 기본적인 메시지에서 교훈을 얻어야 한다.

믿음이란 위험을 무릅쓰는 것을 말한다. 하나님께서 우리를 그의 비전으로 인도하실 것이라는 확신을 가지고 앞으로 나가는 것이 믿음이다. 믿음이란 우리의 시선을 목표에 고정시키고 주위의 장애물들을 제거하면서 전진하는 것이다. 삶의 환경과 인생의 굴곡이 진행을 방해한다 해도 우리는 계속 앞으로 나가야 한다. 하나님께서는 우리 경험의 작은 부분까지도 활용하시고, 심지어 우리가 하나님을 섬기기로 결정하기 전에 경험했던 것까지도 활용하신다. 과거에 내가 경험했던 모든 것이 지금 하고 있는 일을 위한 준비였다. 판매원으로서의 경험, 시장 조사자로서의 경험, 컴퓨터 기술, 지식들, 가르쳤던 경험 그리고 기획에 대한 경험들 모두가 하나님의 부르심을 따라 일하는 현재의 모든 사역에 활용되고 있다.

하나님께서는 내가 만났던 모든 사람들을 활용하신다. 때로는 즉각적으로 사용하시려고 사람을 만나게 하시고 때로는 장래를 위해 만나게 하시지만 언제나 하나님께서 주관하신다. 그분은 우리가 일을 시작하기 전에 무슨 일이 생길지 아신다. 그분은 우리 마음에 씨를 심으시고 우리의 생각을 통해 그 꿈에 물을 주도록 허락하신다. 하나님께서는 원하시는 대로 꿈을 수정(受精)시키시고, 우리가 가라지를 뽑도록 기대하신다. 그러나 가라지를 뽑기 위해서는 꿈이 영글어 추수할 수 있는 완벽한 그분의 때까지 기다려야 한다. 하나님께서 우리에게 꿈을 맡기실 때 갖가지 재능과 기술을 가진 사람들을 주위로 모으는 것은 우리들의 책임이다. 팀 사역을 통해 산에 오를 수도 있고 비전을 이룰 수도 있는 것이다. 이것이 바로 지역사회 보건선교 전략이 지향하는 방향이다. 꿈이 이루어지는 것을 보기 위해 사람들이 자신의 기술과 에너지를 헌신하는 것이다. 우리의 꿈은 사람들이 육적으로, 정서적으로 그리고 영적으로 균형을 이루며 살도록 하는 것이다. 혼자서 그것을 성취할 수 없다는 것을 깨닫는 순간 비로소 성공할 가능성이 있다. 우리는 하나님의 인도를 받으면서 헌신된 다른 그리스도인들의 도움을 얻어야 한다.

'인생은 변화하는 것'이기 때문에 우리는 언제나 기꺼이 변화될 준비가 되어 있어야 한다. 우리는 유연성을 상실한 채 자신들의 계획에 갇혀 있지 말아야 하며 프로그램을 우리 개인의 재산으로 간주하지 말아야 한다. 꿈은 그것을 위해 일하는 모든 사람의 것이다. 그렇다. 하나님은 신실하신 분이시다!

초창기 배경

나에게 주신 비전에 대해 하나님께서는 신실하셨다. 내가 개인적으로 그분을 알기 전에, 심지어 지역사회 보건선교에 대해 생각하기 전에도 하나님께서는 나의 삶에서 신실하게 역사하셨다. 지역사회 보건선교 전략을 개발하는 과정에서 하나님께서 얼마나 신실하셨는지 나누고 싶다.

나는 성실하게 나를 보살펴주는 사랑이 넘치는 가정에서 태어났다. 성장하면서 가정과 사회에서 배운 것은 '내가 진정으로 하고 싶다고 생각하는 것은 무엇이든지 할 수 있다.'는 것이었다. 다른 사람들을 해치지 않고 옳은 일을 하려고 하는 목표와 욕망을 가지고 있다면 그것을 향해 노력할 수 있다고 믿었다. 대학을 졸업하고, 결혼한 후 나는 판매원으로 일했다. 그 당시 나는 교회에서 젊은 청년들을 인도했고, 교회 학교에서 가르치면서 신앙생활을 열심히 했다. 회사에서는 고속 승진하면서 인생을 마냥 즐겁게 살았다.

26세가 되던 1962년에, 처음으로 예수님께서 나를 사랑하시고 내 인생에 대해 계획을 가지고 계신다는 사실에 대해 듣게 되었다. 사람은 죄인이며 하나님으로부터 떠나 있다는 것도 들었고 그 죄는 기본적으로 하나님의 통제를 받지 않고 나의 길을 가며, 나의 일을 하려는 욕망이라는 것도 알았다. 그리고 이것이 바로 내가 살아왔던 삶이라는 것을 깨달았다. 성경의 약속대로 영원한 생명을 얻고 이 땅에서 풍성한 삶을 살 수 있는 길은 예수 그리스도뿐이라는 것을 배웠다. 내 생애를 내가 주장했다는 것을 인정하고 하나님께서 내 인생을 주장해 주시도록 부탁했다. 하나님께 내 죄를 용서해 주시고 나를 하나님께서 원하시는 사람으로 만들어 달라고 기도했다. 하나님께서는 그렇게 하셨고 나의 삶은 변화되기 시작했다.

사업은 계속 발전했지만, 나의 욕망은 변화되기 시작했다. 회사에서는 나를 시장 조사 책임자로 승진시키고, 미시간 주에서 시카고 지역으로 이동시켰다. 우리는 여섯 가지의 새로운 상품을 내놓았고, 새로운 5개의 사업체에 파고드는 전략을 수립했다. 내가 가레트(Garrett) 신학교에서 시간제로 공부하겠다고 결정한 것이 바로 이 때였다. 일년 후 나는 회사에서 너무 빨리 승진했기 때문에 공부를 계속할 수 없었다. 하나님께서는 나에게 정보를 수집하는 방법과 활용하는 방법, 그리고 그것을 새로운 상품으로 전환시키는 것에 대해 훈련시키셨다. 또한 그분은 나에게 성경 지식이 더 많이 필요하다는 것을 알고 계셨다.

하루는 "전산실에서 회사가 필요한 서비스를 제공하지 못한다."고 불평했더니 다음 날 내가 45명이 일하고 있는 바로 그 부서의 책임을 맡게 되었다. 이 부서에 대해 아는 것이 전혀 없었고 이렇게 많은 사람을 통솔하는 것이 처음이었다. 하나님께서는 새로운 영역으로 나를 이끌기 시작하셨고, 그분은 모든 것을 아시기 때문에 내가 할 일은 그분을 의지하는 일뿐이라는 사실을 보여 주셨다. 또한 좋은 사람을 찾고, 그들의 판단을 인정해 주면 많은 것을 달성할 수 있다는 것을 배웠다. 일 년 반 후에 나는 '장기 계획 및 회사 인수' 분과로 옮기게 되었고, 거기서 회사 세 개를 인수하는 일에 관여하게 되었다. 여기서 나는 다른 조직을 평가하는 방법과, 다른 형태의 사람들과 협상하는 방법을 배웠다. 한편 교회에서는 계속적으로 젊은이들을 위해 아주 열심히 활동했다.

건강 광장(Health-Garde)

우리는 모체가 될 새로운 의료 사업을 시작하기 위한 영업 부서를 설치할 목적으로 시카고에서 유타 주에 있는 솔트 레이크 시로 이주했다. 그 후 2년 동안, 우리가 들어가고자 하는 의료 분야의 시장들을 확인하고, 회사의 첫 세가지 상품을 소개했다. 그 기간이 끝나갈 무렵 하나님께서는 내가 직접 '건강 광장(Health-Garde)'이라는 이름의 회사를 시작하도록 인도하셨다. 내가 이 정도로 큰 믿음의 발걸음을 내 힘으로 내디딜 수 없다는 사실을 알았기 때문에 나는 그 사업을 하나님께 바쳤다. 하나님께서는 지난 12년 동안 내가 배웠던 모든 것을 사용하셔서 당신의 계획대로 나를 이끄셨다. 미국 서부 아주 시골 지역에 있는 여러 병원들의 경영을 관리해 주는 회사를 설립했다. 6년 동안 회사는 성장을 거듭하여 서부 17개 주의 55개 병원 경영 부서들을 관리하게 되었고 사원 수가 200명을 넘어섰다. 이런 병원들은 5,000~10,000명이 사는 마을에, 일반적으로 40~70개의 병상을 갖춘 아주 작은 병원들이었다.

게다가, 내가 과거에 일하던 회사에서 호흡 기능을 검사하는 컴퓨터를 생산하는 설비 중 하나를 우리가 구입했다. 또한 우리는 아주 큰 병원의 임상 검사실에 필요한 컴퓨터 시스템을 만드는 회사를 인수했다. 결과적으로 우리는 별개인 두 개의 의료 시장을 섬기게 되었다.

이 기간 동안, 하나님께서는 계속해서 나에게 '하나님께서 주장하신다.'는 사실을 보여 주셨다. 우리는 얼마 안 되는 저축과 은행 융자 및 중소기업청에서 자금을 빌려서 이 회사를 시작했다. 우리가 관리해 주는 병원으로부터 받을 돈이 상당히 있었지만 종종 우리는 다음 달 월급 줄 돈을 어디서 구해야 할지 모르는 경우도 있었다. 하나님께서 언제나 공급해 주셨지만, 보통은 마지막 순간에 주시면서 그것을 행하신 분이 하나님임을 우리로 알게 하셨다.

한번은 출장 가기 위해 예약했던 비행기표가 취소된 일이 있다. 내가 원하는 목적지에 갈 방법을 찾고 있는 중, 다른 사람과 함께 자동차를 빌리게 되었다. 운전하고 가면서 우리는 서로 사업 이야기를 했고 명함을 주고받았다. 2년 후 우리 회사가 돈이 절실하게 필요했던 어느 일요일 오후 이 사람이 나에게 전화를 해서 '회사가 어떻게 돌아가느냐?'고 물었다. 그 전화로 인해 우리는 다른 사람과 연결되었고, 그 사람이 또 다른 사람을 소개해 주었으며, 결국 마지막 사람이 우리가 필요한 50만 달러를 마련해 주었다. 하나님께서 하신 것이었다!

결국 회사는 널리 알려지게 되었지만, 너무 급속도로 성장하면서 현금이 바닥났기 때문에 자금이 항상 모자라는 상태였다. 비록 내가 계획을 세우고 목표를 향해 일하지만, 모든 것을 주관하시는 분은 하나님이라는 사실을 매일 보여 주셨다. 우리는 하나님께 의존했고 이 회사를 하나님께 드렸기 때문에 하나님께서는 우리를 도와줄 좋은 사람들을 보내주신 것이었다.

이때쯤에 나는 성경이 진정으로 가르치고 있는 것이 무엇인지 알기 위해 성경을 통독하기로 결정했다. 하나님께서는 자신의 말씀이 거짓이 아니며 사실이라는 것을 보여 주기 시작하셨다. 이러는 동안, 우리는 유타주의 파크 시(Park City)로 이사했고 거기서 우리는 작은 교회를 섬기게 되었다. 실제로 나는 다른 성도와 돌아가며 설교하게 되었다. 우리는 막강한 성인 성경공부 모임에 들어가게 되었고, 거기서 처음으로 복음주의 철학을 소개받았다. 하나님의 말씀이 실제적으로 내 삶에서 의미를 갖기 시작했고 나의 사업과 개인의 영적 성장에 역사하시는 그분을 보면서 영적으로 성숙해지기 시작했다.

1975년, 의료계에서 확장해 나갈 새로운 사업을 찾고 있을 때, 우리는 솔트 레이크 시에 있는 파라메디컬(paramedical) 훈련 학교를 인수하려고 시도했지만 실패했다. 그 과정에서 나는 우리와 합병하는 데 관심이 있을 만한 비슷한 기관을 찾기 위해 로스앤젤레스 지역 전화번호부에서 사업자란을 보게 되었다. 내가 성인 교육에 대해 많은 것을 배웠던 단체와 합병을 시도했지만 실패했다. 그러나 3년 후 이 단체가 다른 기관과 접촉하도록 주선해 주었으며 이 기관으로부터 대학생 선교회가 최초로 필리핀에서 지역사회 보건선교 프로그램을 시작할 수 있도록 교과 과정을 공급받게 되었다.

나는 찾았다!(I found it!)

1976년, 내가 솔트 레이크 시에서 '나는 찾았다!(I found it!)'라는 캠페인을 인도해 달라는 요청을 받았다. 이 캠페인을 통해, 우리는 대학생 선교회에 처음으로 알려지게 되었다. 결과적으로 나는 성령의 충만하심을 통해 풍성한 그리스도인의 삶을 사는 방법을 배웠고 매순간 하나님과 동행하는 방법을 배웠다. 또한 다른 사람들에게 어떻게 예수 그리스도와 개인적인 관계를 맺을 수 있으며, 어떻게 그분에게 자신들의 삶을 주관하도록 내어드리는지에 대해 설명하는 방법도 배웠다. 우리는 하나님께서 기적적으로 역사하시는 것을 보았다! 처음에는 복음을 전하기 위해 솔트 레이크 시 교회들이 연합하여 개신교 교회들의 반 정도가 캠페인에 참여했고 1,000명 이상의 교인들이 훈련받았다. 이 일에 필요한 자금을 하나님께서 공급해 주셨다. 수천 명이 처음으로 예수 그리스도를 개인의 구주로 영접했다. 하나님께서는 몰몬교의 예루살렘인 '솔트 레이크 시'에서 기적을 행하신 것이었다.

1977년 솔트 레이크 시에서 캠페인이 있은 후, 우리는 실행 위원 세미나에 참석하기 위해 대학생 선교회 본부가 있는 애로우 헤드(Arrow Head) 스프링스(Springs)로 초청 받았다. 거기서 우리는 대학생 선교회가 해외에서 실시하는 직업 훈련 사역인 '아가페 운동(Agape Movement)'에 대해 듣게 되었다. 아내인 로즈(Rose)와 나는 바로 이것이 하나님께서 우리에게 원하시는 일이라는 생각을 하게 되었다. 우리는 파크 시에서 행복하게 지내고 있으면서, 전임 사역자로 일하는 것에 대해 생각해 본 적이 없었다. 로즈와 나는 하나님께서 우리를 앞으로 어떻게 사용하시기를 원하시는지 보여 달라고 각각 기도하기 시작했다. 그리고 이 시점에서 우리는 사업을 그만두기로 결정했다.

대학생 선교회 : 지역사회 보건선교 비전이 탄생하다

우리는 1977년 대학생 선교회와 연합하게 되었고 대학생 선교회 본부의 국제 자원 사역부(International Resource Ministries)에서 수년 동안 섬기게 되었다. 나는 '아가페' 간부들을 해외 직업 사역에 배치하는 일에 관여했다. 내가 다시 의료 사역에 참여할 것이라고는 생각도 못했지만, 하나님께서는 나와 다른 계획을 가지고 계셨다. 우리는 직업 훈련이 가능한 장소를 물색한 후 결국 해외에서 살기 위해 3개월 동안 타문화권 임무 배정(Training Courses for Cross Cultural Assignment)이라는 훈련을 받았다. 훈련 과정 중 우리는 필리핀에서 이동 진료 사역을 배정 받은 의사를 만났다. 이 의사는 질병을 예방하고, 간단한 질병을 치료하고, 사람들이 그리스도인으로서 풍성한 삶을 살면서 배운 것을 다른 마을 사람들에게 가르쳐줄 수 있도록 훈련시키는 프로그램을 원했으며, 나에게 이런 프로그램을 개발해 달라고 부탁했다.

그리고 이 의사는 내가 과거에 건강관리 및 건강 교육에 관여했던 사실을 알고 있었으므로, 지역사회 보건사역자들을 훈련시키기 위한 교과 과정을 개발하는 작업을 도와 달라고 나를 찾아왔다. 과거에 내가 건강 광장(Health-Garde)이라는 회사를 세우기 위해 인수하려고 시도했던 로스앤젤레스의 파라메디컬 학교의 운영자와 접촉하게 되었고 그는 나에게 이런 교과 과정을 가지고 있는 단체를 소개해 주었다. 교과 과정을 찾는 도중에, 하나님께서는 나에게 지역사회 보건과 전도 및 제자 양육을 통합하는 것에 대해 조사해 보라는 감동을 주셨다. 그 해에 구 공산권 러시아 지역 알마아타에서 회의가 개최되고 있었다. 거기에는 140여 개국 대표들이 모여서 어떻게 하면 농촌지역 사람들이 건강한 삶을 살 수 있는지에 대해 토론하고 있었다.

나는 몇몇 정부에서 소위 농촌 건강 사역자들을 훈련시키려고 시도하고 있다는 내용을 담은 기사를 읽으면서 사역자들이 주민들에게 성공적으로 다가가지 못했다는 사실을 알게 되었다. 그리고 어느 누구도 이런 프로그램에 전도와 제자 훈련을 통합하려고 시도하지 않았다는 사실도 발견했다. 이런 사실을 발견한 후 하나님께서는 내가 세운 계획을 대학생 선교회에 제출하고 대학생 선교회에서 이것을 가지고 전도 및 제자 훈련을 통합한 지역사회 보건 프로그램을 개발할 수 있도록 인도하셨다. 하나님께서는 내가 지난 수년 동안 배웠던 모든 기술을 다 사용하셨고 나는 다시 건강 사역에 복귀하게 되었다.

이 계획을 대학생 선교회 업무 담당 대표에게 제출했지만 그 후 2년 동안 아무 일도 일어나지 않았다. 실망했다. 그러나 이 계획이 하나님께로부터 온 것이라면 하나님의 때에 실현될 것이라는 사실을 알고 있었기 때문에 모든 일을 하나님께 맡겼다. 1978년 아프리카에 있는 대학생 선교회가 아프리카 내륙 선교회(Africa Inland Mission)와 리테인 코테지 병원(Litein Cottage Hospital)의 운영 및 직원 인사권에 대해 10년간 임대 계약에 들어갔다. 1980년 나는 병원 행정 원장으로 추천 받았다. 이제 병원을 기지로 활용하여 지역사회 보건선교 프로그램을 정착시킬 기회가 온 것이었다. 그러나 나는 내가 해외에서 일하는 것은 하나님께서 원하시는 일이라고 믿었지만, 병원 행정 책임자는 나의 일이 아니라고 생각했기에 그 제안을 거절했다. 그 후 대학생 선교회 동아프리카 지역 책임자로 추천 받았을 때 그것을 수락했다. 그 당시에는 지역사회 보건선교(CHE)가 빛을 볼 수 있을지에 대해 아무런 보장이 없는 상태였다.

아프리카에서의 지역사회 보건선교 : 비전이 현실로 이루어지다

아프리카에 도착했을 때 우리는 우간다 사람인 지역 대표가 자기 나라에서 사역을 일으키기 위해 얼마 전에 우간다로 돌아갔다는 이야기를 들었다. 내가 맡을 직책이 지역 행정 책임자라면 나를 필요로 하는 곳이 바로 그 곳이었다. 그래서 우리는 1980년에 우간다로 이사했고, 하나님께서는 지역사회 보건선교 프로그램을 실시하기 위한 문을 열어 주셨다. 동아프리카 행정 책임자인 나는 아가페 간부들을 케냐, 우간다, 탄자니아에 배치하는 일에 관여했다. 우리는 케냐의 리테인(Litein)에서 2명이 한 팀을 이루어 지역사회 보건선교 프로그램을 시작할 수 있었으며, 우간다 키르요캬(Kiryokya)에서 진료소를 시작했고 마침내 그 사역에 지역사회 보건선교 개념을 추가시켰다. 이 두 가지의 실험적 경험을 통해서 우리는 무엇이 효과가 있고 무엇이 효과가 없는지 알게 되었다.

1983년 휴가를 얻어 미국으로 떠나기 전, 우리는 아프리카 전역에 지역사회 보건선교 프로그램을 확산시키기 위해 반드시 이 곳으로 돌아와야 한다는 도전을 받았다. 지역사회 보건 프로그램이 선교와 통합될 수 있다는 사실을 보여 주었지만, 리더들은 그 전략이 다른 지역에도 적용될 수 있는지에 대한 확신이 없었다. 또한 그 당시 우간다의 사업은 외부인들에 의해 운영되었으며, 대학생 선교회의 정책은 아프리카에 있는 모든 사역은 현지인에 의해 진행되어야 한다는 것이었다. 나는 실망했다.

그러므로 우리는 대학생 선교회의 간부직을 그만두고 다른 단체를 도와서 지역사회 보건선교 프로그램을 시작하도록 하는 것에 대해 심사숙고하기 시작했다. 그러나 기도하는 가운데 하나님께서는 나에게 만약 대학생 선교회의 지도자들이 비전을 갖게 되면, 그것이 지역사회 보건선교가 전 세계에 퍼질 수 있는 중요한 통로가 된다는 것을 보여 주셨다. 모든 것을 하나님께서 주관하시기 때문에, 만약 지역사회 보건선교가 나의 개인적인 프로그램이라면 나는 시간을 낭비하고 있다고 할 수 있겠지만, 그것이 하나님의 프로그램이라면 하나님의 시간에 하나님께서 그것을 성취하실 것이라는 확신이 있었다. 바로 이 시점에서 나는 리더들에게 순종했고 지역사회 보건선교가 우연히 생긴 것이 아니며, 다른 지역으로 확산될 수 있다는 것을 보여 주기 위해 아프리카로 다시 돌아왔다. 휴가에서 돌아온 우리는 이미 키르요캬(Kiryokya), 부후구(Buhugu) 및 리테인(Litein)에서 프로그램을 실시했던 사람들과 함께 모임을 가지고 프로그램을 성공적으로 정립하기 위한 요소들이 무엇인지 확인했다. 그리고 우리는 모든 새 프로그램에 현지 교회 교인들이 초창기 훈련 팀의 일원이 되어야 한다는 것을 결정했다. 프로젝트가 성공하기 위해서는 프로그램이 대학생 선교회와 같은 외부 기관이 아니라 반드시 지역사회에 기반을 두어야 한다는 사실을 깨달았다. 진료소를 운영하기 위해서는 시간과 인력을 많이 투입해야 하는 반면 통합적인 접근이 어렵기 때문에 우리는 프로젝트의 일환으로 진료소를 운영하지 않기로 결정했다. 그 대신 우리는 질병을 예방하고, 건강 상태를 증진시키며, 그리스도인의 풍성한 삶을 살 수 있는 '방법들'을 개발하는 일에 집중하기로 결정했다.

우리는 아프리카 대륙 전체를 담당할 만큼 많은 대학생 선교회 팀을 결코 가질 수 없다는 사실을 깨달았기 때문에, 각 나라마다 2~4개의 모델을 세울 목적을 가지고 대학생 선교회 사람들을 배치했다. 우리는 현지인 그룹들에게 그들 자신의 프로그램을 확립하는 방법을 훈련시키거나, 기존의 지역사회 건강 프로젝트에 공격적인 전도를 통합시키도록 현지인들을 도울 때 사역의 확산이 분명하게 일어난다는 사실을 알았다.

그 후 일년 반 동안, 우리는 우간다에서 대학생 선교회와 현지 교회 간부들을 통해 새로운 프로젝트 3개를 이룩할 수 있었고, 10개의 우간다 그룹들에게 자신들의 프로그램을 개발하는 방법에 대해 훈련시켰다. 소망했던 것처럼 우리는 지역사회 보건선교의 개념이 효과가 있으며 다른 나라에 전수 가능하다는 사실을 보여 주게 되었다.

1985년에 아프리카 대학생 선교회가 농촌 지역에 그리스도의 복음을 전하는 주요 전략으로 지역사회 보건선교를 활용하기로 결정했다. 나이로비에 있는 대륙 사무실에서 이 전략을 관장했으므로, 로즈와 나는 나이로비로 오라는 요청을 받았다. 우리는 1985년 7월 우간다에서 정치 쿠데타가 일어나기 불과 3주 전에 케냐로 갔다. 케냐로 옮겨갔기 때문에 우리는 우간다에서 시작했던 훈련자 프로그램 및 위원 훈련 프로그램 내용을 검토하고 보강하게 되었다. 1986년 초부터 우리는 125개 이상의 프로젝트에서 45개 기독교 단체를 대표하는 1,000명 이상의 사람들을 훈련자로 훈련시키는 특권을 누리게 되었다. 여기서 우리는 통합된 프로그램을 만드는 방법에 대해 교육했다. 다시 한 번 하나님의 때는 완벽하다는 것을 알았다. 그분은 무엇이 빠졌는지 아시고 무엇을 추가해야 하는지도 아신다. 내가 보기에는 연기되는 것 같았는데 사실은 연기된 것이 아니라 그 시간은 프로그램을 향상시키는 기간이었다.

국제 의료 대사 선교회

1990년 하나님께서 10년 동안 아프리카에서 지역사회 보건선교를 발전시킨 후 나를 미국으로 돌아가게 하신다고 느꼈다. 나의 소망은 지역사회 보건선교 전략을 전 세계에 퍼뜨리는 것이었고 이것을 달성하기 위해서 우리는 통합 사역에 대한 비전이 동일한 다른 선교 단체와 함께 일할 필요가 있다는 사실에 대해 주님께서 우리에게 말씀하신다고 느꼈다. 얼마 지나지 않아서 하나님께서는 우리를 국제 의료 대사 선교회로 인도하셨다. 수년 동안 베트남에서 수술을 성공적으로 실시하면서 선교사로 사역했던 레이 벤슨(Ray Benson) 박사가 1975년 국제 의료 대사 선교회를 설립했다. 전 세계적으로 필요한 의료 사역에 대한 관심과, "무엇보다 먼저 세상에는 예수님이 필요하다."는 불타는 그의 믿음이 그를 움직여 하나님의 나라를 위해 일하도록 하신 것이었다.

국제 의료 대사 선교회의 임무는 의료 사역을 통해 고통 받는 2/3의 세계에 그리스도인의 사랑을 실천하여 수많은 사람들이 예수 그리스도에게 돌아오게 하고 그분 안에서 성장할 수 있는 기회를 제공하는 것이다. 국제 의료 대사 선교회의 목표는 개인의 삶을 변화시키고, 그리스도를 위해 사는 그들의 삶이 다른 사람들에게 영향을 주도록 하는 것이다. 국제 의료 대사 선교회의 목적은 현지인들과 동반자가 되어 현지에서 육적으로 그리고 영적으로 그들을 섬기는 전인적인 사역을 실시하는 것이다. 국제 의료 대사 선교회의 사역 대상은 가난한 나라에 사는 가장 가난한 사람들과 적정 수준 이하의 의료 혜택을 받는 사람들이다. 1990년 국제 의료 대사 선교회는 14개국에서 사역하였지만 최근에는 3,500명이 넘는 현지인 간부들이 전 세계 35개국 30개의 진료소에서 일하고 있다. 우리의 기도 목표는 2000년까지 72개 나라(2009년 현재 79개국)에서 사역하는 것이다.

초창기에 주어진 나라에서 일을 시작할 때, 국제 의료 대사 선교회는 적절한 리더를 예비해 주셔서 의료 혜택이 주어지지 않는 지역에서 사역을 시작할 수 있도록 하나님께 간구했다. 선교회에서는 보통 필요한 지역에 의료 서비스를 제공하기 위해 진료소를 개설했다. 진료소에서 전문 의료인들이 주민들을 돌봐 주면서 복음을 전파했고, 그 결과 많은 사람들이 그리스도에게 돌아왔다. 곧 새 신자들을 성숙시키기 위해 전도자와 목사들이 팀에 추가되었다.

그러나 얼마 후 국제 의료 대사 선교회는 진료소에 환자들이 넘칠 뿐 아니라 동일한 사람들이 동일한 문제로 반복해서 진료소를 찾아온다는 사실을 발견하였다. 이런 현상을 통해 건강의 악순환 고리를 끊기 위해서는 예방 및 건강 교육이 중요하다는 사실이 분명해졌다. 시작 초기부터 영적 사역과 건강 교육 및 예방을 통합하는 지역사회 보건선교 프로그램을 만들어야 한다는 것에 대해 관심이 생기게 되었다. 그래서 사람들이 자신의 육신적인 건강 및 영적인 건강에 더 많은 책임을 지게 되는 프로그램이 개발되었다.

1988년 선교에 열정을 가진 피부과 전문의 폴 칼훈(Calhoun) 박사가 국제 의료 대사 선교회의 실행 대표로 초빙되었다. 초기에 칼훈 박사는 국제 의료 대사 선교회가 염려하는 부분을 해결해 주고 해답을 제시해 주는 의료 모델로서 지역사회 보건선교를 채택했다.

이런 식으로 선교회와 사람의 완벽한 결합이 이루어졌다. 국제 의료 대사 선교회는 사역에 대한 접근 방식을 수정하고 싶어 했을 때 바로 이 사람 스탠 롤랜드(Stan Rowland)는 선교에 대한 전략을 가지고 있었다. 그 때부터 지역사회 보건선교는 국제 의료 대사 선교회의 중심 사역이 되었다.

첫 단계 업무는 국제 의료 대사 선교회의 모든 사역자들이 지역사회 보건선교를 활용하도록 훈련시키는 것이었다. 그 당시 나는 아프리카에서 지역사회 보건선교 사역이 7개국으로 확산되는 것을 감독하고 있었다. 국제 의료 대사 선교회의 소망은 세계에서 그리스도가 가장 적게 전해진 지역, 그리고 세계에서 가장 가난한 지역인 10/40 창에서 더 많이 일하는 것이었다. 그렇기 때문에, 지역사회에 기반을 둔 아프리카 모델보다 새로운 지역사회 보건선교 모델이 필요했다. 전 세계의 서로 다른 여러 문화권에서 지역사회 보건선교가 실시되는 것을 보고 싶어 했던 나의 비전이 성취되는 순간이었다. 나는 1993년 10/40 창에서 전임 사역자로 일하기 시작했다.

지역사회 보건선교는 원래 농촌 지역에서 사용되었던 모델이었지만 농촌 지역에서 도시 지역으로 관심의 초점이 이동하면서 도시에 기반을 둔 모델이 필요했고, 거기에서 소자본 사업이 결정적인 역할을 하게 되었다. 하나님께서는 그 시점에 이르기까지 사업가였던 나의 배경을 활용하셨다. 실제로 하나님께서는 지역사회 보건선교를 개발하시기 위해 내가 받은 모든 훈련, 나의 모든 지식과 경험을 사용하셨다.

아프리카
콩고
이티오피아
가봉
케냐
나이지리아
탄자니아
우간다
자이레

아시아
방글라데시
부탄
인디아
네팔

유럽
알바니아
코소보
루마니아
러시아
우크라이나

남아메리카
아르헨티나
브라질
볼리비아
우루과이
베네수엘라

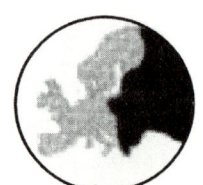

북/중앙 아메리카
코스타리카
도미니카 공화국
엘살바도르
과테말라
아이티
멕시코
니카라과

*2000년에는 이들 나라 외에 중동, 중앙아시아, 동남아시아, 극동아시아 여러 나라에서 사역하게 될 것이다.

믿음에 관해 배운 교훈

믿음이란 여호와 이레의 하나님을 더 많이 의지하는 능력이다. 하나님께서는 우리가 매일 매일의 삶 가운데서 그분께 의존하기를 원하신다. 하나님께서 우리의 삶 가운데, 우리의 삶을 통해 하고자 하시는 일이 많이 있지만, 우리는 아직 준비가 덜된 상태이며, 우리의 믿음이 그만큼 강하지 못한 상태이다. 우리는 시련과 고난을 겪으면서 강해진다. 우리가 그분을 믿고 그분의 말씀을 붙들고 하나님을 향해 발걸음을 내디딜 때마다 우리는 강하게 성장하게 된다. 하나님께서 나에게 가르쳐 주신 몇 가지 원리들을 살펴보고자 한다.

1. 믿음이란 하나님이 가지고 계시는 자원에 도달하는 열쇠이다. 하나님께서는 우리가 작은 것에 충성할 때 큰 것을 우리에게 맡기신다.
2. 믿음이란 실천을 통해 커진다. 우리가 믿음으로 작은 일에 순종할 때, 더 큰 일을 성취할 수 있는 힘을 얻게 된다.
3. 믿음이란 가능성을 생각하는 것이다. 성공이란 우리의 재능이나, 영리함이나, 우리가 붙들고 있는 어떤 영역에 의해 달성되는 것이 아니다. 성공이란 불가능한 것에 없으신 하나님을 믿는 우리의 믿음과 연결되어있다. 우리의 능력으로는 도저히 성취할 수 없다고 믿기 때문에 훌륭한 많은 생각들이 버려진다. 불가능을 이루시는 하나님을 신뢰하지 못하면 실패하게 된다.
4. 많은 경우에 믿음이 없기 때문에 실패가 두려울 뿐이다. 우리는 실

패할까 봐 목표를 낮게 잡아서 우리의 힘으로 달성하려고 하기 때문에 우리의 계획을 성취하는 데 하나님의 도움이 필요 없다. 어떤 사람은 "나는 작은 계획을 내 힘으로 성취하느니 차라리 실패하더라도 불가능한 것을 시도하겠다."라고 말했다.

5. 계획 수립에 관여하는 두 사람이 있다. 하나는 계획을 세울 책임이 있는 나 자신이고 다른 하나는 필요한 자원들을 공급하시는 하나님이다.

6. 우리는 인간적인 해결책을 기다리지 말아야 한다. 해결책을 마련하시는 분은 하나님이시기 때문에 우리가 할 일은 하나님의 인도를 구하고 일을 결정하고 시작하는 것이다. 만약 우리가 일을 시작하기에 완벽한 조건이 갖추어질 때까지 기다린다면, 우리는 아무것도 달성하지 못할 것이다.

7. 우리가 스스로를 형편없이 부족하다고 느낄 때에도 하나님께서는 우리를 사용하실 수 있다는 사실을 믿고 포기하지 말아야 한다. "하나님께서는 우리를 불량품으로 창조하시지 않으셨다." 유명한 가수이며 여배우인 에텔 워터스(Ethel Waters)가 즐겨 말한 것처럼 "하나님께서는 노력하지 않는 자는 돕지 않으신다."

8. 하나님께 우리의 것으로 달성할 수 없는 꿈과 비전을 달라고 요청해야 한다. 영원히 소멸되지 않는 열매를 맺을 꿈, 꿈이 달성되었을 때 내가 한 것이 아니라 하나님께서 하셨다는 사실이 분명하게 드러날 그런 꿈을 달라고 간구해야 한다.

지역사회 보건선교(CHE)가 바로 이런 비전이다!

제16장

지역사회 보건선교, 때가 무르익은 사역

우리 단체의 간부 중 한 사람인 앤(Ann)이 나이로비의 여행사에 앉아 있는데 갑자기 옆에 있는 젊은 여성과 대화하고 싶다는 마음이 불현듯 들었다. 그녀의 이름은 케티(Katy)였고, 탄자니아에 9개월째 살고 있었다. 이 여성은 지역사회 보건선교 프로그램을 시작하려고 노력했지만, 어떻게 할지를 모르고 있었다. 그래서 앤은 지역사회 보건선교에 대해 설명해 주기 위해 케티를 우리 사무실로 데리고 왔다. 케티는 지역사회 보건과 전도를 통합하는 방법을 습득할 목적으로 보건 및 신학 석사 학위를 받기 위해 미국으로 돌아갈 계획이었다. 그러나 지역사회 보건선교 프로그램에 대한 우리의 설명을 듣고 용기를 얻고 흥분한 나머지 우간다에서 훈련자 훈련(TOT) 세미나에 참가하기로 결정했다.

훈련을 마친 후, 그녀는 자신이 품었던 비전에 대해 이야기했다. 첫째는 자신에게 통합적 프로그램을 시작하는 방법을 보여줄 사람을 만나고 싶다는 것이었고 둘째는 우간다에 있는 친구의 결혼식에 참석하고 싶다는 것이었다. 실제로 훈련기간 동안 결혼식에 참석했다. 마지막으로, 케티는 '하나님과 동행하는 것'이 그녀의 인생에서 가장 중요한 역할을 할 것이라는 꿈을 가지고 있었다. 훈련받는 동안, 그녀는 성령의 능력을 통해 하나님과 지속적으로 '동행하는' 방법에 대해 배웠다. 이런 개념들이 그녀의 삶을 바꿔 놓았다.

하나님께서는 나의 삶을 바꾸시고 지역사회 보건선교를 통해 수천 명의 삶을 변화시키셨다.

지역사회 보건선교에 대한 하나님의 시간은 완벽했다!

개발이란 행동하는 것이다

개발과 지역사회 보건선교에 대해 성경이 우리에게 무엇을 말해 주는지 누가복음 5장 17~26절을 보자.

> 이것은 예수님께서 말씀을 전하시는 동안 집 밖에 있었던 중풍병자에 관한 이야기이다. 중풍 병자는 걸을 수 없었고 예수님이 계시는 곳에는 사람들이 많이 있었기 때문에 환자는 예수님께 가까이 갈 수가 없었다. 그는 예수님의 얼굴을 대면하여 자신의 문제를 보여 주고 병이 낫기를 기대했다. 그 사람의 주변에는 중풍 병자가 무엇을 원하는지 알고 있는 네 명의 남자들이 있었다. 그들은 들것의 네 모퉁이를 들고 그를 예수님께로 데리고 갔다. 처음에, 그들은 정문으로 들어가려고 했지만 여의치 않아 옆문으로, 심지어는 창문으로 들어가려고 시도했다. 그러나 사람들이 너무 많아서 그들은 들어갈 수가 없었다. 그 때 그들은 옥상으로 올라가는 계단을 발견하고 그를 데리고 옥상으로 가서 혹시 환자를 예수님 앞에 데리고 갈 방법이 있는지 찾아보기로 했다. 그들은 천장의 기와를 벗기고 구멍을 크게 뚫었고, 그 구멍을 통해 바로 밑에 말씀을 전하시는 예수님이 있다는 사실을 확인했다. 그들은 들것 네 귀퉁이에 밧줄을 달고 중풍병 환자를 예수님 앞으로 내려놓았다. 예수님은 놀라지 않으셨고 그 상황을 통해 무엇인가 가르치기 시작하셨다. 예수님께서는 환자에게 육신적 도움 및 영적인 도움이 필요하다는 것을 아시고, "네 죄 사함을 받았느니라"라고 말씀하셨다. 죄에 대해서 말씀하신 후, 예수님은 그에게 "네 침상을 가지고 집으로 가라"고 명령하셨다. 예수님은 그를 낫게 하셨고 하나님은 영광을 받으셨다.

이 성경 구절에서 우리는 농촌 개발에 적용할 수 있는 많은 원리들을 발견할 수 있다. 예수님은 중풍병자를 총체적인 인간으로 보시고 육신적인 건강뿐 아니라 영적인 건강도 다루셨다.

첫째, 네 명의 남자들이 그 사람의 문제를 발견했다. 한 사람이 예수님께 나가고 싶어 했지만 스스로 나갈 수 없었다. 그들은 이 사람의 필요를 채워 주기 위해 무엇인가 기꺼이 도우려는 마음이 있었다. 이것이 진정한 지역사회 개발이다. 개발 사역을 하고자 하는 사람들은 주민들에게 무엇이 필요한지 파악해야 하며 그들의 필요를 채워 주기 위해 무엇이든지 하겠다는 강렬한 마음이 있어야 한다. 만약 사람들이 이웃의 필요를 보고도 그것을 채워 주기 위해 무엇인가를 행할 마음이 없다면, 아무 변화도 일어나지 않을 것이다.

둘째, 그 네 명의 남자들이 혼자서는 그 환자의 필요를 채워줄 수 없음을 알고 있었다는 것에 유의해야 한다. 네 명이 함께 내려가서, 함께 들것을 들고, 함께 예수님께로 향했다. 지역사회 개발사역에 있어서도 한 사람이 다룰 수 없는 문제가 아주 많다. 일을 하기 위해서는 여러 사람들이 필요하며, 문제를 풀기 위해서는 함께 일해야 한다.

셋째, 그들은 난관에 봉착했다. 사람들이 너무 많다는 것이 오히려 장애가 되었다. 그들은 처음에 시도했던 길로 들어갈 수 없었고 문제를 해결할 다른 합리적인 길을 찾았지만 찾을 수 없었다. 그래서 그들은 비논리적으로 보이는 일을 시도했다. 그들은 옥상으로 올라갔다. 그러나 길은 여전히 막혀 있었다. 그러나 그들은 여기서 멈추지 않았다. 그들은 극적인 행동을 취했고 급기야는 남의 집 지붕을 뚫었다. 위험을 각오한 행동이었다.

개발 사역에서 우리는 장애물을 만날 것이다. 만약 우리가 끈질기게 도전하지 못한다면 장애물이 우리의 진로를 방해하여 우리로 하여금 전진하지 못하게 할 것이다. 모든 장애를 기적을 일으킬 수 있는 기회로 보아야 한다. 개발에 있어서, 우리는 때때로 위험을 감수해야 한다. 우리의 자존심을 걸어야 할 때도 있다. 우리가 바보처럼 보일 때도 있겠지만, 장애물을 만났을 때 단호하게, 비상식적으로 보이는 일 같지만 합력해서 행동한 네 사람을 닮아야 할 것이다.

마지막으로, 네명의 남자들은 그들의 행동이 반드시 좋은 결과를 낳을 것이라는 확고한 믿음을 가지고 있었다. 중풍병자도 예수님께서 자기를 낫게 할 수 있다는 굳은 믿음을 보여 주었다. 예수님과 마을 사람들 앞에서 용감하게 자기 침대를 걷어서 집으로 갔다. 그는 예수님께서 죄를 용서하실 수 있는지 혹은 병을 낫게 하실 수 있는지 의심하지 않았다. 그는 명령대로 행동했고 온전하게 나음을 입었다.

지역사회 보건선교에 있어서, 사람들은 협력해야 좋은 결과를 가지고 온다는 확실한 믿음을 가져야 한다. 이 믿음은 예수 그리스도와 그분의 능력에 근거를 둔 것이다. 사람들은 처음으로 시도하는 일 혹은 과거에 실패했던 일에 대한 두려움이 있기 때문에 믿음이 없이는 아무 일도 할 수 없다. 모든 행동의 핵심에는 하나님이 함께 하시면 우리의 노력이 좋은 결과를 가지고 올 것이라는 사실을 믿는 믿음이 있어야 한다. 이것이 우리 자신들을 변화시키고 세상을 변화시킬 수 있는 원동력이다.

자존감과 기독교 개발

　기독교 개발가로서 우리는 개발에 대한 성경적 견해를 가지고 있어야 한다. 그렇지 않으면, 우리는 세상적인 개념을 받아들일 수밖에 없다. 그러므로 우리는 개독교적 개발을 성공적으로 수행하기 위해 다음의 전제들을 제시하고자 한다.

　우리는 사람들이 보다 나은 미래를 가질 수 있도록 돕고 싶다. 사람들은 경제 성장에만 의존하지 않고, 영적인 성장도 포함한 미래가 있어야 한다. 어느 한쪽만으로는 부족하다.

　하나님께서는 각 사람의 현재와 미래에 대한 계획을 가지고 있다고 믿는다. 우리는 하나님께서 열어 주시는 미래를 향해 일해야 한다. 하나님은 우주를 창조하신 분이고 지금도 세상을 다스리시며 주관하시는 분임을 믿어야 한다. 세상의 모든 자원은 하나님의 선물이며 우리는 선한 청지기로서 이 자원들을 보존 관리해야 할 책임이 있다.

　우리는 사람을 육신적, 영적, 사회적, 문화적인 면에서 총체적으로 보아야 한다. 그러므로 어떤 개발 프로젝트든지 육신적인 내용과 영적인 배용을 모두 포함해야 한다. 이 두 가지는 상호 연관되어 있으며 분리시킬 수 없는 것이다.

　하나님께서는 모든 사람에게 기술과 재능을 주셨다고 믿고 우리는 지역사회의 선과 하나님의 영광을 위해 우리 자신들의 재능을 활용해야 한다.

　프로젝트 개발에 있어서 하나님의 주도권에 우리를 맞추어야 하며,

항상 그분의 인도를 간구하며 기도해야 한다. 인간은 하나님과 교제할 수 있도록 하나님의 형상으로 창조되었기 때문에 우리가 가치를 두어야 할 존재는 사람이다. 비록 죄에 의해 손상 받았지만 여전히 사람은 최고의 가치를 지닌 존재들이다.

우리는 사람의 가치가 빈부, 인종, 국적 혹은 물질적인 것을 생산하고 소비하는 능력에 달려 있지 않음을 믿는다. 모든 믿는 자들을 하나님의 시각으로 바라보고 귀중하게 대해야 한다. 크리스천 개발가인 우리는 사람들이 동료 신자들을 영적으로, 육적으로 발전하도록 도울 가치가 있는 존재로 간주하도록 격려해야 할 뿐만 아니라 그리스도께서 모든 사람에게 부여하신 풍성한 삶을 살도록 도울 가치가 있다는 사실을 깨닫도록 해야 한다.

우리는 사람들이 개별적으로 그리스도 안에서 성장하도록 격려하고 사랑이 넘치는 사회, 서로 보살피는 사회, 나누는 사회를 만들도록 돕는다.

우리는 사회 문제의 모든 해답을 찾기 위해 서양 과학이나 기술에 의존하지는 않는다. 오히려 이웃에게 다가가는 예수 그리스도의 사랑이 사회를 변화시키는 열쇠라고 믿는다. 사회 변화를 측정하는 한 가지 기준은 육체적인 고통이나 질병 없이 건강한 삶을 사는 사람이 얼마나 있느냐 하는 것이다.

변화된 삶을 통해 달라지는 세상

세상을 바꾸려는 우리의 소망은 살아계신 예수 그리스도와 그분이 역사의 주인이시라는 성경적 사실에 근거를 두고 있다. 하나님께서는 순종하는 우리의 삶을 통해 우리가 상상했던 것 이상으로 세상을 변화시킬 수 있다! 일부 사람들이 믿는 것과는 반대로, 제자를 삼는다는 것은 우리 삶의 영적인 영역에만 국한된 것이 아니다. 예수님께서는 한쪽 뺨을 맞으면 다른 쪽 뺨을 돌려 대는 것, 오 리를 가자고 하면 십 리를 가는 것, 원수를 사랑하는 것, 배고픈 자들을 먹이는 것, 벗은 자들을 입히는 것, 병든 자를 낫게 하는 것, 정의와 평화를 위해 일하는 것, 모든 사람을 섬기는 것에 대해서도 가르쳐야 할 의무가 있다고 말씀하셨다.

하나님께서는 순종하는 많은 사람들의 삶을 사용하셔서 조용히 이 세상을 변화시키시는 일을 하고 계신다. 우리의 삶을 하나님께 드릴 때 하나님의 백성인 우리부터 변화가 시작되는 것이다. 예수님은 이 땅에 계실 때 사람의 총체적인 면에 관심을 가지셨다. 예수님은 인간의 영적인 면뿐 아니라 육신적인 면도 다루셨다. 주님께서는 가르치시고 설교하시면서 병든 자를 치료하시는 데 많은 시간을 할애하셨다. 그러므로 우리 그리스도인들도 인간의 총체적인 건강(well-being)에 관심을 가져야 한다. 우리는 현실적으로 사람들을 도와야 한다. 또한 다른 사람들에게 영적인 진리를 육신적인 건강 사역에 통합하는 방법을 가르쳐야 한다. 그래서 사람들이 도움을 받았던 동일한 방법으로 이웃들을 도울 수 있도록 해야 한다.

현대 건강관리에서는 예방 의학을 통해 건강을 해치는 요인을 해결하므로 건강 상태를 증진시키는 것이 강조되고 있다. 예방 의학과 건강 교육은 군중들에게 다가가는 효과적인 방법이며 질병의 원인을 근본적으로 척결할 수 있는 방법이다.

어떤 프로그램이든지 진정으로 효과를 발휘하기 위해서는 사람들이 스스로를 돌볼 수 있도록 교육해야 한다. 사람들에게 개인적으로 그리스도를 아는 방법과 그분 안에서 자라는 방법을 가르쳐야 한다. 그리스도는 개인적인 삶의 변화와 그 삶의 성장에 관심이 있으시다. 사람들은 그리스도와의 관계가 성장할 때에 비로소 개발될 수 있는 것이다. 기독교적 개발에서는 믿는 자들의 특성, 가치관, 동기, 태도 그리고 하나님을 아는 것이 점진적으로 변하도록 관심을 기울여야 한다.

앞장에서 언급했듯이, 대부분의 기독교 그룹들은 사람의 영적인 문제에 관심이 있거나 아니면 육적인 문제에 관심이 있다. 일부 그룹에서는 이 두 가지 주제는 병행하여 가르칠 수 없는 것이라고 생각하기 때문에 육적인 가르침에 영적인 훈련을 통합하지 않는다. 나머지 그룹들에서는 이 두 가지를 통합하고 싶지만 어떻게 통합하는지 모르고 있다.

전략적인 면에서 우리는 많은 사람들에게 영향을 주는 지도자들에게 더 많은 관심을 기울여야 한다. 사람들을 개발한다는 것은 인간 관계, 혹은 인간을 통해서 일어나는 과정이다. 이것은 광범위한 현실의 삶 안에서, 개발하는 사람이나 피개발자가 모두 관여하는 과정이다. 예수님의 제자들은 종종 그들 가운데서 질문하고 대답하는 것을 보고 들었으며, 이 때 비로소 그들은 진지하게 배울 자세가 되어 있었고 이런 과정을 통해 그들은 예수님의 사역에 동참한 것이었다.

교사나 개발자는 단순한 지식 전달자 혹은 지식을 전해 주는 통로가 아니다. 사역이 효과를 거두기 위해 영적인 지도자는 반드시 자신이 변화되는 본을 보여 주어야 한다. 개발이란 변화의 과정이기 때문에 다른 사람의 삶, 태도, 가치관에 영향을 주어서 그것을 변화시키는 과정에서 모델을 보여준다는 것은 매우 중요하다. 이런 과정에서 사람들은 자신의 삶에 책임을 지게 되는 것이다. 변화된 개인들의 삶을 통해 지역사회에 변화가 일어날 수 있고 또 일어나고 있으며, 변화된 개인들이 하나님의 인도하심을 따라 함께 역사하기에 이런 일이 가능한 것이다.

지역사회란 지리적으로 같은 지역에 살고 동일한 삶의 방식과 신념 및 문화를 공유하며 같은 지도자를 모시고 서로를 잘 아는 사람들의 집단이다. 지역사회에서는 매일 서로들 간에 상호 작용이 일어나고 있으며, 그들은 공통적인 배경과, 필요 및 목표를 가지고 있는 사람들이라는 정체성을 일반적으로 소유하고 있다. 개발이란 장기적인 면에서 생활 방식의 개선과 관련이 있다. 그러므로 우리는 사람들이 처해 있는 지점에서부터 출발해서, 그들을 세워 주고 거기서부터 확장해 나가야 한다. 이 작업에 참여하는 사람들은 개발 과정에서 기꺼이 책임을 나누어져야 하며 시간과 노력과 물질과 재정을 기꺼이 제공해야 한다.

진정한 개발이란 그 집단 안에서 지도자들을 발굴하고 활용하는 것이며 사람들은 그들의 지도자를 따라서 적극적으로 참여해야 한다. 외부 개발자들이 아닌 지역 주민들이 그 프로젝트를 자신들의 것으로 간주해야 한다. 개발에는 변화가 따라오기 때문에 위험을 감수해야 하는 요소가 있지만 개발이란 총체적인 성장과 스스로를 돕는 과정이 연속되는 것이기 때문에 위험을 감수하며 꾸준히 노력해야 한다.

기본적으로 사람에게 총체적 접근해야 할 필요가 있다. 사람과 사회를 구성하는 모든 요소들은 총체적으로 파악되어야 하며 개별적으로 분리되어서는 안 된다. 모든 면이 얽혀서 사람에게 영향을 미치고 있기 때문에 우리는 사람의 육신적인 면, 사회 정치적인 면, 경제적인 면, 영적인 면 및 정신적인 면을 봐야 하며, 또한 사람이 환경과 어떻게 상호 작용하는지도 살펴야 한다.

우리는 최근에 출판된 지역사회 개발 이론 및 비기독교적인 전제에 근거를 둔 원리들을 적용하는 것에 대해 우려를 표명했었다. 그 중 하나는 압제자로부터의 자유를 주창하면서 남아메리카에서 일어난 '해방신학'이고 다른 하나는 우주의 중심에 사람이 있고 하나님은 변두리에 있다는 이론을 펼치는 '인본주의'이다. 세 번째 접근방식은 아프리카에서 사역하는 프랑스 사람들이 만들어낸 이론으로서 '생동하는 농촌(Animation Rurale)' 즉 사회주의적 공동체를 강조하는 것이다.

이런 이론들은 일차적으로 지역사회의 하부 구조를 변화시키는 것을 지향하고 있으며 사람을 개별적인 주체로 간주하는 데는 별 관심이 없다. 일정 기간 동안 성공적으로 사회를 변화시켰다고 하는 지침들이 이런 모델로부터 나왔다. 지침의 일부가 좋아 보이는 경우도 있지만, 그것들은 비기독교적 관점에서 나온 것들이다. 이미 언급한 대로, 개발 원리들의 대부분은 "사회가 참여하는가? 그 지역사회가 주인 의식을 가지고 있는가?" 하는 핵심적인 개념의 주변을 맴돌고 있다.

나는 그리스도인으로서 오히려 영적인 영역 및 육적인 영역에서 변화된 개인의 삶에 더 관심을 기울여야 한다고 제안하고 싶다. 이렇게 변화된 개인들은 다른 사람들이 변화하도록 도울 것이며 그 사람들은 또 다른 사람들을 도울 것이다. 우리는 사회를 한 덩어리로 보지 않고 그 사회를 이루고 있는 개인에게 관심을 두고 초점을 맞추고 있는 것이다. 개인을 제자로 삼고 그 제자들이 하나님의 진리를 계속해서 사회에 퍼뜨리게 하신 예수님의 본을 따르려고 노력하고 있다. 우리의 목표는 지역사회의 구조 개혁이 아니라 개별적인 삶의 변화이다.

예수님은 변화된 개인에게 관심을 가지고 있음을 명백하게 하셨기 때문에 나는 예수님께서 사회 구조를 전복시키는 어떤 접근 방식도 거부하셨다고 믿는다. 예수님은 권세자들이 전적으로 하나님의 진리를 거역하지 않는 한 그 권세에 복종하라고 하셨다. 뿐만 아니라 예수님께서는 사람을 우주의 중심에 두는 어떤 접근 방식도 거부하셨을 것이다.

죄성을 가진 사람이 만든 법으로는 사회를 변화시킬 수 없다. 인간을 구원하고 인간의 문제를 하나님과 상관없이 인간 스스로 해결할 수 있다고 생각하고 인간을 그런 존재로 바라보는 모든 방법에서는 '세상은 갈수록 좋아진다' 는 관념이 들어 있다. 그러나 이것은 인간이 죄성을 가지고 있다는 기본적인 전제를 무시하고 있기 때문에 사실이 아니다. 동시에 우리는 사람들의 육신적인 문제만을 해결하기 위해 너무 많은 시간을 투자하지 않도록 주의해야 한다. 육신적인 필요가 너무나 크기 때문에 이렇게 되기가 아주 쉽다. 오히려 우리는 총체적인 인간의 필요에 집중해야 하며 그래야 우리가 가진 것을 배우고 또 그것을 온 세상에 퍼뜨릴 준비가 된 사람들을 지속적으로 찾게 되는 것이다.

회심(Conversion)과 개발(Development)은 병행한다. 이것은 서로 얽혀 있어서 분리할 수 없다. 인간에게 내적 변화가 일어나기 위해서는 구주이신 예수 그리스도에게 의존해야 한다. 이런 지속적인 변화 과정을 통해서 궁극적으로는 외부 구호 단체에 의존하지 않고, 외부의 도움을 필요로 하지 않는 상태에 이르게 되는 것이다. 사람들의 삶을 변화시키는 원동력은 인간을 향한 하나님의 사랑이다. 우리를 개별적으로 회복시키는 것이 사랑이신 하나님께서 바라시는 것이며 그분의 목적인 것이다. 그래서 하나님께서는 우리를 통해서 자신의 사랑을 굶주린 세상에 흘려보내기 원하신다.

결론

지역사회 보건선교가 하나의 사역으로 발전해 가는 속도는 내가 상상했던 것보다 아주 빨랐다. 국제 의료 대사 선교회는 이제 지역사회 보건선교를 35개국에서 성공적으로 실시하고 있다. 우리는 지역사회 보건선교를 구소련의 의료 체계를 가진 나라들뿐 아니라 이슬람권, 힌두권, 불교권 나라들에 정착시키기 위해 중요한 몇 가지를 변화시켰다. 실제적으로 지역사회 보건선교 전략은 개인들이 하나님의 인도를 받아 자신들의 삶에 더 많은 책임을 지도록 개인들을 훈련시키고 힘을 실어 주는 과정이다. 그것은 개념 및 행동이 지역사회 전체로 배가되고, 지역사회가 내부에서부터 외부로 변화되는 방식으로 나타나고 있다. 이렇게 변화된 사회는 동일한 방식으로 이웃 사회를 변화시키는 것이다.

하나님께서는 각종 종교, 민족 그리고 경제적 배경에 있는 사람들을 그리스도에게 돌아오도록 하기 위해 지역사회 보건선교 전략을 활용하시어 전 세계에서 지속적으로 강력하게 일하고 계신다. 우리는 독자들이 각자가 처한 상황에서 지역사회 보건선교가 얼마나 가치 있는 도구인지 발견하고 하나님의 나라가 이 땅에 임하도록 우리와 함께 일할 수 있게 되기를 기도한다.

하나님께서는 1978년에 지역사회 보건선교에 대한 비전을 나에게 주셨고 1999년 현재 그 비전이 열매를 맺고 있다. 그 동안 실망하고, 그만두고 싶은 때가 여러 번 있었지만 하나님께서는 그 때마다, "지역사회 보건선교가 누구의 비전이냐? 네 것이냐 내 것이냐?"고 여러 번 상기시키셨다. 만약 그것이 내 개인적인 것이라면 실패할 것이고 하나님의 것이라면 하나님의 완전한 때에 열매를 맺을 것이다.

현재 우리는 35개국에서 86개의 프로젝트를 하고 있지만 2000년 말까지 72개국 166개의 프로젝트로 성장할 비전을 가지고 있다. 이렇게 진행되는 프로젝트의 약 50% 정도는 협력 동의 계약(Cooperation Agreement)을 통해 다른 그룹이 지역사회 보건선교 전략을 사용하도록 돕게 될 것이다. 하나님께서 당신에게 비전을 주셨다면 그것을 품고 성취하기 위해 전진하기 바란다. 그리고 우리가 한 것처럼 당신의 비전을 다른 사람들에게 나누도록 하라. 만약 그것이 분명 하나님께로부터 온 것이라면 하나님은 신실하시기 때문에 당신은 그것의 열매를 보게 될 것이다. 그렇다. 지역사회 보건선교 개념은 하나님의 때를 만난 것이다. 여기에 동참하지 않겠는가? 자신을 변화시키고, 가족을 변화시키고, 사회를 변화시키고, 나라를 변화시키고, 나아가서는 세계를 변화시키는 일에 동참할 수 있기 바란다!

하나님께 모든 영광을 돌린다!

파푸아뉴기니의 어느 그리스도인의 집

부록, 참고 도서
저자 소개, 색인

부록 A

	훈련자 - 제1단계 훈련	훈련자 - 제2단계 훈련	훈련자 - 제3단계 훈련
일	도입 기대 사항 재생산	TOT I 에서 배운 것 기대	기대
월	지상명령/계명 지역사회란? 건강과 개발 전도란 무엇이며 왜 해야 하나? 지역사회보건 선교의 개념 그림책으로 이야기하는 법 밤-지역사회보건 선교 프로그램 설명	기도 성인 교육 원리 학습 과정 I 간증 I 준비 사업 방문 (오후) 밤- 간증하기 밤- 지역사회 선교 요원 원탁 토론	제자 훈련의 성경적 기초 사업 보고 경영 입문 평가 입문 지도자론
화	사지마비 필요와 자원 훈련 팀의 역할과 태도 추적 관리의 중요성 구원의 확신 밤-위원회의 역할 밤-지역사회 보건 선교 역활보고	지상명령 학습과정 II LePSAS 복습 지역사회 참여 수업 계획 개발 '그리스도 안의 새로운 삶' 사용법 밤- 3 분 간증	제자 훈련의 목표 평가와 평가 순환 고리 언제/누가 할 것인가? 경영상 팀 관계 수립하기 평가의 목적 제자훈련 골격 경영에서의 조직 밤- 위원회 원탁회의
수	회개 (고백) 현장 정보 전달 모임 성령과 함께 현장으로 성공을 위한 수업 현장 조사 사역 밤-지역사회에서 '예수' 영화 상영	헌신- 믿음에 의한 사랑 훈련법, 시청각 교재 사용 위원 훈련 고백 및 그리스도인 성장 교재 사용법 그룹 이야기와 노래 밤- 수업 계획 연구 모임 mm	제자 전략 세우기 평가에 사용된 방법 경영 업무 분담 개발 제자 선발 정보 수집(설문조사) 경영 통제 밤-훈련 교재에 대한 원탁 토론
목	영육의 통합 "LePSAS 학습(2단계) 4 영리 그림책 사용 실습 현장 복음 전파 훈련 밤-문제 내포 시작법 실습	예수님의 교수법 그림책 사용 실습 의사 결정/문제 해결 '그리스도 안의 삶' 과 '그리스도와 동행' 사용법 지역사회 도해 및 조사 설문 내용 분석 밤-2 가지 육적 주제 강의 실습	제자 훈련 재생산 자료 분석 사례 연구 및 복습 경영 계획 평가 보고 느헤미야와 경영 영적 주제 원탁 토론 밤- 자유시간
금	성령의 능력으로 살기 목표 설정과 단계별 계획 수립 지역사회 보건선교 프로그램의 단계별 시작 지역사회 보건선교와 치료목적 진료소의 위상	4 가지 영적 주제 실습 2가지 육적 주제 강의 실습 마지막 설문 조사, 평가, 종료 세미나 종료	삶의 목표 운동(Movement)이란? 운동 수립 최종 질문, 평가, 종료

부록 B : 위원회 훈련 계획표 TOT Ⅱ / 위원회

위원회 훈련은 최소한 6일 동안 하루 3시간씩 해야 가장 잘 이루어진다. 우리는 1주일에 2일 훈련하는 것이 가장 좋다는 것을 발견했다. 위원회가 지역사회 보건 전도자들의 임무뿐 아니라 자신들의 임무가 무엇인지 알기를 바란다. 그리스도인이 되는 방법에 대해 위원들이 이해하기 바란다.

첫째 날 : 지역사회를 강조한다
- 지역사회 보건선교에 대한 그룹의 기대는 무엇이며, 관심은 무엇인가?
- 지역사회란 무엇인가? (TOT Ⅰ에서)
- 전도란 무엇인가? (CHE에서)
- 개발이란 무엇인가? (TOT Ⅰ에서)
- 강 건너는 이야기 사용 (TOT Ⅰ에서)

둘째 날 : 지역사회의 요구사항과 보유 자원을 강조한다.
- 중풍병자와 결정적인 행동을 취한 친구 이야기 눅 5:17~26 (TOT Ⅰ에서)
- 당신의 꿈과 원하는 바는 무엇이며, 그것을 위해 무엇을 할 수 있는가? (TOT Ⅰ에서)
- 지역사회 보건선교에 대한 설명 (지역사회 보건선교 안내지 배부) (TOT Ⅰ에서)

셋째 날 : 위원회의 역할을 강조한다
- 위원회의 책임 (TOT Ⅰ에서)
- 규례 제정
- 회개의 고백 (TOT Ⅰ에서)

넷째 날 : 지역사회 보건선교의 역할을 강조한다.
- 지역사회 보건선교의 기본 성격 (TOT Ⅰ에서)
- 지역사회 보건선교의 임무 분담 개발 (TOT Ⅰ에서)

- 성령 충만을 유지하는 것 (CHE에서)
- 누가, 어떻게 지역사회 보건선교를 감독할 것인가?

다섯째 날 : 계획 수립에 대해 강조한다
- 목표를 설정하고 우선 순위를 정한다 (TOT Ⅰ에서)
- 단계별로 계획을 수립한다 (TOT Ⅰ에서)
- 성령님과 동행한다 (CHE에서)

여섯째 날 : 자신의 프로젝트에 계획을 수립하는 위원회에 대해 강조한다.
- 우리의 프로젝트를 시행하기 위해 필요한 것은?
- 프로젝트를 위한 기금은 어떻게 마련하는가?
- 그리스도 안에서 어떻게 성장할 것인가? (CHE에서)
- 마지막 질문

이 훈련이 일단 끝나면 담당자를 최종 승인한다.

부록 C : 지역사회 보건선교 주제 목록

지역사회 보건선교 프로그램 준비
- 프로그램 구조/ 가정 방문/ 보고/ 온전한 건강에 대한 학생들의 견해/ 강 건너기와 개발/ 기타 28가지 주제

사회 관련 주제들
- 낙태
- 에이즈
- 기독교 가정
- 도시 : 도시의 도전/ 악한 도시/ 도시에 대한 하나님의 관점/ 도시에 대한 접근/ 일곱 도시/ 도시 변화시키기
- 성(性)
- 중독 : 술/ 마약/ 담배

정서 치료에 관한 주제들
- 도와주기
- 정서적인 문제들 : 하나님의 개념/ 분노와 쓴 뿌리/ 우울증과 실패/ 두려움과 걱정/ 슬픔과 죄/ 외로움/ 낮은 자존감

지역사회 개발에 관한 것
- 가축 기르기/ 창조와 환경/ 음식 가공/ 위생과 물/ 화덕/ 농업/ 나무

의료에 관한 것
- 감기/ 설사/ 치과 질환/ 안과 질환/ 가족 계획/ 예방 접종/ 나병/ 말라리아/ 영양/ 임신/ 옴/ 기생충/ 질병에 관한 그림 책/ 기타 조산 업무에 관련된 18 과목

영적인 주제들

- 성경공부 : 돌보는 그룹/ 지역사회 보건선교 성경 공부 모임/ 창조와 죄 성장 그룹 Ⅰ, Ⅱ – 그룹 토의를 인도하는 방법/ 성장 그룹 Ⅲ – 문제 해결하기/ 소그룹 교제 – 51주 과정/ 하나님과 함께 하는 시간
- 교회 : 지역사회 보건선교와 교회 개척/ 목표 지역 선정/ 목표 지역 평가/ 육적인 것과 영적인 것의 통합/ 내부 지향적인 교회와 외부 지향적인 교회/ 하나님의 나라 – 특성, 의미, 현재에 대한 의도, 예수, 사람/ 목표 지역을 위한 기도
- 도시 : 가난과 사회 조직/ 하나님과 도시/ 도시를 변화시킨다
- 제자 훈련 : 제자 훈련의 성경적 기초/ 지상 명령에 대한 헌신/ 제자 훈련의 배가 운동
- 전도 : 사영리/ 어린이 전도/ 전도와 양육/ 지상 명령 완수/ 구원에 이르는 길
- 가정 : 남자와 여자의 부조화/ 남편과 아내의 역할/ 아이들을 훈육할 필요성/ 결혼한 사람들이 갖출 조건들/ 부모의 책임/ 순종으로 훈련하기
- 양육과 성장 : 하나님/ 그리스도
- 치유 : 치유 Ⅰ, Ⅱ, Ⅲ, Ⅳ
- 성령 : 성령 충만 방법/ 성령의 능력/ 성령과 동행하는 법
- 통합된 주제들
- 예수
- 교회 동원하기 : 지상 명령/ 가장 큰 계명/ 지역사회란 무엇인가
- 육적인 것과 영적인 것의 통합/ 하나님의 나라
- 상처받은 세계 Ⅱ/ 복음에 대한 좁은 견해/ 다양한 성격/ 예수/ 현세/ 미래/ 교회를 향한 하나님의 의도/ 함축(Implication)/ 내향적 교회와 외향적 교회/ 교회와 질병의 비유/ 하나님의 눈으로 보는 우리의 지역사회/ 교회를 통한 종자(seed) 프로젝트/ 통합적 접근을 위한 골격/ 지역사회의 필요와 교회가 가진 자원/ 지역사회에서의 연결망/ 지역사회 보건선교와 교회의 동역/ 목표 지역 선정
- 기도
- 전도 준비 과정

- 종교
- 영적 전쟁
- 그림 책
- 기타 : 사도행전과 지역사회 보건선교-52과/ 소그룹 과정-51과/ 시대별 성경 공부-46과/ 행동하는 믿음-38과/ 이슬람 연구-12과/ 도덕성 공부-25과
- 관리와 평가
- 비전
- 개발
- 소자본 대부 : 현지 사역자 훈련용/ 차용자 훈련용

부록 D : 리더를 위한 훈련 안내

11/89 말라리아의 원인   (1 시간)
목표 : 1. 말라리아의 원인을 인식한다
       2. 말라리아의 원인에 대해 다른 사람들에게 가르칠 수 있도록 한다
       3. 말라리아에 대한 전통적인 관습에 대해 이해한다

훈련자를 위한 개요 : 이것은 말라리아에 대한 일련의 과정 중 첫 번째 것이다.

방 법	시 간	지 식
역할극 : 한 사람이 모기 역할을 하여 다른 사람을 물어 분명하게 말라리아에 걸리도록 한다 (한기 들고, 관절이 아프고, 열나고…). 나중에, 같은 모기가 건강한 사람을 물어 같은 증세를 일으킨다(두 번째 사람이 병에 걸린 며칠 후에 이것을 말해도 된다). SHOWD 혹은 가르치는 그림(역할 극 보다). 열나는 아이, 고인 물, 모기의 그림을 사용한다. SHOWD의 질문.	10″	
I. 말라리아를 일으키는 원인에 대한 전통적인 믿음에 대해 토론하고 이름을 붙이도록 요청한다. 그들의 대답을 기록하라(시간이 많이 걸리면 일일이 쓰지 않아도 좋다). 모두가 합의하지 않는 것들은 지워 버리라(하나씩 검토하라). 항목들에 대해 토론할 때, 왜 그들의 전통적인 믿음의 일부가 잘못되었으며, 그들이 그것을 넘지 못하는지 이해하도록 도와주라.	15″	I. 전통적인 믿음 : A. 만다지(Mandazies)들이 말라리아의 원인이다. B. 설탕이 말라리아의 원인이다 C. 말라리아란 당신이 토해낼 수 있는 종류의 것이다. D. 킴보(Kimbo〈shortening〉)가 말라리아의 원인이다. E. 비 맞고 걸으면 말라리아에 걸린다. F. 잘 익히지 않은 음식을 먹으면 말라리아에 걸린다(가르치기 전에 그 지역에 있는 전통적인 믿음이 무엇인지 찾는다).

방 법	시간	지 식
II. 실제로 말라리아를 일으키는 것이 무엇인지 설명하라. 말라리아의 운명 안에서의 모기의 역할. 전통적인 믿음에 관해 토론한 후 말라리아 발생 원인 중 모기의 역할에 대해 설명하기 전 상기 역할극을 공연할 수 있겠다.	10″	II. 말라리아의 일생에서 모기의 역할: A. 모기가 말라리아에 걸린 사람을 물어서 균과 함께 피를 빨아먹는다. B. 모기가 말라리아균을 보유한다. 7-10일 후 C. 이 모기가 건강한 사람을 물고 말라리아균을 주입한다. D. 이제 이 사람은 말라리아균을 가지게 된다. E. 잠복기는 약 10일이다.
III. 말라리아에 걸리지 않는 방법에 대한 토론.	10″	III. 다음의 경우에는 말라리아에 걸리지 않는다. A. 특정 음식을 먹을 때 B. 말라리아에 걸린 사람을 만지거나 함께 있을 때 C. 말라리아에 걸린 사람의 옷을 입거나, 같이 잠자거나, 같은 컵을 사용했을 때
IV. 말라리아에 걸릴 수 있는 유일한 방법	5″	IV. 말라리아균을 가진 모기에게 물릴 때만 말라리아에 걸린다.
V. 영적인 비유를 이야기한다. • 태도 : 말라리아의 원인에 대한 사람들의 전통적인 믿음을 존중한다. • 기술 : 주민들이 자신의 신념을 이해하고 무엇이 옳고 어디가 틀린지를 평가하도록 돕는다. • 평가 : 질문한다. 지역사회 보건전도자들이 자신들 스스로 가르치는 것을 실습한다. 가정방문 도중 지역사회 보건 전도자들이 가르치는 것을 관찰한다. • 자료 : - 백지 　　　　 - 마카 펜 　　　　 - 가리는 테이프 　　　　 - 말라리아를 가진 아이를 그린 교육용 그림	10″	V. 영적인 비유 : 말라리아는 말라리아균을 가진 모기가 사람을 물어서 말라리아균을 전해 줄 때 생기는 질병이다. 말라리아의 증상은, 열, 오한, 관절통이다. 이런 증상들은 48시간 주기로 나타났다가 사라지곤 한다. 이렇게 주기적으로 나타나는 증상 때문에 사람들은 종종 실제로 낫기 전에 이미 다 나은 것으로 생각한다. 그리스도인의 삶에서도 우리는 가끔 죄의 유혹을 극복한 것처럼 느끼는 기간이 있다. 마치 샤탄이 손대지 못하는 수준까지 성숙한 것으로 착각한다. "너희 대적 마귀가 우는 사자같이 두루 다니며 삼킬 자를 찾나니, 너희는 믿음을 굳게 하여 그를 대적하라"(벧전 5:8-9). 그러므로 조심해야 한다.

부록 E : 도덕적 가치에 대한 주제들

유용성 (포도원과 열 처녀 비유)
이웃을 돌보는 것 (선한 사마리아인 비유)
전인적인 돌보심 (엘리야와 까마귀)
열정 (스가랴)
신실성 (여호사밧, 다니엘)
유연성 (룻, 빌립)
다른 사람에 대한 용서 (요셉, 탕자 비유)
선함과 인자함 (시 107, 다윗)
정직 (요셉, 아나니아와 삽비라같이 되지 말 것)
일관성 있게 정직한 사람 (다니엘)
공의 (아모스, 예레미야)
균형 있는 삶 (전도서)
순종 (노아, 여호수아)
인내 (이삭)
평화와 유순함 (이삭)
오래 참음 (아브라함과 사라)
책임감 (모세)
지략이 풍부함 (느헤미야)
자기 통제력 (다윗)
자존심 (모세처럼 하지 말 것)
다른 사람을 섬김 (리브가)
제자리에 서기 (잠언)
연합 (없음)
유혹을 물리침 (요셉, 여호수아)

부록 F : 중앙 아시아에서 초신자들을 위한 지역사회 보건선교 주제들

거룩한 책 (성경)

토라 시리즈
태초에, 하나님이 (창 1:1~26)
아담과 이브의 창조 (창 2:7~24)
사탄 (창 3:1, 기타 구절들)
아담과 이브의 죄 (창 3:1~24)
노아 홍수 (창 6:11~7:23)
바벨 탑 (창 9;1, 11:1~9, 롬 1:18~25)
아브라함 (창 12:1~7, 15:1~6, 22:1~13)
에서와 야곱 (창 25:19~34, 27:1~27)
야곱 (창 37:13~33, 39:1~20, 14:1~43)
요셉 (출 2:1~15, 3:1~10, 6:4~8, 7:20~21)
모세 (출 2:1~15, 3:1~10, 6:4~8, 7:20~21, 8:5~24, 9:6~26)
유월절 (출 12:1~36)
십계명 (출 20:1~17)
하나님의 법을 어기는 것과 속죄 (출 32:1~20, 34:1~2, 레 16:2~16, 17:1~11)
하나님을 통한 치유 (민 21:4~9)

선지자 시리즈
에스라와 이사야의 비전 (겔 9:5~7, 사 6:1~7, 9:2~7)
공의, 평화와 구원 (사 11:1~11, 12:1~6)
하나님의 심판 (사 13:6~11, 24:1~6)
내적 평안과 의(義) (사 26:3~10)
우리의 형벌을 대신 지신 자를 통한 구원 (사 49:1~7, 53:1~12)
하나님으로부터 분리되는 것과 저주 (사 59:1~17)

회개를 통해 의를 옷 입는 것 (사 61:10~11, 스 18:20~24, 렘 17:5~8)
다니엘과 스가랴 (단 7:13~14, 슥 3:1~5, 9:9~10)
베들레헴과 결혼 (미 5:2~5, 18, 19, 말 2:14~16)
오실 메시아에 대한 하나님의 예언(다수)

시편 시리즈
복 받은 자와 버림받은 자 (시 1:1~6, 2:1~12, 6:1~10)
하나님은 자기 백성을 안전하게 지키신다 (시 15:1~5, 16:1~11, 17:1~15)
부흥과 용광로 (시 19:1~14, 20:1~9, 21:1~13)
유기와 회복 (시 22:1~31, 24:1~10, 25:1~22)
자비와 용서 (시 26:1~12, 27:1~14, 32:1~11)
변함 없는 사랑 (시 33:1~22, 34:1~22, 36:1~12)
새 노래 (시 40: 1~17, 41:1~13, 43:1~5, 49:1~20)
구원은 하나님께 속한 것 (시 50:1~23, 51:1~19, 62:1~12)

예수 시리즈 예수 영화 주제
예수 슬라이드 교육(3시간) 예수의 탄생부터 12살까지
메시아의 도래 세례 요한부터 처음 제자들까지
예수의 지상 생활 귀신을 쫓아내는 예수와 제자들
예수의 죽음과 부활 예루살렘으로 향하는 예수와 제자들
죽으시고 부활하여 다시 오실 예수님

부록 G : 분기별 평가서

국제 의료 대사 선교회 협력 동의 분기별 평가서
(Medical Ambassadors International Cooperative Agreement Quarterly Evaluation)

장 소 ; _____
기 간 ; _____ 부터 _____ 까지

1) 보고 기간 동안 달성한 목표들 달성률 조언/ 설명

2) 다음 분기에 달성할 목표들 (행동 계획 포함)

분기별

3) 그룹에게 복음을 전한 횟수
   일대 일로 복음을 전한 횟수
   합 계
4) 그룹에서 그리스도에게로 돌아온 사람 수
   일대일 전도에서 그리스도에게로 돌아온 수
   합 계
5) 현재 하고 있는 성경 공부/ 기도 그룹
6) 제자 양육을 통해 계속 관리 받고 있는 사람 수
7) 새롭게 개척된 교회 수
8) 세례

9) 적극적인 사역자 – 후원 받는 사람
   적극적인 사역자 – 자원 봉사자 (19항 이하의 요원 포함)
   합 계
10) 자격 있는 사람이 운영하는 건강 클리닉 수
    (클리닉이 열릴 때마다 하나씩)
11) 상기 클리닉에서 진료한 환자 수
12) 예방 접종 받은 어린이 수
13) 영양 공급 실시
14) 지난 보고 후 완료한 훈련 과정
    TOT 세미나 (Ⅰ, Ⅱ, Ⅲ) _____ 위원회 훈련 _____
    전체 지역사회 보건선교 요원 훈련 _____
    기타(자세히) _____
15) 지난 보고 후 새롭게 훈련을 완료한 사람
    새로운 훈련자 _____ 새로운 위원회 위원 _____
    새로운 지역사회 보건선교 요원 _____
    기타 훈련을 받은 수 _____
16) 적극적인 지역사회 보건선교 요원 훈련자
17) 적극적인 지역 위원회들
18) 적극적인 지역 위원회 위원들
19) 적극적인 지역사회 보건 봉사 요원들
20) 지역사회 보건 봉사 요원이 가정을 방문한 횟수
21) 새로운 화장실
22) 새로운 수자원 사업
23) 새로운 건강 가정
24) 새로운 쓰레기장
25) 새로운 접시 선반
26) 새로운 입식 화로
27) 문맹퇴치 프로그램에 등록한 학생 수
28) 새로운 정원
29) 기타 : (자세하게) _____

보고서 제목 및 서명 날짜

부록 H : 경각심 고취 세미나

첫째 주 – 교제
1교시 참석자들이 다음의 질문에 대해 토론하고 보고한다
  당신은 현재 행복하게 살고 있는가?
  당신은 현재의 주변 환경에 만족하고 있는가?
  당신이 가지고 싶지만 없는 것은 무엇인가?
  당신은 생활을 개선하기 위해 노력하고 있는가? 어떻게?
2교시 성경 공부 '인간과 지역사회에 대한 하나님의 관점'

둘째 주 – 회의
1교시 참석자들이 다음에 관해 토론하고 보고한다
  지역사회에는 어떤 모임들이 있는가?
  각 모임의 회원들은 누구인가?
  모임의 목적을 무엇인가?
  모임들의 결과는 무엇인가?
2교시 '예수–인간과 그의 필요'

셋째 주 – 활동들
1교시 참석자들이 다음의 주제에 대해 토론하고 보고한다
  당신이 가장 좋아하는 '이야기'는 무엇인가? 이유는?
  당신이 가장 좋아하는 '예화'는 무엇인가? 이유는?
  당신이 가장 좋아하는 '노래'는 무엇인가? 이유는?
2교시 성경 공부 '하나님의 나라– 현세를 향한 의도'

넷째 주 – 개발
1교시 강 건너기 역할극을 실시한다
2교시 참석자들이 다음에 대해 토론하고 보고한다
  우리 지역사회에서 시행되고 있는 개발 사역은 무엇이 있는가?

우리 지역사회에서 개발 사역에 동참하는 단체들은 어떤 것이 있는가?
그 사역의 결과는?
어떤 사람들이 관여되었는가?
우리 사회가 다른 지역사회와 다른 점은?

다섯째 주 – 건강
1교시 '참석자들의 세계관'을 활용해서 그들의 전통적인 신념 체계를 찾는다.
2교시 '건강으로 가는 길'을 통해 건강의 필요성을 인식시킨다.

여섯째 주 – 건강
1교시 아킬리 의사 이야기를 통해 치료와 예방의 차이점을 보여 준다.
2교시 '온전한 건강'에 대한 성경 공부

일곱째 주 – 그러면 우리는 어떻게 할 것인가?
1교시 지역사회 보건선교의 개념을 소개한다
　　　참석자들이 다음에 대해 토론하고 보고한다.
　　　우리가 당장 해야 할 일은 무엇인가?
　　　각각의 장단점은 무엇인가?
　　　우리가 해야 할 일은 무엇이며 누가 맡을 것인가?
2교시 '육적인 일과 영적인 일의 통합'에 대한 성경 공부

부록 1 : 지역사회 정보 수집 양식

1. 지역사회 – 지정학적으로 정의한다
    a) 과거에 일어난 사건 중 오늘의 지역사회에 영향을 줄 만한 중요한 일은?
    b) 지역사회에서 최근에 실시한 사업은? 그 사업을 통해 배운 것은?

2. 씨족 사회 – 가족 사회
    a) 그 지역사회에는 어떤 종족이 살고 있나?
    b) 변화를 일으키는 데 도움을 줄 수 있는 문화나 가치관은 어떤 것이 있는가?
    c) 가족의 구조는 어떤가?

3. 경 제
    a) 사람들은 무엇으로 생계를 유지하는가?
    b) 누가 자원들을 통제하는가? (예, 신용, 시장, 땅, 직업 등등) 이런 것들이 주민들의 삶에 어떤 영향을 주는가?

4. 교 육
    a) 학교 수 : 초등학교 _____ 중, 고등학교 _____
    b) 기타 학교들 (예, 간호학교) _____
    c) 학교에서 초등학생 나이와 중 · 고등학생 나이의 비율 _____
    d) 성인의 문자 해독률 _____

5. 정치 / 정부
    a) 지방 정부와 교회가 어떤 관계인가?
    b) 지역의 기반 시설이 변화에 도움을 주는가, 방해하는가? (도로, 교량, 정부 서비스, 시장, 시의회 등등)

6. 종교- 주된 그룹과 차지하는 비율
　a) 로마 가톨릭
　b) 개신교
　c) 이슬람교
　d) 기타

7. 농경
　a) 농작물
　b) 현금화 작물
　c) 각 가구당 사용 가능한 농경지

8. 건강
　a) 가장 가까운 건강 관리 시설과의 거리 _____ 형태 _____
　b) 일반적인 질병에 대해 정기적인 예방 접종 홍보 활동이 있는가?
　　(디프테리아, 백일해, 파상풍, 결핵, 홍역) 있다면 어떤 것인가?
　　_____
　c) 어떤 질병 혹은 어떤 상태가 제일 많은가?
　　(가장 많은 질병부터 적은 질병 순으로)
　　1= 가장 많은 것　5 = 가장 적은 것
　　_____ 지나친 기침 / 후두통, 감기
　　_____ 영양실조 / 영양 결핍
　　_____ 구 토 / 설 사
　　_____ 기생충 / 장 질환
　　_____ 말라리아
　d) 치사율
　　_____ 출생 당시 평균 수명
　　_____ 영아 사망률(출생 후 1년 이내)
　　　　(예, 출생아 1,000명당 사망자 수)
　　_____ 5세 이하 사망률(예, 1-5세 이하 어린이 1,000명당 사망자 수)
　e) 전체 인구 _____

_____ 1세 이하 영아 수
_____ 5-14세 어린이
_____ 15-49세 인구 수
_____ 50세 이상 인구 수

9. 생활 환경
a) 주거 형태
  벽 (벽돌, 나무, 진흙)
  지붕 (타일, 철재판, 이엉)
  바닥 (타일, 나무, 시멘트, 진흙)
b) 가구당 평균 바닥 면적 _____
c) 전기 공급 유무 _____
d) 상수도 시설 보급 유무 _____
e) 취사 장소 (실내, 실외) _____
f) 각 방에 환기 상태 _____
g) 목욕 시설 (내부, 외부) _____
h) 화장실 장소 (집안, 외부 구덩이 화장실 유무) _____
  화장실 시설 상태 _____
i) 물 공급 상태 (상시, 부정기적) _____
j) 수질 상태 (청결, 불결) _____
k) 수원지 (우물, 샘, 강, 호수, 지붕) _____

10. 의사 소통(방법)
a) 지역사회의 의사 결정은 누가 하는가?
b) 어떤 방식으로 결정하는가?

11. 운송 수단

12. 사업
   a) 지역에서 사업을 돕기 위해 어떤 종류의 기술을 가진 사람들을 활용할 수 있는가?
   b) 정부나 기타 기관에서 제공되는 서비스 중 사업에 도움이 되는 것은?
   c) 지역 주민들이 기여할 수 있는 것은 무엇인가? 노동력, 자금, 물건?
   d) 그 지역에 있는 기타 사업들이 우리의 사업을 어떤 식으로 도울 수 있는가?

13. 필요나 문제들 : 지역사회의 기본적인 문제나 필요를 기록한다.
   문제나 필요 그들의 견해 우리의 견해

부록 J : 보건요원 가정 방문일지

- 이 름 :
- 주 소 :
- 그리스도 영접 : 예 ☐ 아니요 ☐ 언제
- 기독교 세례 : 받음 ☐ 받지 않음 ☐ 언제
- 출석 교회 출석 : 규칙적 ☐ 가끔 ☐ 어쩌다 한 번 ☐

날짜	기독교적 성인 학습 지침		날짜
	가정방문		
	영적주제	일반적 주제	
	그리스도안에서의 새로운 삶	옴	
	고백 (회개)	기생충	
	신앙 성장	설 사	
	성령 충만	영양 상태	
	성령과 동행하는 생활	예방 접종	
	성경 묵상	가족 계획	
	기도	감 기	
	어린이	섭식	
		안과 문제	
		응급 처치	
		말라리아	
	가정 개선 상황		
	어린이 모두가 예방접종 실시함	구덩이식 화장실	
	갖추어진 부엌	접시 선반	
	깨끗한 물 사용	쓰레기장 설치	
	깨끗한 마당	채소밭	
	추적 관리 기록		
	그룹 성경 공부에 참여하기		
	성경 5구절 암송하기		
	한 달 동안 매일 기도하고 성경공부하기		
	사람들을 그리스도에게로 인도하기		

부록 K : 지역사회 보건선교 월례 보고서

이 름_____ 월_____

1. 하나님으로부터 배운 것을 이야기하세요
    이번 달에 영적으로 승리한 것과 실패한 것은 무엇인가?
2. 우리에게 부탁할 기도 제목이 있는가? 응답 받은 기도가 있는가?
3. 이 번 달에 당신이 가졌던 전도의 기회와 제자 양육의 기회에 대해
    이야기하세요
4. 가정 방문 횟수 _____
    영적인 교육 (가르친 주제들)
    _____ 함께 복음을 나눴던 주민들의 수
    _____ 그리스도 안에서의 새로운 삶
    _____ 결신자 수 _____ 회개의 고백
    _____ 추적 관리한 숫자 _____ 그리스도 안에서 사는 것
    _____ 인도하고 있는 성경 공부 모임 수 _____ 그리스도와의 동행
    _____ 전체 참여자 수 _____ 그리스도인의 성장
    _____ 자신의 그룹을 가진 제자들의 수 _____ 성경 묵상
    _____ 그룹에 관여하는 전체 주민 수 _____ 기 도
    일반적인 교육 (가르친 주제들)
    _____ 새 화장실 _____ 옴
    _____ 새로운 소아 예방 접종 _____ 기생충
    _____ 새로운 쓰레기장 _____ 설 사
    _____ 새로운 접시 말리는 선반 _____ 말라리아
    _____ 새로 만든 난로 _____ 영 양
    _____ 새로운 물탱크 _____ 예방 접종
    _____ 새로운 건강 가정 상 _____ 가족계획
5. 이번 달에 당신이 발견한 특별한 건강상의 문제는?
6. 당신의 지역사회에서 실시되고 있는 사업은 무엇인가?
7. 이번 달에 건강 위원회 회의가 있었는가? 무슨 논의가 있었는가?
    위원회 위원의 방문을 받은 적이 있는가?
8. 우리에게 말해 줄 다른 내용이 있는가? 〈 문제나 제안〉
9. 다음 달에 당신 지역에서 성취하고자 하는 것은 무엇인가?

부록 L : 교회 동원 주제

지상 명령 가장 큰 계명
지역사회란 무엇인가?

도시 Ⅰ - 도시의 도전
상처받은 세계 Ⅱ
좁은 의미의 복음

도시 Ⅱ - 악의 도시
하나님의 나라 - 특징
하나님의 나라와 예수님

도시 Ⅲ - 도시를 향한 하나님의 견해
하나님의 나라 - 현재
하나님의 나라 - 미래

도시 Ⅳ - 도시에 대한 접근
교회를 향한 하나님의 의도
하나님의 나라의 의미들

도시 Ⅴ - 일곱 도시들
내부 지향형 교회와 외부 지향형 교회
질병과 교회의 비유
도시 Ⅵ - 도시를 변화시키자
하나님의 시각으로 도시를 바라보자
목표 지역을 선정하라

지역사회의 필요와 교회의 자원
지역사회 연결하기
교회를 통해 사역을 바라보자
보건요원과 교회가 동역하는 방법
육적인 일과 영적인 일의 통합
목표 지역에 대한 평가
도시형 지역사회 보건선교

부록 M : 마이크로 기획 사업 훈련 프로그램

첫째 날
사업과 경제/ 여러 가지 형태의 경제/ 도덕적 가치 주제들, 정직

둘째 날
공급과 수요/ 공급과 수요, 계속/ 도덕적 가치 주제, 유혹 이기기

셋째 날
마이크로 사업/ 신용/ 도덕적 가치 주제, 인내

넷째 날
재정/ 재정, 계속/ 도덕적 가치 주제, 신실성

다섯째 날
소비자와 고객/ 마케팅/ 도덕적 가치 주제, 다른 사람 섬기기

여섯째 날
마케팅, 계속/ 창업/ 도덕적 가치 주제, 자원이 풍부함

일곱째 날
기업 윤리/ 의사 결정/ 도덕적 가치 주제, 자기 통제

여덟째 날
목표 설정/ 계획 단계/ 도덕적 가치 주제, 순종

아홉째 날
회전 기금 / 회전 기금, 계속 / 도덕적 가치 주제, 책임감

열째 날
사업 계획 복습/ 12 가지 원리 복습/ 도덕적 가치 주제, 온전한 사람

참고 도서

CHE Background

Macagba, Rufino, *Health Care Guidelines*. Monrovia, CA: World Vision, 1977.

Mahler, Halfpan Con., *Health for All Everyone's Concern*. WHO, April, 1983, pp. 30-35.

Rowland, Stanley, *Ministry in Third World Through Primary Health Care*. San Bernardino, CA: Campus Crusade for Christ, (1978).

Shaffer, Roy, *Beyond the Dispensary*. Nairobi, Kenya: AMREF, 1985.

Sine, Tom, *The Mustard Seed Conspiracy*. Waco, TX: Word, Inc., 1981.

Stambler, Moses, *Health Education for Health Promoters in Less Developed Countries*. Washing, D.C.: USAID, 1984.

World Health Organization, *Primary Health Care*. Geneva, Switzerland: World Health Organization, 1978.

Spiritual/ Physical Integration

Adeyemo, Tokunboh, *An Evangelical Perspective on Relidf and Development, Evangelical Ministries, January*, 1986, pp.3-7.

Graham, Franklin and Guy Davidson, *The Form of Evangelism in Relief and Development. In The Work of an Evangelist*, pp. 855-861. Edited by J. D. Douglas. Minneapolis, MN: World Wide Publications, 1984.

Henry, Carl, *The Ministry of Development, an Evangelical Approach*. Pasadena, CA: William Carey Library, 1979.

Hinton, Mark, *Foundation for Development*. Nairobi, Kenya: World Concern, (1985).

Middlemann, Udo, *False Assumptions in Development Considerations*. Geneva, Switzerland: International Institute for Relief and Development, (1984).

Miller, John, Key *Elements in a Statement of the Great Commission and Great Commanndment*. Wheaton, IL: Map International, (1977).

Moyes, Gordon, *The Evangelist's Social Responsibility*. In *the Work of an Evangelist*, pp.662-678. Edited by J.D.Douglas. Minneapolis, MN: World Wide Publications, 1984.

Rowland, Stanley, *Ministry in Third World Through Primary Health Care*. San Bernardino, CA: Campus Crusade for Christ, International, (1978).

Uganda Community Health Evangelism. Nairobi, Kenya: Campus Crusade for Christ, International, (1984).

Shook, Cleo, *Holistic Approach to Evangelism and Community Development. Ministry of Development, An Evangelical Perspective*. Pasadena, CA: William Carey Library, 1979.

Sider, Ronald, *Evangelicals and Development*. Exeter, U.K.: Paternoster Press, 1981.

Sturz, Richard, *The Evangelists's Social Responsibility and Response to Liberation Theology*. In *the Work of an Evangelist*, pp.681-690. Edited by J. D. Douglas. Minneapolis, MN:World Wide Publications, 1984.

Voorhies, Samuel, *A Biblical Perspective on Development Approach*. Nairobi, Kenya: World Vision, (1983).

Yamamori, Tetsunao, *Toward the Symbiotic Ministry*. *Missiology*, Volume 5, No.3, July 1977.

Wheaton '83, *Evangelism and Social Responsibility. In The Church in Response to Human Need*, pp.439-487. Edited by Tom Sine. Monrovia, CA: MARC, 1983.

Poverty, Hunger, Injustice

Beals, Art, *Beyond Hunger*. Portland, OR: Multonomah Press, 1985.

Donovan, Vincent, Christianity *Rediscovered*. Maryknoll, NY: Orbis Publications, 1978.

Dryness, Grace, *Seek the Welfare of Any City. Together,* No. 4. July 1984, pp. 17-21.

Lappe, Moore and Collins, *World Hunger, Ten Myths*. *Contact*, No. 41. July 1977.

Perkins, John, *With Justice fof All*. Ventura, CA: Regal Press, 1982.

Roberts, Dayton, *Africa: A Season of Hope*. Ventura, CA: Regal Press, 1985.

Simons, Julian, *The Ultimate Resource*. Princeton: Princeton University Press, 1980.

World Council of Churches, *Understanding Causes of World Hunger. Contact*, Issue No. 68, June 1982.

Myers, Bryant L., *Walking with the Poor*. Maryknoll, NY: Orbis Books, 1998.

Miller, Darrow L., *Discipling the Nations*. Seattle, WA: YWAM Publishers, 1998.

Secular Development

France, R.T., *Liberation in the New Testament. Transformation*, January 1986, pp. 3-23.

Groce Lynn, *Agriculture Development from Below, Lessons from Africa*. Addis Ababa, Ethiopia, 1983.

Henry, Carl, *Liberation Theology and the Scriptures. Together*, April 1985, pp. 16-17. *Ministry of Development, An Evangelical Perspective*. Pasadena, CA: William Carey Library, 1979.

Heredero, J.M., *Rural Development and Social Change*. New Dehli: Mahohar Press. 1977.

Hinton, Mark, *Foundations for Development*. Nairobi, Kenya: World Concern, (1984).

Kirk, Andrew, *Liberation Theology, an Evangelical View*. Atlanta, GA : John Knox Press, 1979.

McDowell, Josh and Don Strward, *Handbook of Today's Religions*. San Bernardino, CA: Here's Life Publishers, 1983.

Myers, Don and Stanley Rowland, *Are Participants Christian?*. Together, July 1986, pp. 31-34.

Moris, Jon, *Managing Induced Rural Development*. Bloomington, IN: International Development Institute, indiana University,(1983).

Moulton, Jeanne, *Animation Rurale Education for Rural Development*. Amherst, MA: Center for International Education, University of Massachusetts, 1977.

Nyerere, Julius, *Declaration of Dar es Salaam. Convergence*, No. 4, 1976, pp. 9-16.

Perkins, John, *With Justice for All*. Ventura, CA: Regal Press, 1982.

Roberts, Glyn, *Questioning Development*. Lodon: Returned Volunteer Action, 1984.

Robinson, John, *Definitions of Development*. Wheaton, IL: MAP International, (1979).

Rowland, Stanley, *Ministry in the Third World Through Primary Health Care*. San Bernardino, CA: Campus Crusade for Christ,(1978).

Community Health Evangelism. Nairobi, Kenya: Campus Crusade for Christ,(1984).

Training Local Villagers to Provide Health Care. Evangelical Mission Quarterly, January 1985,pp. 44-50.

Multiplying Light and Health. Together, January 1986, pp. 9-12.

Schaeffer, Francis, A Christian Manifesto. Westchester, Il.: Crossway Books, 1982.

Sider, Ronald, *Evangelicals and Development*. Exeter, U.K.; Paternoster Press, 1981.

Sturz, Richard, *The Evangelicals Social Responsibility and Response to Liberation Theology. In the Work of an Evangelist*, pp. 681-690. Edited by J.D. Douglas. Minneapolis: World Wide Publications, 1984.

Littrell, Donald, *Theory and Practice of Community Development*. Columbia, MO: University of Missouri, 1977.

Miller, Donald, *Contextualization and Community Development*. Wheaton, IL: MAP International, (1980).

Nessman, Edgar, *Peasant Mobilization and World Development*. Cambridge,MA: Schenkman Publishing Company, Inc.

Werner, David and Bill Bower, *Helping Health Workers Learn*. Palo Alto, CA: The Hesperian Foundation, 1982.

Christian Community Development

Batchelor,Peter, *People in Rural Development*. Exeter, U.K.: paternoster Press, 1981.

Bunch,Roland, *Two Ears of Corn*. Oklahoma City, OK: World Neighbors,1982.

Lind, Tim, *Biblical Obedience and Development*. Akron, OH: Mennonite Central Committee, 1978.

Myers, Bryant L., *Walking with the Poor*. Maryknoll, NY: Orbis Books, 1998.

Miller, Darrow L., *Discipling the Nations*. Seattle, WA: YWAM Publishers, 1998.

Training

Abbatt, F.R., *Teaching for Better Learning*. Geneva, Switzerland: World Health Organization, 1980.

Freire, Paulo, *Pedagogy of the Oppressesd*, Bunery, UK: Penguin Books, 1972.

Green, Lawrence, *Health Education Planning*. Palo Alto, CA: Mayfield Publishing, 1980.

Peterson, Michael, *Philosophy of Education*. Downers Grove, IL: Inter-Varsity Press, 1986.

Shaffer, Roy, *Beyond the Dispensary*. Nairobi, Kenya: AMREF, 1985.

Smith, William, *Concientization and Stimulation Games*. Technical Note No.2. Amherst, MA: Center for International Education, (1983).

Werner, David and Bill Bower, *Helping Health Workers Learn*. Palo Alto, CA: The Hesperian Foundation, 1982.

Werner, David, *Where There is No Doctor*. Palo Alto, CA: The Hesperian Foundation, 1977.

저자 소개 Stan Rowland

저자 스탠 롤랜드는 로즈 여사와 결혼하여 두 명의 자녀와 세 명의 손자를 두고 있다.

라이폰 칼리지에서 경제학과 심리학을 전공하였고 하버드 경영대학원에서 OPM 프로그램을 통해 석사학위를, 그리고 UCLA에서 병원행정학 자격증을 취득하였다.

그는 대기업에서 13년 동안 영업, 판매, 마케팅 관리, 컴퓨터 관리, 마스터플랜, 기업 인수 등을 담당하였다. 그 뒤 새로 병원행정회사를 시작하여 서부 지역에 있는 17개 주에 55개의 병원을 운영하였다. 그의 회사는 병원 내의 여러 분과들을 자동화하는 독립형 컴퓨터 시스템을 제작하였다.

스탠 롤랜드는 보다 중요한 일을 위해 20년이 넘는 시간 동안 하나님께서 준비시키신 평범한 비즈니스맨이었다. 1977년 어느 날 하나님께서는 그를 전임 사역자로 부르셨고, 그에게 지역사회 보건선교에 대한 비전을 주셨다. 그는 이후 13년 동안 대학생선교회의 간사로 일하였고, 지역사회 보건선교 전략을 수립하는 일에 헌신하였다. 그는 아프리카에 10년 간 살았고, 대학생선교회가 21개의 지역사회 보건선교 프로그램을 시작하는 일을 도왔으며, 150개 단체 1,000여 명의 사람들을 훈련시켜 지역사회 보건선교를 수행하도록 하였다.

1990년에 스탠 롤랜드는 국제 의료 대사 선교회 일에 동참했다. 구소련의 무슬림 지역에서 일하기 시작하여 중앙아시아와, 복음화가 가장 덜 되고 세계에서 가장 가난한 곳인 10/40 창에서의 국제 의료 대사 선교회의 사역을 감독하였으며, 중국, 몽골, 카자흐스탄, 우즈베키스탄, 키르기스스탄, 이라크, 인도, 부탄, 네팔, 방글라데시 등 10개국에서 선교사로 일하였다. 지역사회 보건선교는 이제 전 세계적으로 40개국이 넘는 곳에서 사용되고 있다. 그는 북아프리카와 중동에 있는 10/40 창의 국가들에 새롭게 이 사역을 시작하는 일을 진두지휘하였다.

1990년 이후 스탠 롤랜드는 100개가 넘는 세미나를 열어 400여 개 선교단체와 53개국 교회의 리더들이 어떻게 하면 지역사회 보건선교를 자신들의 선교지에서 실행할 수 있는지를 가르쳐왔다. 그는 국제 의료 대사 선교회의 핵심 간사 20명을 훈련시켜 그와 같은 역할을 하게끔 가르쳤다.

그는 훈련을 담당한 사람들이 지역 사람들에게 건강한 삶을 살 수 있는 방법에 관해 가르치는 데 사용할 수 있는 600개의 연습 문제 가운데 400여 개를 직접 작성하였다. 여기에는 영적, 도덕적, 정서적 문제, 질병, 소규모기업, 위생, 농업, 축산 등에 관한 주제들이 포함되어 있다.

1997년에 스탠은 국제 의료 대사 선교회의 총재가 되었다. 그는 6개월 동안 국제 의료 대사 선교회 여러 지역들을 여행하면서 지역의 대표들에게 여러 가지 조언과 더불어 그들이 110개의 프로젝트와 국제 의료 대사 선교회의 로케이션을 잘 감독할 수 있도록 도왔다. 그는 또한 지역사회 보건선교를 사용하는 다른 선교단체들을 가르치고 격려하고 상담하는 것을 도왔다.

저서로는 〈CHE를 통한 빛과 진리의 확산〉이 있고, 다른 사람들과 함께 지역사회 보건선교 전략에 관해 쓴 여러 편의 글이 있다.

색인

가비아(Gavia)/ 309
가이 데이비슨(Guy Davison)/ 61
가치 있는 여성/ 259
개발/ 31, 32, 36, 38, 43, 50, 56, 61,
    62, 64, 74, 89, 94, 99, 103, 110,
    112, 114, 191, 365
개인 교습법/ 181
개인의 변화/ 111
개인 지주 농부 제도/ 79
건강피라미드/ 28, 167
건강한 가정 상
(Healthy Home Award)/ 290
건강한 모범가정/ 163
경각심 고취 세미나/ 270, 386
경구용 수분 공급액(ORS)/ 157
계획을 세우는 사람(Planner)/ 267
고난/ 83, 84, 86, 353
고돈 모예스(Gordon Moyes)/ 57
공생적인 사역/ 60
교회 개척/ 238, 305, 308, 377
구덩이식 화장실/ 140, 156, 157, 158,
    162, 244, 285, 290,
    298, 306, 310, 323
구소련 정부 일차 보건 공무원/ 230
구조/ 92, 111, 167, 173, 317
구호/ 54, 77, 91, 92, 255, 257, 367
국제아동기금(UNICEF)/ 93, 115, 236
국제 의료 대사 선교회
(MAI, 현 Life Wind International)
    / 170, 200, 217, 224, 229,
    237, 238, 240, 243, 247,
    250, 252, 255, 260, 305,
    325, 326, 349, 351, 370,
    384, 400
권한 부여(Empowerment)/ 249, 250
그림책/ 66, 125, 126, 177, 192, 200
글린 로버츠(Glynn Roberts)/ 101
기근/ 69, 76, 77, 78, 79, 80, 84
기독교적 변화/ 190
기독교 프로그램/ 127
기생충/ 25, 161, 207, 215, 278, 298,
    306, 376, 389, 393

농촌공동체/ 101

대로우 밀러(Darrow Miller)/ 110
대리점식 경영/ 319, 320
데이비드 워너(David Werner)
    / 183, 184, 188, 195
데이터베이스(Date Base)/ 250
데이톤 로버츠(Dayton Roberts)
    / 71, 73, 77
데츠나오 야마모리(Tetsunao Yamamori)
    / 60
데흐라 던(Dehra Dun)/ 325
도시 긍휼 사역(Urban Care Ministries)
    / 254, 257
도시 빈민지역/ 242, 244, 260, 300, 331
독립국가 연합/ 233
돈 스튜워드(Don Steward)/ 98
돌출형 화덕/ 156, 160, 162, 310
든든한 기초(Firm Foundation)시리즈
    / 226

레이 벤슨(Ray Benson)/ 349
렙사스(LePSAS) 교육방법/ 279
로날드 사이더(Rorald Sider)/ 58
론 사이더(Ron Sider)/ 90
루마니아/ 236, 352
리처드 슈투르츠(Richard Sturz)/ 59, 105
리테인(Litein) 프로젝트
/ 124, 206, 346
린 그로스(Lynn Groce)/ 92

마사이족/ 81
마을 기금 마련 방법/ 170
말러(Mahler)/ 33
모데스토(Modesto)/ 252, 254, 255, 259, 260
모제스 스템블러(Moses Stambler)/ 33
몸바사(Mombasa)/ 226
무속(Folk)이슬람/ 225
무슬림/ 82, 222, 224, 225, 226, 236, 401
문제도출형 접근법/ 125, 187
물물교환 은행/ 258
미국국제개발처(USAID)/ 93
밀톤 오보테(Milton Obote)/ 82

보건선교 분기별 프로젝트 보고서/ 291
보건요원 월례보고서/ 289
보건요원 훈련/ 149, 152, 154, 159, 173, 204, 271, 275
복음주의 교회/ 39, 300
복음주의 협의회/ 55
부정/ 59, 81, 100, 189, 223, 275, 328, 331
부후구(Buhugu)/ 44, 45, 115, 116, 117, 118, 119, 124, 285, 286, 347

분기별 보고서/ 238
불의/ 83, 84, 105
비전을 심어주기 위한 모임
(Vision Conference)/ 170
빈센트 도노반(Vincent Donovan)/ 81

사회주의/ 99, 100, 101, 102, 103, 366
새로운 교회 동원 시리즈/ 301
샘 부르히(Sam Voorhies)/ 56, 61
생동하는 농촌(Animation Rural)
/ 97, 100, 366
선교 모델/ 217, 227, 307, 318, 351
선발 기준/ 151
성인 교육 원리/ 179, 204
세계교회협의회(WCC)/ 76
세속적인 개발/ 90, 97, 100, 111
소개 세미나/ 164, 172, 202, 226, 279
소자본 사업(Micro-Enterprise)
/ 259, 324, 325, 326, 327, 329, 330
소책자/ 109, 126, 182, 201, 206
쇼우드(SHOWD) 질문/ 379
스타터(Starter)/ 204
식민주의/ 82, 102

아몬드/ 321
아콜리(Acholi)부족/ 78
아트 빌스(Art Beals)/ 75
아프리카/ 25, 30, 40, 71, 73, 77, 78, 92, 94, 97, 100, 102, 165, 186, 197, 216, 219, 221, 247, 252, 335, 345, 348, 349, 351, 366, 401
아프리카 의학 연구 및 교육재단(AMREF)
/ 94, 203
아프가니스탄/ 93
아항고(Ahango) 지역/ 141

알렉산더 솔제니친
(Alexander Solzhenitsyn)/ 84
알마아타 선언/ 26
알바니아/ 236, 352
암스테르담 회의/ 57, 59, 61
압제/ 74, 82, 84, 97, 103, 105, 364
앤드류 키르크(Andrew Kirk)/ 104
에티오피아/ 71, 80
엔티엠(NTM) 부족선교회/ 226
영적 건강/ 109, 150, 178
온전한 건강/ 36, 374, 387
요웨리 무세베니(Yoweri Museveni)/ 82
우간다/ 25, 44, 49, 82, 93, 115, 118, 124, 220, 260, 346, 348, 357
우야마아(Ujamaa) 마을/ 102
위튼 복음주의 협의회/ 51
율리우스 K. 니에레레(Julius K. Nyerere)/ 102
의식화/ 185
이디 아민(Idi Amin)/ 82
이르후루(Irhurru)/ 220
인간 중심/ 104, 116
인본주의/ 97, 98, 182, 185, 188, 366
인본주의자의 선언/ 99
일을 시작하는 사람(Initiator)/ 266
일차 건강관리(Primary Health Care)/ 31, 32, 39, 231

자극을 주는 사람(Stimulator)/ 266
자유주의 교회/ 39
장소 선정 요소/ 276, 277
저축법/ 185
전략적 동맹(Strategic Alliance)/ 237, 238
전통적인 교육/ 186
전환/ 55, 79, 118, 224, 329
점적 관수법(Drip Irrigation)/ 323

정서 관리자 훈련 프로그램
(Emotional Caregiver Program)/ 268
정의/ 30, 81, 96, 247, 324, 388
제2선언(ManifestoⅡ)/ 99
조기 적용자/ 268
존 맥도웰(John Mcdowell)/ 98
존 모리스(John Moris)/ 92
존 밀러(John Miller)/ 54
존 소머스(John Sommers)/ 91
주인의식/ 96, 111, 221, 225, 230, 269
줄리앙 시몬(Julian Simon)/ 78
중간 적용자/ 268
중견 지역사회 보건요원/ 158
중앙아시아/ 221, 234, 306, 401
지역사회/ 26, 40, 94, 121, 153, 202, 247, 285, 304, 345, 390
지역사회개발/ 111
지역사회 보건선교 전략(CHE)/ 32, 36, 225, 247, 319, 332, 348, 368, 401
지역사회 보건선교 조정자(Coordinator)/ 169
지역사회 보건요원/ 29, 42, 120, 138, 154, 164, 171, 206, 288
지역사회 보건 요원에 대한 설문조사/ 293
지역사회 보건위원회/ 134, 272
지역사회 설문지/ 293
지역사회에 기반을 둔 건강관리
(Community-Based Health Care)/ 32, 34
지역 정보 조사/ 275
진 몰톤(Jeanne Molton)/ 100

찰스 콜슨(Charles Colson)/ 84
참여식 학습/ 125
초기 훈련/ 154, 155, 156, 204
총체적 접근/ 33, 60, 113, 365

카바카(Kabaka) 왕/ 82
카탄다(Katanda)/ 297, 305, 306
칼 마르크스(Karl Marx)/ 185
케냐/ 46, 56, 94, 124, 226, 310, 246
클레오 슈크(Cleo Shook)/ 60

탄자니아/ 81, 102, 335, 346
토라(Torah)/ 224, 226, 382
토착화/ 134, 138, 167
토쿤보 아데예모(Tokunboh Adeyemo)/ 55

파울로 프레리(Paulo Freire)/ 183, 184, 185
판매식 접근법(Selling Approach)/ 93
포도나무 집(Vine House)/ 258, 259

포트 포탈(Fort Partal)프로젝트/ 220
프란스(R.T. France)/ 104
프란시스 쉐퍼(Francis Schaeffer)/ 98
프랭클린 그래함(Franklin Graham)/ 61

학교 건강 검진/ 172, 270, 278, 323
합법화시켜 주는 사람(Legitimizer)/ 268
해방 신학/ 97, 103, 104, 185, 188, 366
해방 철학/ 103
해외 빈민 사역/ 260
핵심 인물(Champion)/ 66, 163, 220, 238, 265
행동 요원들(Action taker)/ 267
현장 조사/ 272
협약(Cooperative Agreement)/ 237
회전식 대부기금(Revolving Loan Fund)/ 324, 325
훈련자 훈련(TOT)/ 169, 200, 274, 357
힌두교도/ 214, 222

CHE를 통한 총체적 변화
전인적 지역사회 개발선교

초 판 1쇄 펴낸날 · 2003년 5월 7일
수정판 1쇄 펴낸날 · 2009년 9월 20일

지 은 이 · 스탠 롤랜드
옮 긴 이 · 정길용
펴 낸 이 · 김종관
펴 낸 곳 · 도서출판 에벤에셀
등록번호 · 제 2-1587호 / 1993. 7. 15.
주   소 · 서울시 중구 필동2가 70-5
전   화 · 02)2273-8384
팩시밀리 · 02)2273-1713

ISBN 978-89-6094-031-4   03230
홈페이지 · www.ebenbooks.com
이 메 일 · ebenbooks@hanmail.net

성경 말씀은 '개역개정판' 을 사용하였습니다.

잘못 만들어진 책은 구입하신 서점에서 바꿔드립니다.

서면에 의한 본 출판사의 허락없이 상업적으로 내용의 일부를
인용하거나 발췌하는 것을 금합니다.

이 책은 CHE 선교회가 기획하였으며, 국제윙윙스쿨과
도서출판 에벤에셀이 협력하여 만들었습니다.